ÉDITH BUTLER

LA FILLE DE PAQUETVILLE

Édition : Pascale Mongeon
Infographiste : Chantal Landry
Correction : Ginette Choinière

DISTRIBUTEURS EXCLUSIFS :

Pour le Canada et les États-Unis :
MESSAGERIES ADP inc.*
2315, rue de la Province
Longueuil, Québec J4G 1G4
Téléphone : 450-640-1237
Télécopieur : 450-674-6237
Internet : www.messageries-adp.com
* filiale du Groupe Sogides inc.,
   filiale de Québecor Média inc.

Pour la France et les autres pays :
INTERFORUM editis
Immeuble Paryseine, 3, allée de la Seine
94854 Ivry CEDEX
Téléphone : 33 (0) 1 49 59 11 56/91
Télécopieur : 33 (0) 1 49 59 11 33
Service commandes France Métropolitaine
Téléphone : 33 (0) 2 38 32 71 00
Télécopieur : 33 (0) 2 38 32 71 28
Internet : www.interforum.fr
Service commandes Export – DOM-TOM
Télécopieur : 33 (0) 2 38 32 78 86
Internet : www.interforum.fr
Courriel : cdes-export@interforum.fr

Pour la Suisse :
INTERFORUM editis SUISSE
Case postale 69 – CH 1701 Fribourg – Suisse
Téléphone : 41 (0) 26 460 80 60
Télécopieur : 41 (0) 26 460 80 68
Internet : www.interforumsuisse.ch
Courriel : office@interforumsuisse.ch
Distributeur : OLF S.A.
ZI. 3, Corminboeuf
Case postale 1061 – CH 1701 Fribourg – Suisse
Commandes :
Téléphone : 41 (0) 26 467 53 33
Télécopieur : 41 (0) 26 467 54 66
Internet : www.olf.ch
Courriel : information@olf.ch

Pour la Belgique et le Luxembourg :
INTERFORUM BENELUX S.A.
Fond Jean-Pâques, 6
B-1348 Louvain-La-Neuve
Téléphone : 32 (0) 10 42 03 20
Télécopieur : 32 (0) 10 41 20 24
Internet : www.interforum.be
Courriel : info@interforum.be

Catalogage avant publication de Bibliothèque et
Archives nationales du Québec et Bibliothèque et
Archives Canada

Aubut, Lise

   Édith Butler : la fille de Paquetville

   ISBN 978-2-7619-4012-2

   1. Butler, Edith, 1942- . 2. Chanteuses - Nouveau-
Brunswick - Biographies. I. Titre. II. Titre : Fille de
Paquetville.

ML420.B87A92 2014   782.42164092   C2014-941869-8

Gouvernement du Québec – Programme de crédit
d'impôt pour l'édition de livres – Gestion SODEC –
www.sodec.gouv.qc.ca
L'Éditeur bénéficie du soutien de la Société de déve-
loppement des entreprises culturelles du Québec

Conseil des Arts   Canada Council
du Canada   for the Arts

Nous remercions le Conseil des Arts du Canada de
l'aide accordée à notre programme de publication.
Nous reconnaissons l'aide financière du gouvernement du Canada par l'entremise du Fonds du livre
du Canada pour nos activités d'édition.

08-14
© 2014, Les Éditions de l'Homme,
division du Groupe Sogides inc.,
filiale de Québecor Média inc.
(Montréal, Québec)
Tous droits réservés
Dépôt légal : 2014
Bibliothèque et Archives nationales du Québec

ISBN 978-2-7619-4012-2

LISE AUBUT

ÉDITH BUTLER

LA FILLE DE PAQUETVILLE

LES ÉDITIONS DE
L'HOMME
Une société de Québecor Média

Avant-propos

J'avais vu, pendant mes études universitaires, un film intitulé *I Love You, Alice B. Toklas!*. L'histoire tournait autour d'un livre de recettes écrit par Alice B. Toklas, dans lequel se trouvait la fameuse recette des muffins au *pot*. M'intéressant à savoir qui est cette femme, je découvre son autobiographie écrite par... Gertrude Stein! Une biographie écrite au « je » par une autre personne! Étant moi-même plus compositeur qu'auteur, je me dis qu'un jour, je ferai écrire ma bio dans ce style.

Comme je trouve que, dans mon cas, ma langue parlée est très différente de ma langue écrite, je fais appel à Lise Aubut pour écrire mon autobiographie! Depuis quarante et un ans, je lui raconte des petites histoires de ma vie avec gesticulations, faciès, intonations – ma langue parlée, quoi. Elle doit maintenant décoder le tout en langue écrite et recréer, par son style, mes ambiances. Mes petites histoires, des moments de ma vie, deviennent sous sa plume des instants d'éternité. Pas nécessairement de grands événements qui sont souvent importants pour les autres qui regardent, mais les petites choses de ma vie quotidienne, qui m'ont façonnée et ont fait de moi qui je suis.

La plume de Lise m'a fascinée dès le début de notre rencontre. Elle écrit tous les jours, son journal, des nouvelles, des réflexions. Comme cadeau de Pâques, en 1973, je lui ai offert un *lap top*. Non pas la machine électronique, qui n'existait pas encore, mais un vrai petit pupitre, une boîte en bois que l'on ouvrait pour écrire sur ses genoux. J'ai toujours cru en la capacité de Lise de capter la profondeur des êtres et des choses, et de la traduire. Nous avons écrit 250 chansons ensemble. Toujours elle est au rendez-vous pour exprimer mon âme, tellement que, souvent, le public croit que c'est moi l'auteur.

Cette biographie écrite au « je » vous fera découvrir l'évolution de ma conscience, l'apaisement de mon âme, mais surtout, les valeurs de mon cœur.

Bonne lecture
ÉDITH BUTLER

PREMIÈRE PARTIE

L'UNIVERS DE MON ENFANCE

Mon arrivée était prévue pour le 26 juillet. Je devais m'appeler Anne, comme la sainte préférée des Acadiens, qu'on célébrait ce jour-là. Mais, je ne parvins à m'extraire des entrailles de ma mère que le 27. Et je devins Édith. Bien loin de la sainteté et déjà incapable de m'exprimer autrement, je hurlai dès le commencement...

Le nembourie

La maison de mon oncle Alexis, minuscule et grise, assise au bord de l'unique chemin qui traversait le village, abritait aussi ma mère. Au-delà des mers, dans ces pays qu'elle n'avait pas encore connus, une guerre dont elle ne savait rien, retenait au loin son jeune époux. Le village, nommé Paquetville en hommage à son fondateur, le curé Paquet, s'étendait plat et paisible des deux côtés du chemin des Patriotes. Tout autour, des forêts d'érables sucrés et des grands champs de culture et d'élevage permettaient à ses habitants de vivre de leur terre et de cultiver une joie de vivre typique à l'Acadie.

En ce temps-là, nous étions à l'été 42, à Paquetville, nul n'aurait songé à se rendre à l'hôpital de Caraquet ni à faire appel à un médecin pour accoucher. Édith Pinet régnait en maître sur la destinée des enfants à mettre au monde. Elle s'y connaissait, la garde Pinet! Et lorsque vint pour ma mère le temps de la délivrance, c'est elle qui accourut à son chevet. Ma grand-mère avait chauffé l'eau dans une grande bassine et préparé des linges propres. L'enfant à naître, une fille, selon les observations de la sage-femme et des autres femmes du village, devait se prénommer Anne, comme la sainte, ou Élizabeth, prénom de sa grand-mère paternelle.

En voyant le jour, l'enfant poussa des cris si stridents et si répétés que la sage-femme s'écria: «Celle-là, ce s'ra une chanteuse, pour sûr!»

Or, après un accouchement facile pour un premier bébé, ma mère s'est endormie. Alors, doucement, le nombril du bébé s'est délesté de ses attaches et le sang s'en est échappé. Quand ma mère s'est réveillée, son enfant était couvert de ce liquide visqueux et rouge. Seule la prévoyance de la sage-femme, qui avait laissé une corde à thé près du lit, me sauva la vie. On m'attacha le *nembourie*, comme on dit chez nous, et l'hémorragie cessa.

Aux éclats de voix angoissés poussés par ma mère, ma grand-mère et ma tante Lily accoururent. On retourna chercher la garde Pinet. Les quatre femmes réunies se penchèrent, toutes ensemble, sur mon berceau. Et me veillèrent. Telles des fées d'anciennes légendes, chacune m'offrit quelque chose d'elle-même. Édith Pinet me donna son prénom, ma grand-mère, sa joie de vivre, ma tante Lily, sa musique, ma mère, sa tendresse et son affection.

Ce jour-là, pourtant, seule ma mère m'a trouvé belle. Ma marraine Lily disait qu'elle n'avait jamais vu un bébé aussi laid, tellement velu qu'il avait même du poil dans les oreilles ! L'expérience m'a appris par la suite que la plupart des mères ont un défaut d'objectivité quand il s'agit de leur bébé, et que j'en ai grandement bénéficié.

Curieusement, j'ai toujours conservé une sensibilité particulière à la hauteur du *nembourie*. Cette petite chose à peu près ronde et sans grande importance devint le siège privilégié de mes émotions. L'affreux petit canard que je fus demeure fragile et souvent inquiet, comme si, par inadvertance, la vie pouvait s'échapper par son nombril.

Mon premier souvenir

Mon premier souvenir, réel ou imaginaire, se situe bien avant ma naissance. En fait, j'ai toujours eu l'impression d'avoir assisté à la fête qui a suivi le mariage de mes parents.

La noce était joyeuse et bruyante. J'entendais la musique, je percevais les voix, les rires, depuis ma cachette sous le perron d'en arrière. Je ne sais pas pourquoi je me cachais, si je n'avais pas de corps, pas de matérialité... Peut-être étais-je un chien ou un chat... Que sais-je? Peut-être ai-je rêvé cela... Pourtant, la sensation insiste et perdure. Je ne saurais pas l'expliquer.

Une fois, je crois avoir évoqué cela devant maman. « Pense pas à ça, tu vas virer folle ! » m'a-t-elle dit, me faisant bien comprendre qu'on ne peut aborder ces sujets-là impunément, et que tout ce qui échappe au tangible nous met en péril.

L'origine de la peur

Pour rejoindre ce père qui ne m'avait vue qu'une seule fois au cours d'une brève permission, ma mère m'enroula dans une couverture, me prit dans ses bras et monta à bord du *Caraquet Flyer*. Ce train poussif nous conduisit à Bathurst. De là, nous prîmes un autre train pour Sydney, en Nouvelle-Écosse. Pour y arriver, il fallait que le train s'embarque sur un traversier reliant Mulgrave à l'île du Cap Breton.

J'avais huit mois. Nous étions au début de l'année 1943. La nuit était noire et glaciale. Au beau milieu du détroit, le ronronnement des moteurs s'est tu et toutes les lumières se sont éteintes. La vigie a signalé la présence d'un sous-marin allemand. Ici, dans le détroit de Canso, des frégates, des navires marchands et même le traversier *Caribou* ont été coulés. Tous les passagers devaient se taire. Même ceux qui étaient restés assis dans le train. Un matelot conduisit ma mère vers la cuisine, où l'air était un peu plus chaud. Des heures durant, le navire tangua, silencieux, sur l'océan.

La peur aussi bien que le froid ont envahi la grande salle sur le pont supérieur. Lovée contre ma mère, ai-je senti son cœur battre précipitamment? Est-il possible que la peur se soit insinuée en moi, précisément à cet instant-là? À l'aube, l'alerte a été levée. Les passagers ont regagné leurs sièges dans le train et le navire a mouillé dans le port de Canso. Quand nous arrivâmes à la base, où mon père était cantonné, il nous attendait, anxieux, à l'entrée. Ma mère m'a déposée dans ses bras. Ce fut le début d'une histoire d'amour qui ne s'est jamais démentie.

Itinérances

Mon père s'était volontairement engagé dans l'armée dès 1941. Il considérait de son devoir de protéger sa patrie. Enrôlé dans la *Canadian Royal Air Force* en qualité de mécanicien, il fut au départ basé à Gander. L'actuelle province canadienne de Terre-Neuve n'ayant pas encore adhéré à la confédération, Gander était alors, pour l'armée, le premier poste permanent outre-mer.

De là, mon père fut muté à Glace Bay, au Cap Breton, où il a loué une grande maison que nous partagions avec un aviateur, sa femme et sa fille qui avait exactement mon âge. C'est là que, plus tard, je commencerai à parler. Ma première langue ne sera donc pas celle de ma mère, mais la langue du conquérant. À la maison, mes parents ne s'exprimaient qu'en anglais, pour ne pas risquer de froisser nos colocataires qui ne comprenaient pas le français.

Là-bas, la vie était douce malgré la guerre. Seules quelques sirènes stridentes en perçaient parfois la sérénité, quand le danger s'approchait de trop près. Et il y avait, toujours présente, la menace du transfert de mon père en territoire étranger.

J'apprenais à rire et à jouer, tandis que les journées de mon père étaient souvent assombries par l'attente vaine des avions dont il avait soigneusement réglé la mécanique et qui ne rentraient pas. Il savait alors que ses compagnons, souvent ses amis, avaient été abattus au-dessus de la mer. Les sous-marins allemands avaient envahi les eaux canadiennes depuis longtemps.

S'il y en avait beaucoup près de Halifax, il y avait aussi énormément de ces *U-boats* dans le golfe du Saint-Laurent. C'est sans doute pour cette raison que mon père fut muté à Mont-Joli. Les sous-marins y faisaient surface et les marins allemands venaient danser aux alentours. Quelques-uns furent arrêtés et on trouva sur eux des tickets de cinéma…

C'est à Mont-Joli que j'ai soufflé ma première chandelle sur un gâteau d'anniversaire. Serait-ce audacieux que de le dire ? Je crois me souvenir de cette journée, où ma mère et plusieurs de ses amies me promenèrent en landau sur une longue côte qui descendait vers la mer. Elles riaient. Il faisait beau et chaud. Une sensation soyeuse comme de la joie…

Nous partagions une fois encore une maison avec la famille d'un aviateur. Mon père continuait à mettre au point les moteurs des chasseurs de l'armée et à déplorer la perte de nombreux amis. Il pleurait sur leur sort malheureux et celui de leurs familles. Apparemment terre à terre, mon père était doté d'une grande sensibilité. Quant à moi, je me mis à marcher, puis à courir, sans me soucier de la guerre qui faisait rage.

Puis, plusieurs fois encore, mon père a changé d'affectation. Ma mère et moi, nous l'avons accompagné dans tous ses déplacements, sauf à Terre-Neuve, située en territoire étranger.

Un jour, lorsque nous habitions à Dartmouth, en Nouvelle-Écosse, mon père est rentré précipitamment à la maison et il a crié: «La guerre est finie!» Nous avons pris un traversier et nous nous sommes rendus à Halifax pour la célébration de la victoire. Il y avait une foule immense dans les rues et une foule tout aussi grande de soldats, de marins et d'aviateurs. Tous ces vainqueurs d'une guerre lointaine marchaient d'un pas cadencé, retentissant sur les pavés, et moi, je déambulais au bout d'une rangée de soldats, près de mon père, gonflé de sa fierté triomphante. C'était une fête grandiose! Chacun était descendu dans la rue ou penché à sa fenêtre. Des roulements de tambour, des coups de sifflet, des pétarades de toutes sortes, et même les hennissements des chevaux affolés ponctuaient la joie générale.

Soudain, on entendit des bruits de vitres cassées, des cris d'hommes en colère. Et le vent a tourné. Je me suis réfugiée dans les bras de mon père. Alors des marins sont venus avec des ciseaux, l'ont attrapé par le col et ont coupé sa cravate. La foule à la fois en liesse et frustrée par ces années de guerre et de privations de toutes sortes, au cours desquelles le coût de la vie avait augmenté d'une manière injustifiable, se mit en marche à son tour. Ivre d'alcool et de rancœur, elle saccagea la ville.

Après qu'on eut coupé sa cravate, mon père jugea que la situation allait dégénérer et il courut jusqu'au traversier, ma mère à ses côtés et moi dans ses bras. Nous fûmes les derniers à y monter. Grimpée sur la banquette, je regardais la ville et le danger s'éloigner. Il m'a toujours semblé, depuis, que m'éloigner de la ville m'éloignait du danger…

La maison de pierres

La guerre finie, nous sommes rentrés à Paquetville. J'allais avoir trois ans dans quelques jours. Dans mon village, on n'avait connu de la guerre que les restrictions imposées par les tickets de rationnement et on parlait une langue qui m'était étrangère.

Démobilisé, mon père retourna travailler au magasin général et au moulin de son père. Celui-ci, mon grand-père paternel, avait bâti près de son magasin une immense maison de pierres. Comme il n'y avait qu'une seule carrière à proximité, les pierres de sa maison étaient identiques à celles ayant servi à la construction de l'église. Mais, pour ne pas l'architecturer dans le style néogothique de celle-ci, il en avait lui-même élaboré le plan. Il en résulta un édifice de deux étages, massif et austère, surmonté d'un toit à peine pentu qui lui conféra dès le début un air abattu. On aurait dit que le poids de la famille entière reposait sur ce toit déjà las...

L'idéal de mon grand-père était de fournir un logement à chacun de ses enfants. Il avait donc subdivisé sa maison de manière à pouvoir les accueillir tous, avec femme, mari et progéniture. Ne connaissant pas par avance la dimension de ces familles à venir, il avait dessiné de longs couloirs de chaque côté desquels se trouvaient de vastes espaces ouverts, laissant à chacun le soin de les aménager selon ses besoins. Mais le rêve de mon grand-père est demeuré vain. Si plusieurs de ses enfants ont habité la maison de pierres, ils l'ont fait à tour de rôle et n'y ont jamais cohabité.

C'est là que mes parents s'installèrent au retour de Dartmouth. Ils avaient choisi le deuxième étage et mon père s'est lui-même chargé de la finition des deux pièces que nous habitions. En ce temps-là, je n'avais pas remarqué à quel point cette maison était sombre de l'extérieur, tellement ma mère la remplissait de vie à l'intérieur.

Le charme et le mystère de cette habitation résidaient pour moi en un piano-table dont il me fallait, pour atteindre les touches, me soulever sur la pointe des pieds. Cet instrument exerçait sur moi une réelle fascination. Le soir, ma mère en tirait des airs d'avant-guerre et des chansons à la mode. Elle acceptait volontiers que je pianote au hasard, et moi j'étais persuadée de l'accompagner dans son expression musicale. Ces prétendus duos m'enchantaient.

S'il m'était permis de toucher les notes de ce piano à ma guise, il m'était formellement interdit de me glisser dessous, ma mère craignant qu'un geste maladroit de ma part déstabilise l'une des pattes de l'instrument et qu'il m'écrase sous son poids. Je ne pénétrai donc qu'une seule fois dans ce lieu défendu, fascinée à la vue d'une minuscule souris qui semblait y dormir. Je l'observai, si mignonne avec ses longues oreilles roses, je la flattai et l'emportai dehors en la fourrant dans la poche de ma veste. De temps en temps, j'introduisais doucement la main dans ma poche pour la cajoler. Quand je retirai la souris de ma poche pour la montrer à maman, celle-ci cria à tue-tête : « Jette ça ! Jette ça ! » Elle était complètement affolée, comme si un monstre était sur le point de me dévorer !

Beaucoup plus tard, j'ai lu *Des souris et des hommes* de Steinbeck, où le fou se promène, lui aussi, une souris dans sa poche… et je me suis demandé ce que pouvait bien avoir de terrifiant un si minuscule mammifère !

Le jour, maman tenait un salon de coiffure. Alors, mon père, pour la libérer, m'emmenait avec lui quand il allait au magasin et m'asseyait au bout du comptoir. De là, j'observais sagement le va-et-vient incessant des clients venant s'y approvisionner tantôt en denrées alimentaires, tantôt en matériaux de construction ou en nouveautés saisonnières. Tous les gestes de mon père, pour trancher le gruyère ou puiser de la mélasse dans un baril de bois à l'aide d'une pompe grinçante, m'interpellaient. Pour les voisins venus s'approvisionner et pour les commis-voyageurs de passage, il racontait des histoires qui m'échappaient, mais qui les faisaient beaucoup rire. Le comptoir était comme une scène de théâtre. Mon père y était à la fois l'acteur principal et le héros véridique. Raconteur, taquin et joueur de tours, il avait un public nombreux et fidèle.

Il y avait aussi mes cousins. J'en avais beaucoup et ils parlaient tous une langue que je ne comprenais pas. Eux ne me comprenaient pas davantage. Je restais seule et silencieuse. Puis, un jour, n'y tenant plus, j'ai laissé jaillir ma première grande colère. Elle éclata devant ma mère qu'elle confrontait. J'ai frappé le sol de mon pied et j'ai crié : «*No more English !*» Et je suis sortie, rageuse, bien déterminée à parler français désormais.

J'ai mis plusieurs années à l'apprendre et surtout à perdre cet accent anglais dont mes camarades de première année se moquaient parfois méchamment.

Ma volonté appliquée à m'exprimer comme eux était si forte qu'aujourd'hui, si ce n'était de ma mère qui me le rappelle, je ne me souviendrais pas de n'avoir parlé que l'anglais au tout début de ma vie…

Quant à la maison de pierres, j'y ai vécu juste assez longtemps pour que l'aspérité de son apparence extérieure ne m'apparaisse jamais, tant était douce et sereine l'atmosphère qui régnait dans ce foyer aimant.

L'Acadie du retour

En ce temps-là, l'Acadie n'osait pas dire son nom. Bafoués, chassés de leurs terres, exilés ou cachés dans les bois pendant longtemps, les Acadiens n'étaient que tolérés parmi les vainqueurs. Il y avait des Acadiens, bien sûr, mais ils vivaient surtout en Nouvelle-Écosse et au Nouveau-Brunswick, la province la plus pauvre du Canada à l'époque. Ils étudiaient en français dans des manuels anglais, ils changeaient leur patronyme en nom à consonance anglaise pour trouver du travail, et ils continuaient à s'expatrier en quête d'ouvrage.

Le Nouveau-Brunswick était une province unilingue anglophone. La région d'où je viens se nommait le comté de Gloucester. Les Anglais et les Jersiais y dominaient tout : le commerce, le transport, les usines et même la pêche.

Coupés de toute communication extérieure, les Acadiens s'exprimaient dans une langue française antérieure à celle de l'Académie. Chacun conservait donc le patois de sa contrée d'origine. Il y avait presque autant d'accents que de villages. Continuellement humiliés par les Anglais qui, refusant de les comprendre, les invectivaient en leur criant « *Speak white, frogs !* », et gênés de s'exprimer en français devant les rares francophones qui passaient par là et qui semblaient ne pas entendre cette langue déjà si loin de celle qu'ils parlaient eux-mêmes, les Acadiens s'exprimaient en anglais ou se taisaient dès qu'ils sortaient de leur milieu.

C'est ainsi que mon arrière-grand-père, Jean LeBouthillier, devint John Butler. Grâce à cette anglicisation de son identité, il put travailler avec les Robin et devenir lui-même marchand. Plusieurs de mes tantes ayant voyagé en Irlande et vu le *château de Butler*, persistent à croire que nous sommes de vrais Butler. Pourtant, John Butler, était bien le fils illégitime de Luce Mallet de la pointe à Alexandre. Notre hérédité, selon moi, est bien plus près de la misère acadienne que du royaume d'Irlande...

Bien que la Société nationale des Acadiens eût adopté un drapeau qui nous est propre vers 1880, on ne pouvait s'en procurer nulle part. Dans le sud de la province, impossible d'en voir un seul. À Caraquet, on appelait ça des «pavillons», et chaque famille confectionnait les siens, ce qui leur donnait des déclinaisons de bleu ou des tonalités de rouge si disparates que, sans l'étoile jaune, on eût pu penser qu'ils étaient de nations différentes. Pour le 15 août, nous décorions déjà nos bateaux d'une multitude de ces fanions pour pavoiser sur la mer. Ce langage-là, à la fois affirmatif et muet, était en parfaite adéquation avec l'âme de ce peuple dont la parole fut brisée.

Dépossédés de la terre, les Acadiens partirent à la conquête de la mer pour subsister. Ils se firent pêcheurs. Ils peignirent leurs maisons de couleurs très éclatantes pour pouvoir les reconnaître de loin. Peu à peu, ils se souvinrent de tous les chants marins, de *Partons la mer est belle* jusqu'à l'histoire de ce petit mousse perché au mât d'une corvette, dont le destin tragique m'échappe, en passant par *Mon brick avait la marche lente*, *Le petit bateau* et tous les chants qui pouvaient exprimer la nostalgie.

Vint ensuite le langage de la terre qui s'agrémenta du langage de la mer. Ainsi, on amarrait aussi bien la vache que nos souliers, on posait des ridelles à nos balcons, on *edjibait* la morue, ou bien on arrimait, on accostait ou sabordait en plein milieu du champ.

On magasinait par correspondance chez Eaton's, Simpson's ou les magasins Paquet de Québec. Il y avait même dans mon village deux trisomiques surnommés Eaton et Simpson, parce qu'ils passaient leur temps à découper les jouets dans les catalogues. Évidemment, c'était bien avant la période hippie, où deux jumeaux ont été prénommés Anacin et Aspirine...

Les samedis soir, on se confortait les uns les autres en faisant de grandes veillées où chacun chantait sa chanson ou contait son histoire. Toujours la même. On faisait de la musique et on parlait fort en jouant aux cartes. Des pluies d'invectives plus ou moins colorées tombaient parfois dru et aspergeaient les joueurs qui, pour vaincre leurs adversaires d'un soir, ponctuaient leurs injures de grands coups frappés sur la table.

De tous les journaux, il n'y avait que *L'Évangéline* qui reflétait notre réalité. Sinon, il fallait lire le *Northern Light* ou bien se rendre au magasin général de mon grand-père pour y trouver, à l'occasion, *Le Soleil* de Québec ou *La Patrie* du dimanche.

Quant aux livres, bien que ce soit une légende, on disait que mon village n'en possédait qu'un seul, qui s'intitulait *Une de perdue, deux de retrouvées*.

C'est ce pays-là que j'ai connu, au temps pas si lointain, me semble-t-il, de ma jeunesse.

Les Godin d'Amérique

Du côté maternel, je suis de la onzième génération des Godin d'Amérique. Mon ancêtre, Pierre Godin dit Châtillon, charpentier de son état, débarqua à Montréal, alors Ville-Marie, le 16 novembre 1653 à l'initiative de Paul de Chomedey, sieur de Maisonneuve, qui avait requis ses services pour cinq ans. Mais le 2 février 1654, Maisonneuve lui donna trente arpents de terre, à l'endroit où se trouve aujourd'hui la place Jacques-Cartier, en contrepartie de son engagement à s'établir définitivement en Nouvelle-France. Le 27 septembre suivant, en présence de Jeanne Mance, il promit, par acte rédigé par Lambert Closse, d'épouser Jeanne Rousselière, une célibataire emmenée par Marguerite Bourgeoys sur le même bateau que celui qui le conduisit de Saint-Nazaire jusqu'en Nouvelle-France.

Pierre Godin dit Châtillon tenait à la fois de l'artiste, de l'aventurier et de l'homme d'affaires. Il pouvait bâtir, cultiver la terre, tirer du mousquet et défendre l'île contre les Iroquois.

D'une très lointaine origine germanique, le nom Godin se compose de *God*, « Dieu », et de *Fri*, « libre ». Pierre, lui, est certainement libre. Il va même s'absenter de Montréal pendant deux années au cours desquelles il va participer à édifier la seigneurie de Charlesbourg et régler ses différends d'une main leste. Son voisin ayant touché l'oreille de sa fille, il n'hésite pas à se faire accompagner de Jeanne et de leur fils Laurent pour aller le confronter et le gratifier d'une inoubliable raclée. Et s'il ne fut pas condamné, c'est tout simplement que, hormis les deux familles impliquées, il n'y avait pas d'autres témoins…

De tempérament vif, impétueux et téméraire, dès qu'on lui propose un contrat pour aller bâtir le fort de Port-Royal, en 1676, il vend tous ses biens à Montréal et met le cap sur l'Acadie avec sa femme et ses sept enfants. L'un d'eux, mon ancêtre direct, se prénommait Gabriel. Capitaine de milice et chef de clan, il reçut du gouverneur Villebon une seigneurie appelée La Longue Vue, située dans la région de Nashwaak, et le titre de « sieur de Bellefontaine ».

Ce sont les petits-fils et arrière-petits-fils de Pierre Godin dit Châtillon qui ont subi la guerre, la défaite et la déportation. Et les générations qui ont suivi et qui sont restées en Acadie n'ont pas eu la vie beaucoup plus facile, du moins jusqu'à la fin de la Seconde Guerre mondiale.

Les autres, ceux qui ont été déportés en Louisiane, en France, aux États-Unis, ou qui ont fui vers le Québec, ont peut-être eu une histoire différente. Ce qui est certain, cependant, c'est que, qu'ils se nomment Bellefontaine, Beauséjour, Boisjoli, Châtillon, Godin, et même Bell aux États-Unis, c'est de Pierre dit Châtillon qu'émanent les Godin d'Amérique. Et ce bâtisseur de cathédrales de la première heure a donné naissance à une lignée traditionnellement douée pour la charpenterie. D'où, sans doute, mon goût immodéré pour cet art incrusté dans mes gènes depuis le commencement.

En attendant Romain

Un jour, lorsque j'avais quatre ans, ma mère partit pour « aller chercher un petit bébé » à Bathurst. C'est là-bas qu'on le sortirait de son ventre. On ne savait pas si ce serait un garçon ou une fille. Tout ce qu'on savait, c'est qu'il serait à nous et qu'il ferait partie de la famille. Depuis des mois on en parlait. J'avais hâte. Je sautais de joie à l'idée que je ne serais plus seule et que je pourrais jouer avec notre bébé. Alors, quand mon père a attelé le cheval à la carriole, qu'il a déposé une peau de mouton sur les jambes de ma mère, qu'il a crié « Hue ! Dia ! » et que le *borlot* a disparu de ma vue, je n'étais pas triste du tout. J'attendais. J'attendais que maman revienne avec cette petite merveille.

Au bout d'une interminable semaine, j'ai vu apparaître au loin le *borlot*, et puis j'ai entendu le tintement joyeux de la clochette qui sautillait sur le dos du cheval. Hourra ! Ils arrivent ! Le « bébé nouveau » arrive ! Ma joie était sans bornes ! Maman m'a embrassée, puis elle m'a dit, en désignant une sorte de baluchon qu'elle tenait serré contre elle : « C'est ton petit frère Romain. » Elle l'a posé sur la table et a dégagé un petit visage tout rose. Je l'ai accueilli avec enthousiasme.

Toute la journée, l'entièreté de mon attention s'est concentrée sur lui. Je caressais le fin duvet sur sa tête, je prenais sa petite main pour qu'elle serre mes doigts, j'accourais quand il pleurait, j'observais maman qui lui donnait le biberon et je voulais le faire moi aussi, et puis je le berçais.

À la nuit tombée, maman l'a couché dans mon lit et le divan du salon est devenu le mien. J'étais exclue de mon lit et de la chambre de mes parents ! Il avait pris ma place ! J'étais reléguée au second rang. Abandonnée, en quelque sorte.

Quand, cessant de pleurer, j'ai réussi à trouver le sommeil, j'ai fait mon premier et inoubliable cauchemar. Nous allions à la plage avec mes parents. Tout était beau et joyeux. Puis ils repartaient et m'oubliaient là, et je courais, courais derrière la voiture de mon père que je n'arrivais pas à rattraper...

Dès lors, j'ai entretenu avec mon frère des rapports ambigus, complexes, faits d'amour et de méfiance. De tendresse et de rivalité. Cet objet d'amour n'était-il pas en quelque sorte un usurpateur ?

Bâtir maison

Le jour où mon père décida de bâtir maison, c'est avec moi qu'il la construisit. Du moins, c'est l'idée que je m'en faisais à cinq ans. Je l'accompagnais sur le chantier avec de petits outils et il me montrait comment creuser, clouer, mesurer, calculer, monter la charpente. À chaque seconde, il m'occupait à une tâche que je croyais primordiale et essentielle. J'appris de lui comment il faut faire précis et ne rien laisser au hasard. Y avait-il d'autres ouvriers ou étions-nous seuls, mon père et moi ? Je ne m'en souviens pas. Ce que je sais, c'est qu'au commencement il n'y avait rien, et puis qu'il y eut une maison, jolie et blanche, dans laquelle nous avons emménagé. C'était enivrant ! Il y avait une chambre pour moi seule et une autre pour mon frère Romain, et il y avait même de l'espace pour d'autres enfants qui naîtraient dans notre famille ! Et c'est mon père et moi qui avions accompli ce miracle ! Et seulement avec du bois, un marteau et des clous ! J'exultais !

Et voilà que j'appris que ma tante Onésine à Macair avait bâti sa maison toute seule ! Non seulement elle avait fait cela, mais, devenue vieille et quasi aveugle, elle construisait des maisons, des bateaux et des fileuses dans des bouteilles ! Tout était donc possible ? Même pour une fille ? Et je me mis à rêver. Non pas de construire des maisons dans des bouteilles, mais de bâtir ma maison, seule, de mes deux mains, comme Onésine. Et ce rêve ne m'a plus jamais quittée…

La petite école

La petite école de mon village n'avait que deux pièces. Dans l'une, on enseignait les grades un, deux et trois, et dans l'autre, les quatrième, cinquième et sixième années. Aussi bien dire qu'en première on apprenait plus qu'il n'était nécessaire, ce qui nous donnait ensuite l'impression de redoubler la deuxième, et de rabâcher, pour la troisième fois, une classe de troisième qui n'avait plus rien à nous apprendre...

Histoire de faire fuir la fraîcheur de la nuit, on allumait très tôt un bon feu dans les poêles à bois qui trônaient au centre de chaque pièce. Quand on entrait en classe, l'air était chaud et l'odeur de l'érable l'avait totalement envahie. L'enseignement de Mme Haché était ponctué par les craquements du bois qui éclatait dans le feu, et cela avait quelque chose de rassurant et de vivifiant.

Question commodité, nous ne disposions que de bécosses à l'extérieur, dans la cour. Il y faisait si froid que personne n'en abusait. Et comme aucune autre excuse n'était admise, toute notre attention était concentrée sur cet enseignement donné en français, mais que nous devions pourtant suivre dans des manuels rédigés en anglais.

Tous les livres en français avaient été brûlés ou perdus pendant la déportation.

Et nous ne parlions pas la langue que l'Académie française avait uniformisée : nous ne connaissions que les parlers régionaux demeurés inchangés depuis notre arrivée en 1604.

Nous parlions en « j'avions » et en « j'étions ». Et nous avions des accents totalement différents d'un village à l'autre, et souvent à l'intérieur d'un même village. À Paquetville, on prononçait les ON en AN et les AN en ON, ce qui donnait des phrases du genre : « Ah ! Le beau p'tit garçan ! Rentre danc dans maisan chanter ta chansan et jouer du viélan. » On avait aussi « Des bans banbans faites à maisan ! » et des plus substantiels « Viens danc monger ta vionde ».

Juste à côté, à Saint-Simon, qu'on prononçait Saint-Siman, on s'exprimait dans un parler dominé par les é : « J'forbissé l'plancher, j'chanté, l'diable au vé m'entendé. »

Pas de phonème, pas d'Europe ni d'euphorie, mais l'Urope et l'uphorie, ce qui, ma foi, n'enlevait rien ni au continent ni au plaisir...

Tous les accents du Poitou et de la Charente-Maritime s'y croisaient.

Toutes les images et les expressions colorées y avaient traversé le temps dans la plus totale ignorance d'une langue standardisée qui les en eût chassées.

Dans cette petite école, que ma mère et mon père avaient fréquentée avant moi, nous ignorions cela et, tout à la joie d'apprendre, nous étions heureux.

Un jour en blanc

La nouvelle école venait d'être inaugurée et nous allions y célébrer avec éclat la fête des Mères. J'avais sept ans et j'étais en deuxième année. La religieuse m'avait enseigné une chanson vantant la douceur des mamans, et ma mère m'avait cousu une jolie robe blanche. Pour agrémenter encore le charme de celle-ci, elle me fit enfiler de longs bas blancs et des chaussures elles aussi toutes blanches. Dans mes cheveux frisés par ses soins, elle noua une grande boucle de ruban blanc. Et c'est ainsi que je posai pour la première fois un pied sur scène.

La salle était comble. Toutes les mamans du village et leurs rejetons y avaient pris place.

Je m'avançai fièrement jusqu'au centre de la scène. Là, je m'arrêtai. J'observai l'assemblée. J'ouvris la bouche pour entonner ma chanson, mais rien ne se produisit. Pas un son ne sortit de ma gorge. La religieuse, repliée derrière le rideau, attaqua les premières notes pour me tirer d'affaires. Rien n'y fit. La religieuse continua de chanter. Et je me mis à mimer ce qu'elle chantait. Je le fis avec assurance, persuadée que tout le monde croyait que c'était moi qui chantais.

Après cet exploit, tous vinrent me féliciter. Même Alec Haché l'organiste, musicien prestigieux à Paquetville, m'a dit : «Avec une aussi jolie voix, tu vas faire une grande carrière de chanteuse, c'est certain !» À mesure que les compliments affleuraient sur mes vêtements blancs, je me persuadais qu'après tout j'avais réussi et que, probablement, j'avais bien chanté. La connivence de l'assistance, qui n'avait pas été dupe, mais qui souhaitait m'encourager, a eu un effet très bénéfique.

Plutôt qu'un moment de gêne, il m'en reste au contraire le souriant souvenir d'un jour où, entièrement vêtue de blanc, j'ai connu mon premier blanc de mémoire !

Le curé

Rien n'échappait au curé de mon village. En dehors des cérémonies religieuses traditionnelles, des baptêmes, des enterrements, des mariages et de toutes les fêtes que l'on célébrait en grande pompe, de Noël jusqu'à la résurrection, il officiait pour les vêpres, prêchait le carême, dispensait ses bénédictions indistinctement, des enfants jusqu'aux bateaux, en passant par les cierges et les rameaux, sans oublier les gorges et les graines.

Il présidait toutes les inaugurations, arbitrait toutes les chicanes, et, grâce sans doute au secret de la confession, il disposait d'un arsenal d'arguments que nul ne songeait à contester. Quand il parlait du haut de la chaire, lieu ainsi nommé sans doute parce que l'officiant, situé entre ciel et terre, pouvait à la fois mieux entendre la parole divine et l'incarner à travers sa personne, il usait de toute son éloquence pour insuffler à ses ouailles un idéal qui tende vers les sommets. Quand il en redescendait, il vivait son quotidien comme nous vivions le nôtre, entouré de champs et de forêts, élevant des bêtes, cultivant la terre et pêchant la truite dans les ruisseaux. Il devait en outre juger les concours où l'on décernait des prix de beauté aux animaux comme aux légumes.

Pour ce qui est des légumes, je crois toujours qu'il était plus objectif, parce que j'ai réussi à gagner le prix du blé d'Inde le plus sucré et celui des meilleures fèves sans fil… Mais, pour ce qui est des animaux, j'avais beau assister la vache quand elle vêlait, veiller son petit veau, le soigner, le peigner, le nourrir, lui passer le licou pour l'entraîner à marcher, à courir, à s'arrêter quand il le fallait, et même à saluer en reculant, rien n'y fit. Le curé rêvait pour le village de bœufs racés. Son bœuf à lui était plus ou moins de race pure, alors que le bœuf de Ti-Fred avait des origines plus modestes. Le curé exigeait donc que les veaux et les génisses participant aux concours soient des descendants de son bœuf.

Ti-Fred était notre voisin et, comme il se doit, mes veaux étaient des Ti-Fred, mais cela, personne ne le savait. À chaque fois que je faisais parader mon veau, il était *discarté*. C'est en lui soulevant la queue et en regardant dessous que le curé le disqualifiait ! Apparemment, il y avait là-dessous quelque chose qui trahissait l'origine de mon veau !

Nul n'aurait osé le questionner sur ses critères de jugement. Il faut dire que dans Paquetville, le curé jouissait de la réputation miraculeuse d'un autre curé qui l'avait précédé de quelques générations et qui, lorsque le feu avait entièrement détruit le moulin de Burnsville, s'était approché d'une pile de bois franc que le feu commençait à lécher, l'avait entourée de médailles et d'eau bénite, et avait dit tout haut en regardant le ciel : « Cette pile-ci est réservée pour le plancher de l'église ! » Sous cette invective, le feu s'était détourné et avait épargné sa proie, de sorte que le plancher de l'église avait été construit avec ce bois. Devant un tel miracle, reconnaître la qualité d'un veau en lui regardant sous la queue n'était que de la petite bière !

Une rencontre à vélo

Depuis que mon père avait réussi à dégotter à Burnsville une jolie bicyclette bleue et qu'il me l'avait offerte, je roulais chaque jour sur le long chemin qui traversait tout Paquetville. J'aimais admirer les champs, saluer les passants que je croisais, observer les maisons des alentours, regarder le ciel, humer les parfums de l'air.

Chevauchant ma bicyclette bleue, je me sentais puissante, invincible. Je roulais tantôt à vive allure, tantôt très lentement, tout occupée à admirer les petites fleurs qui poussaient en bordure de la route.

Ce devait être un jour comme celui-là, un jour chaud de juillet, où, ayant pédalé de longues heures, je vis soudain, de l'autre côté du chemin, un cheval au trot tirant une voiturette de foin. Je n'ai songé qu'à m'accrocher à mon tour à ce petit chariot, qu'à me laisser traîner jusqu'à la maison.

J'accélérai pour traverser la route et attraper un des montants de la voiture. Je n'ai ni vu ni entendu la moto du bedeau qui fonçait sur moi. Mais le choc fut brutal ! La bicyclette bleue fut tordue et je m'élevai haut dans les airs pour retomber tête première.

Le bedeau me porta jusqu'à la maison. Ma tête saignait abondamment. Puis, je repris conscience peu à peu. Trop loin de l'hôpital, on m'emmena chez la garde Pinet. Elle me rasa le crâne, me fit un énorme pansement et me dit : « Tu n'en mourras pas ! »

C'est ainsi qu'on soignait les fractures du crâne à Paquetville. Et que tout de suite il fallait penser à autre chose qu'à ses bobos. C'est alors que je découvris dans la cuisine de la garde Pinet de jolis cochonnets tout roses et tout mignons que l'on nourrissait au biberon. Et, ma foi, quoi de meilleur pour oublier un mal de crâne que de caresser un cochon rose ?

La barbarie

Que deviennent les si jolis cochonnets roses nourris au biberon dans les cuisines, posés sur les genoux et caressés tels des chatons frileux ?

L'automne venu, les fermiers les suspendent par les pieds, leur tailladent le cou à l'aide d'un couteau pointu, recueillent leur sang chaud et le boivent dans une tasse placée juste au-dessous de l'animal. Celui-ci crie, hurle, se débat, sans que ses appels incessants n'atteignent le cœur de l'homme qui poursuit jusqu'au bout son œuvre de boucherie.

C'est par la fenêtre de la classe de deuxième année, qui donnait sur la ferme du curé, que nous assistions en direct à ces assassinats saisonniers. Le curé tuait donc lui aussi chacun de ses cochons par le même atroce procédé. Quelle trahison !

Toute la journée on entendait les bêtes pousser des cris d'épouvante, gémir. On les voyait pendre au bout de leurs pattes et leur sang s'écoulait par la plaie ouverte. Et toujours, en contrebas, des hommes buvaient avidement le liquide rouge qui s'échappait du corps ensanglanté de l'animal. Parfois même, on regardait les hommes tendre l'écuelle rougie à des jeunes gens qu'il fallait initier à ces pratiques archaïques, et ceux-ci, malgré leur répugnance, avalaient avec appréhension des gorgées de cet élixir de vigueur destiné à en faire de vrais hommes.

C'était pour moi l'horreur absolue. Je bouchais mes oreilles de mes deux mains pour ne pas entendre les plaintes de plus en plus stridentes, devenir soudain plus gutturales, jusqu'à s'éteindre dans un dernier geignement. Je contemplais, ahurie, ces garçons pourtant jeunes participant à ce rituel sanguinolent et cruel, et je pleurais.

J'étais figée dans une torpeur impuissante. Je constatais avec atterrement qu'il n'y avait pas de salut pour ces bêtes du côté du curé. Alors, si même Dieu n'avait pas pitié, qui en aurait ?

Inutile donc que je le dise à mon père, qui n'y pourrait rien non plus. Et je me suis tue. Et j'ai gardé ces images terrées au fond de moi, de crainte qu'elles ne refassent surface et ne reviennent me hanter… L'impuissance de la bête à se prémunir contre un agresseur humain me ramène-t-elle à ma propre fragilité, à ma propre impuissance à les soustraire à la douleur et à la trahison… ?

L'éducation sexuelle

Plutôt que d'utiliser des mots pour faire leur éducation sexuelle, la coutume voulait que l'on place les enfants face à la réalité. Quoi de mieux, d'assez puissant, d'assez grand, d'assez évident que d'assister à l'accouplement? L'animal correspondant le mieux à tous ces critères d'efficacité était sans contredit le bœuf.

Celui-ci avait sa résidence principale dans la grange; mais, lorsque le temps des chaleurs et du rut arrivait, on le laissait pénétrer dans l'enclos prévu à cette fin et qu'on appelait le «port à bœufs». Ce lieu était entouré de grandes planches solides, placées à l'horizontale, formant une haute clôture de protection.

Les parents soulevaient les enfants jusqu'au haut de cette clôture, où nous nous accrochions par les coudes de nos bras croisés, nos jambes pendant librement. Nous regardions avec curiosité tout le manège du bœuf, son pénis immense que nous ne savions pas nommer, et la vache facilement apprivoisée, puis domptée par cet amant impulsif et bruyant.

Nous observions en silence à la fois la vitalité et la brutalité de l'assaut. Quelquefois un enfant plus curieux se penchait un peu trop et tombait à l'intérieur de l'enclos rempli de boue et de bouse, et se retrouvait au cœur de l'action et du danger.

C'est ce qui est arrivé à mon ami Nicolas, sous mes yeux agrandis et apeurés. Alors les hommes ont ouvert la porte et pénétré dans l'espace clos pour le récupérer, au risque de se faire encorner.

Après cet épisode qu'on pourrait qualifier de «comment ça marche», notre éducation sexuelle était complétée lorsque nous assistions au vêlage de la vache et à la naissance du petit veau. La boucle était bouclée. Nous possédions désormais toute la connaissance suffisante pour nous reproduire.

De sentiments, on ne parlait jamais. Pourquoi aurait-on soufflé le vent menaçant, capable à lui seul de compliquer ce qui était déjà tellement évident?...

Louise Paquet

À quoi songeait-elle, cette grand-mère revenue d'une longue virée de conquérante dans l'Ouest canadien ? Dès les premiers jours de ma vie, elle me berçait et chantait d'une petite voix haut perchée ce chant nostalgique et plaintif :

> *Lorsque j'étais petite, je croyais que la vie était un long chemin tout parfumé de fleurs.*
> *Et puis lorsque j'ai grandi, j'ai compris que la vie était un long chemin tout parsemé de pleurs.*

Sa voix très douce déversait ce chant dans mon oreille de si près que sa nostalgie me pénétrait, m'envahissait, s'infiltrait dans mon cœur d'enfant qu'elle n'a plus jamais quitté.

Louise Paquet était pourtant rieuse, énergique, courageuse. Elle a mené à sa manière une vie d'aventurière. Elle se retrouva enceinte très jeune et pour ne pas affronter l'opprobre, elle s'embarqua à bord d'un train pour se rendre au Manitoba, où un garçon de ses connaissances, un dénommé Jean-Baptiste Godin, s'était rendu pour construire le couvent des sœurs et l'église de Winnipeg.

Arrivée sur place, elle se dirigea directement au couvent et demanda à la sœur portière de lui trouver ce garçon. La religieuse voulait savoir qui elle était et elle répondit sans sourciller : « Sa femme ! » Comme la sœur ne la croyait pas, elle lui demanda où était son alliance. Louise prétendit l'avoir perdue en voyage. Mais l'autre ne se laissa pas démonter et la conduisit dans l'aile opposée à celle qui abritait mon grand-père.

Devant le tempérament de feu de ma grand-mère, les sœurs s'avisèrent de les marier au plus vite, et dès le lendemain l'union fut scellée. C'est ainsi que ses enfants naquirent pour quelques-uns au Manitoba, et pour les autres, dont ma mère, en Saskatchewan.

Mon grand-père changeait souvent de lieu pour participer aux grands travaux de construction. Louise, de son côté, tenait de ses ancêtres indiens d'étonnantes connaissances sur la manière de chasser et de pêcher. En ce temps-là, les saumons et les poissons de toutes sortes abondaient dans les rivières. Elle prenait sa pique, pouvait les choisir et s'en saisir à volonté. Il en était de même pour les canards et autres gibiers.

Lorsque la grippe espagnole ravagea le pays, un de ses enfants en fut atteint. Elle ne voulut pas avoir recours aux soins des médecins, dont les patients mouraient presque tous de cette grippe qu'ils ne savaient pas soigner. Alors, elle s'empara de l'enfant, l'embarqua dans un canot d'écorce et avironna très longtemps, jusqu'à une réserve indienne qu'elle connaissait. Là, elle le confia au sorcier et le veilla avec lui trois jours et trois nuits, après qu'il eut ingurgité la décoction qu'il lui avait préparée. Au levant du troisième jour, il fut guéri, et ma grand-mère redescendit la rivière en canot.

Têtue, courageuse et bonne vivante, rien ne l'arrêtait, jusqu'au jour où Jean-Baptiste fut blessé si cruellement qu'il fallut l'amputer d'une jambe et que, l'hémorragie ne cessant pas, il mourut à ses côtés.

Désemparée, elle rentra à Paquetville pour y placer ses enfants chez ceux qui voulaient bien les accueillir et les prendre en charge. Les abandonner et repartir. Cette fois, elle choisit la ville. À Westmount, ses patrons étaient anglophones et protestants. Qu'importe ! Elle touchait de l'argent et rêvait de revenir.

Ils étaient très généreux avec elle. Ils lui permettaient de manger la même nourriture que celle qu'ils pouvaient s'offrir et mettaient à sa disposition voiture et chauffeur pour qu'elle puisse faire les courses. Lorsque ma mère eut douze ans, Louise la fit engager dans la même maison pour s'occuper des enfants. Ma mère y devint bilingue et ajouta à son répertoire, déjà très étendu grâce à la tradition orale, tous leurs hymnes et tous leurs chants si riches.

Ma grand-mère mit tant d'années à préparer son retour que, lorsqu'elle rentra enfin, ses enfants avaient grandi et ils étaient partis.

Elle s'est installée à Paquetville. Elle parlait aux oiseaux, cultivait son jardin et quelques amitiés masculines.

Quand, beaucoup plus tard, la télévision est entrée dans sa vie, elle se plaisait à raconter ce qu'elle y avait vu. Je l'écoutais en silence, sidérée d'entendre à quel point son imaginaire avait magnifié et rendu époustouflantes des histoires pourtant bien ordinaires...

Comment aurait-elle survécu, sinon, à tant d'années de solitude?

Elle devait avoir au moins quatre-vingt-quatre ans lorsqu'elle épousa, en dernières noces, ce premier flirt qu'elle n'avait jamais revu depuis que la guerre le lui avait arraché au beau milieu de l'été...

À quatre heures, dans une sorte de rituel, elle buvait son thé dans une petite tasse de porcelaine, toujours du *King Cole* bien noir et bien bouilli, dans lequel elle versait un nuage de lait. Et toujours, après avoir ri et parlé, elle chantait encore :

Lorsque j'étais petite, je croyais que la vie était un long chemin tout parfumé de fleurs.
Et puis, lorsque j'ai grandi, j'ai compris que la vie était un long chemin tout parsemé de pleurs !

Dans mes bagages, il y a toujours eu l'écho de ce chagrin inconnu, dont, jusqu'au bout, ma grand-mère a tu le mystère.

Ma tante Marie

Depuis sa jeunesse, ma tante Marie avait conservé chacun des cheveux tombés de sa tête. Elle les cousait religieusement sur des bandelettes de coton, précaution indispensable, selon elle, pour le jour où elle viendrait à perdre sa chevelure. Ce jour-là, elle pourrait relier toutes ces bandelettes chevelues et s'en faire une perruque.

Considérant l'automobile comme une invention diabolique, elle ne voyageait qu'à pied ou dans une voiture tirée par des chevaux.

Vieille fille dévouée et terre à terre, elle pouvait retrouver une aiguille dans une botte de foin.

Ceux qui n'ont pas eu l'avantage de la croiser ne verront jamais son image : l'idée de faire tirer son portrait l'effrayait au moins autant que de monter à bord de la Ford 4 de mon père ! Ce qui faisait dire à ma mère que, puisqu'elle ne se laissait pas prendre en photo ni ne montait à bord de l'auto, elle était vierge au complet !

Quand elle est morte, les femmes du village m'ont emmenée pour la préparer. Sur sa tête, elles ont posé sa fameuse perruque qui jusque-là n'avait pas servi, l'ont vêtue de sa robe noire réservée aux dimanches, lui ont glissé un chapelet entre les doigts et l'ont enveloppée dans des draps propres. Mais lorsqu'elles lui ont rempli les joues de coton blanc, j'ai pris peur. J'ai pleuré et fait des cauchemars. Je ne voulais pas qu'à mon tour on me fourre de la ouate dans la bouche !

Malgré cette peur et ce dégoût, je me suis toujours souvenue de sa capacité à retrouver les objets perdus. Alors, je l'implore ! Mais attention ! Elle n'aime pas qu'on lui parle doucement. Elle a besoin de vigueur. Le sachant, je crie en direction du ciel : « MA TANTE MARIE, ARRÊTE DE FAIRE LA MORTE ! » Et, fidèle à elle-même, elle réussit à retracer tout ce que je peux perdre dans une journée.

Élizabeth Poirier

Quand j'eus sept ans, ma tante Cécile déposa Élizabeth Poirier, ma grand-mère paternelle, sur notre perron. Cela signifiait : «C'est à votre tour d'en prendre soin!» Ma mère accueillit généreusement cette belle-mère que les électrochocs et l'hôpital psychiatrique n'avaient pu éloigner de la nostalgie et de la lassitude.

Fille de géante, Élizabeth était de haute taille, de sorte que, à plus de cent kilos, elle ne semblait pas souffrir d'embonpoint et jouissait encore d'une certaine sveltesse. Je la trouvais très belle. Elle avait beaucoup de prestance et sa personne en imposait. C'était pourtant un être autoritaire, irascible et secret. Elle avait épousé George Butler et lui avait donné sept enfants, Albert, Frank, Nelly, Johnny (mon père), Cécile, Joséphine et Romain, et puis elle l'avait accompagné dans chacune de ses entreprises, du magasin général au moulin à bois.

Au début, le moulin était ambulant ; c'était donc mon grand-père seul qui se déplaçait avec quelques hommes, et elle disposait d'un peu plus de temps. Mais cela ne dura pas. La belle Buick toute neuve de mon grand-père tomba en panne. Devant l'impossibilité de la remettre en marche, mon père eut l'idée d'en retirer le moteur et de construire à partir de cet élément un mécanisme de sciage performant, qui permettrait d'avoir un moulin à bois fixe à Paquetville. Dès lors, ma grand-mère, en plus de s'occuper de sa famille, devait nourrir les ouvriers qui travaillaient au moulin. Comme elle n'avait pas d'eau courante, elle devait marcher plus d'un kilomètre pour aller en puiser à la source. Elle cuisait ensuite le repas et quand il était prêt, elle soufflait dans un borgo, un coquillage rose dont on coupait la pointe et dans lequel on pouvait souffler comme dans une trompette. La coquille était énorme et le son qui en sortait était si puissant que tout le monde pouvait l'entendre à des kilomètres. C'est comme ça qu'elle appelait ses convives du midi.

Au jour de l'An, elle offrait vingt-cinq cents au premier de ses petits-fils qui viendrait la saluer. J'aurais toujours voulu y aller, mais, comme j'étais une fille, elle ne m'aurait rien donné.

Usée par la vie, par l'effort et par le diabète, elle devint taciturne. Taiseuse, comme on disait. Son entrain avait laissé place à une sorte de mélancolie têtue. Peut-être manquait-elle de mots pour exprimer son âme. Peut-être même que l'origine de sa douleur lui échappait. Dès qu'on ne l'occupait pas, elle ruminait sans cesse des idées noires, selon maman.

Moi, je ne comprenais pas quel danger il pouvait bien y avoir à jouer toute seule dans la maison avec des idées, même si elles étaient noires. La couleur des idées, je n'y avais même jamais pensé!

Mais pour la distraire, je jouais aux cartes avec elle. Bien sûr, c'était un pensum, mais il fallait la sauver d'elle-même et les cartes étaient la seule chose qui la gardait éveillée vingt minutes d'affilée. Quand il arrivait que quelqu'un lui parle, elle tombait endormie.

Cette grand-mère qui n'avait connu que l'âpreté de la vie, ne pouvait en imaginer la douceur. Et maman était tendre avec nous et avec mon père. Ce constat, qui fut une révélation pour elle, lui brisa le cœur! Elle mesura la distance qui la séparait de ses émotions. Elle se mit à sangloter, puis à pleurer à chaudes larmes. «Qu'y a-t-il, mémère?» demanda maman. «Je ne savais pas... Je ne savais pas..., lui répondit ma grand-mère, et je pleure parce que j'ai battu mes enfants. Tous mes enfants. Surtout Johnny...»

Ma mère la consolait. Mais elle le savait depuis longtemps, puisqu'elle avait vu toutes ces lacérations sur le dos de Johnny. Dans des moments pareils, on aurait dit qu'une horlogerie intérieure se déréglait chez ma grand-mère et qu'ensuite elle ne cessait de ressasser de vilaines idées qui lui faisaient mal, jusqu'à ce qu'elle retombe dans son mutisme.

D'urgence, il fallait éviter le précipice vers lequel elle courait et où elle risquait de s'abîmer. Alors, on ressortait le jeu de cartes. Je les coupais, brassais, distribuais le plus rapidement possible, pour que ma grand-mère ne s'endorme pas avant d'avoir diverti son esprit du péril qui le guettait.

Ma mère, quant à elle, lorsqu'elle nous prenait ensuite à songer plus de quelques minutes, s'empressait de nous en demander la raison. Puis, pour évacuer le chagrin, elle disait: «Vaut mieux penser à un sapin de Noël!»

Le grenier de ma grand-mère

Le grenier de ma grand-mère paternelle, au-dessus du magasin général, recelait un fatras d'objets hétéroclites. Ce qui me fascinait le plus, c'était un énorme sac attaché par des cordes, dans lequel elle conservait une formidable collection de timbres. Ceux-ci étaient mis en liasses de cent et retenus par de la ficelle claire. Chaque timbre était pour moi un voyage. À travers lui, je m'évadais, tandis que s'éveillait mon intérêt pour l'histoire et la géographie. C'était comme si, tout à coup, le monde était à portée de main...

Allez savoir pourquoi, ma grand-mère conservait aussi dans ce grenier une boîte de coupures de presse concernant des êtres aux caractéristiques inhabituelles, de la simple difformité à la monstruosité, tout un aréopage de nabots, de géants, d'unijambistes et de siamois côtoyant la femme à barbe, le veau à trois pattes et l'homme à deux têtes...

Parmi les autres bizarreries figuraient pêle-mêle des harnais de chevaux, des photos de morts aux mains jointes dans leur cercueil, des perruques, des peaux de renard dévorées par les mites, la liste exhaustive de tous les clients qui n'avaient pas payé leur dû, une cohorte d'articles sur la famille royale d'Angleterre, et surtout, surtout, toutes les lettres d'amour reçues par ses filles ! Dont, bien entendu, je garde moi-même le secret...

Le petit Nérée

Le petit Nérée portait une tuque de laine bleue à rayures rouges. C'est ce qui l'a sauvé. J'avais huit ans et congé d'école pour le début d'année. Les bancs de neige étaient presque aussi hauts que moi, et j'étais pourtant grande pour mon âge. Ma mère, qui n'est pas celle de l'oisiveté, nous gardait toujours en mouvement, toujours en action.

Ce jour-là, elle demanda que je me rende à la poste, qu'elle appelait « la malle », au beau milieu du village. Le soleil brillait, la neige crissait sous nos pas. Je décidai d'installer ma petite sœur Bernice sur son traîneau de bois, de chausser mes patins, puisque la route était glacée, de m'atteler de cordes solides de manière à tirer le traîneau, et on se mit en route, moi patinant à grandes enjambées et ma sœur s'agrippant aux montants de la luge.

Au bout d'une dizaine de minutes, j'aperçus au-dessus d'une excavation remplie d'eau, que le froid avait gelée, la tuque du petit Nérée. Je me suis arrêtée brusquement. J'ai vu que la tuque remuait au-dessus de la glace et j'ai compris que le petit Nérée était en train de se noyer.

J'étais en patins et attelée au traîneau de ma sœur. J'ai rebroussé chemin en patinant aussi vite que mes jambes me le permettaient, si vite que ma sœur était secouée et effrayée. Lorsque je suis arrivée au magasin général, j'ai crié de toutes mes forces : « Papa ! Nérée est en train de se noyer dans le trou où il manque une maison ! »

Mon père est sorti à fine course du magasin, en chemise et en petits souliers. Il a couru jusqu'au grand trou, a fracassé la glace de ses poings solides et a retiré de sa prison de glace le petit Nérée à moitié noyé.

Quelquefois je me dis que le destin tient à peu de chose, si peu qu'il peut même s'accrocher à une tuque rouge et bleu...

Par la suite, ranimé par les soins de mon père, le petit Nérée reconnaissant jura de m'épouser. Nous sommes devenus des amis indéfectibles.

La dernière fois que je l'ai vu, il s'était engagé dans les forces armées canadiennes. Quelque temps après, on m'annonça qu'il avait mystérieusement disparu dans l'Ouest canadien. Sans doute personne ce jour-là ne l'a-t-il aperçu au moment même du péril.

Peut-être le destin eût-il été plus clément s'il n'avait pas troqué sa tuque bleu et rouge contre le béret kaki sous lequel l'homme et le paysage se confondent si bien qu'il camoufle parfois le danger lui-même…

Dans mon village

Depuis le début, pour les Anglais, nous étions des *frogs*, des mangeurs de grenouilles. À Paquetville, évidemment, on ne s'en souciait pas. D'abord, on ne mangeait pas de grenouilles, et puis ici, les Anglais ayant épousé des Acadiennes, ils parlaient français. Ce qui est resté, cependant, c'est une habitude de prononcer à l'anglaise la plupart des prénoms. Le mien, c'était Édith, en prononçant bien le « th » final, ce qui donnait souvent *Idiff*, ou bien, quand maman m'appelait du fond du champ, *Idote*. Avec en plus l'accent de la mer, il y avait une vague dans le nom : *I doôoôte*...

Ma tante Lily, quant à elle, n'aura jamais été Lili. C'était Lily. Lily Branch. Ma marraine. Mon admiration pour elle était illimitée ! Elle « tenait les clés de l'orgue », comme on disait chez nous pour dire qu'elle était l'organiste de l'église de mon village. Le chant grégorien n'avait pas de secret pour elle. Et elle me l'enseignait. Cette musique me séduisait. Lily connaissait aussi toutes les musiques solennelles, celles qui me faisaient dresser les poils sur les bras et me nouaient la gorge tellement c'était beau. L'air devenait lourd au son de la marche funèbre, et léger et triomphant pour la marche nuptiale. Et tout ça se produisait sous la pression quasi magique des doigts de Lily sur les touches écrues de l'ivoire et de ses pieds sur le pédalier de l'harmonium !

Quelquefois pourtant, le curé confiait l'orgue à Alec Haché, au grand désespoir de ma tante, mais, pour moi, c'était aussi une joie, puisque celui-ci ne connaissait la musique que par l'oreille et par le cœur. Alors, quand le curé soulignait un moment de l'office par la mention « joyeux », il y allait d'un reel à vous soulever le pied ! Rien n'aurait su mieux exprimer pour nous l'exultation de la résurrection qu'un bon reel un jour de Pâques !

Quant à mon oncle Frank, je n'ai jamais su s'il fut un jour François. On l'appelait le « chasseur de doryphores ». Il enlevait, doucement, un à un, ces petits insectes ronds accrochés aux feuilles de ses pommes de terre, puis il les mettait dans un grand sac et les emportait dans la forêt, loin du jardin. Il faisait les choses à son rythme, libre à nous de décider s'il était rapide ou lent, mais la seconde éventualité me semblait plus plausible... Il achetait des quantités de poissons frais, les salait et passait de maison en maison pour les vendre. Quand il exerçait sa fonction de *pedleux de poissons*, nous autres, les enfants, nous le fuyions pour éviter qu'il ne nous pince le nez de sa main poisseuse de saumure et qu'il ne nous transmette ainsi la puanteur persistante du poisson. Frileux et froussard, on dit que, ayant aperçu une main s'élever au bout de son lit, il a pris son fusil et s'est tiré dans le pied!

Une autre fois, il a croisé la Sainte Vierge dans la cabane à sucre; elle ne portait qu'un bas de laine au pied gauche. C'est ce détail qui a semé le doute dans la tête de plusieurs, qui étaient habitués à croire qu'elle avait les pieds nus... Très scrupuleux et facilement étonné, son expression favorite était *créyez!* Ma sœur, pour le distraire, un jour qu'il était à l'hôpital, lui avait apporté un journal dans lequel elle avait soigneusement glissé une revue coquine. Quand il a découvert ces beautés dénudées, il s'est empressé de lui téléphoner en criant, alarmé: «Créyez! L'diable est dans ma chambre!»

De l'autre côté du chemin des Patriotes, mon oncle Wilfred disait que lorsque Lily, sa femme, est décédée, elle avait tellement parlé de son vivant que même après sa mort, son dentier continuait de claquer...

Il faut dire que les Acadiens sont joueurs de tours et conteurs de *mentries*, ces vérités qu'on finit par déformer en les rallongeant par les deux extrémités. Ainsi mon père disait qu'un jour au bout du quai il y avait tellement de brume que quand il a voulu virer de bord, il n'y avait plus de bord!

La *mentrie* est un second degré de langage qui ne se déguise que pour mieux imager sa vérité, lui retirer sa part de drame ou de merveilleux, la façonner de manière telle qu'un grand éclat de rire la rende inoubliable et transmissible. Une image ne vaut-elle pas mille mots? Ainsi la *mentrie* a-t-elle souvent été une sourdine posée sur nos malheurs, les faisant fuser en joie plutôt qu'en pleurs.

La bonne nouvelle

À quoi tient le bonheur? C'est à cela que je pensais ce dimanche d'hiver où Camille arriva chez nous en raquettes, resplendissant et radieux! Il avait parcouru cinq kilomètres par un temps polaire pour venir nous annoncer la naissance de ses jumeaux! Sachant qu'il n'avait pas de quoi les nourrir, mes parents n'arrivaient pas à participer pleinement à sa joie. Ils se souciaient. Lui aimait et l'amour lui suffisait. Maman prépara des provisions pour qu'il les emporte. Il les accepta. Pour les enfants. Puis il chaussa ses raquettes à nouveau et disparut dans le blanc et le froid.

Le lendemain, ma mère décida qu'on irait le visiter. À notre tour d'enfiler nos raquettes et de traverser la terre. Camille squattait nos terres à leur extrémité. Il s'y était construit une cabane de bois qui lui servait de maison. À l'intérieur de la cabane, pas de plancher, mais un sol de terre battue. Accrochés et suspendus au-dessus du poêle à bois, deux bébés gazouillaient dans une boîte de carton. Des conserves vides servaient de récipients. Restait-il de quoi manger? Probablement pas. Il n'y avait de chaleur qu'auprès du poêle. Le reste de la pièce était glacé. Mon cœur aussi. Quand nous sommes redescendus chez nous, maman n'a rien dit. Et moi non plus. Et je me demandais qui était le plus heureux: nous qui n'avions pas faim ou lui qui n'avait que l'amour?

Plus tard, mon père, croyant sans doute que le mariage de l'amour et d'un ventre plein n'était pas incompatible, se rendit chez le notaire pour s'assurer que les titres de propriété de ce bout de terre seraient transférés à Camille.

Ce dernier, devenu en peu de temps à la fois père et propriétaire, se laissa porter par ses élans de joie, persuadé d'avoir éprouvé la justesse du dicton voulant qu'une bonne nouvelle n'arrive jamais seule.

Le père des pauvres

Quand nous allions stérer le bois dans les colonies autour de Paquetville, la misère était si présente qu'on ne la remarquait pas. Elle faisait partie de la vie, comme les forêts et les cours d'eau. C'était ainsi. Sauf pour mon père, que cela émouvait profondément et qui donnait tout ce qu'il lui était possible de donner pour la soulager un tant soit peu. Il effaçait des ardoises parfois lourdes au magasin ou accordait des crédits déraisonnables pour un marchand, mais appropriés pour un homme de cœur.

Pour mes dix ans, il jugea opportun de me montrer quelques visages de l'indigence. Au premier arrêt de cette tournée insolite, un homme long et maigre me demanda si j'avais soif. Je remarquai qu'il n'avait qu'une seule tasse. Il la prit et dit : « Suis-moi ! » Dehors, il y avait un puits. Il pompa un peu d'eau. Elle en sortit glacée comme l'hiver alentour. Lorsque je posai mes lèvres sur le bord de la tasse, le métal froid me colla à la bouche. Sensation étrange que le feu de la froidure... Mais l'eau était fraîche, claire, limpide... Au deuxième arrêt, chez Romain, une petite extension à la cabane servait d'abri au cheval. Par l'ouverture pratiquée dans le mur, la tête du cheval entrait dans la cuisine. Cette cohabitation avait pour but le partage d'un peu de chaleur. Était-ce le feu de fagots qui réchauffait l'animal ou le cheval qui donnait de sa chaleur à la pièce ? Tout ce dont je me souviens, c'est que la chaleur était maigre et les doigts gercés... Plus haut, plus loin dans les terres, là où l'hiver semblait plus rude encore, les rats avaient mangé le nez d'un bébé et un nouveau-né était mort gelé pendant la nuit.

Ce voyage dans le dénuement extrême m'a profondément marquée. Mon père, lui, n'a jamais rien ignoré de cette détresse. Quelques années après l'introduction d'une mesure d'aide sociale, le curé et les marguilliers le nommèrent « Père des pauvres », pour la distribuer. Il accepta avec enthousiasme, croyant qu'il pourrait ainsi venir en aide aux plus démunis. Il n'a pourtant suffi que de quelques mois pour que de moins nécessiteux, ou des non nécessiteux, décident de détourner cette aide à leur profit. Papa leur a signifié qu'il ne tolérerait pas ça. Alors, un soir, après le souper, un camion chargé d'hommes armés s'est arrêté en face de la maison. J'avais peur. Maman tremblait. Pour nous protéger, mon frère Romain s'est emparé d'une carabine et s'est caché derrière les rideaux de la fenêtre du salon. Craignant que cela tourne mal, mon père a pris une caisse de bière dans la cave et, bravant la menace, il est sorti pour discuter avec les belligérants. Ils ont palabré longtemps. Ils ont bu toute la bière. Et ils sont repartis. Quand Papa est rentré, il a simplement dit : « Il n'y aura plus de problèmes. » Le lendemain, il a démissionné. Le « Père des pauvres » était aussi un père de famille.

La vente des pauvres

Une fois l'an, à la grand-messe du dimanche, le curé organisait une vente aux enchères. Il ne s'agissait pas de vendre de la brocante du haut de la chaire, mais de venir en aide aux miséreux en proposant un peu d'argent de la paroisse à qui voudrait bien les loger et les nourrir.

La vente des pauvres était une sorte d'encan à l'envers : pour rafler la mise, il fallait être le moins offrant, ce qui signifiait que la subsistance du pauvre représenterait un coût minimum pour la collectivité.

Vendre les pauvres nous paraissait tout naturel. On les connaissait tous, les vieillards, les esseulés, les éclopés. Et le curé criait du haut de la chaire : « Qui veut prendre Ustin Campagne ? » Et de rappeler ses origines et sa situation. On déclinait son pedigree. Et il y avait en effet peu de différences dans le traitement des hommes et celui des bêtes.

Puis il répétait à tue-tête, comme s'il pouvait ne pas être entendu : « Qui veut prendre Ustin Campagne ? Fred, vingt piastres ! Joseph, dix piastres ! Hector, huit piastres ! Qui dit mieux ? Personne ? Adjugé à Hector pour huit piastres ! Qui veut prendre la mère à Ustin ? Qui veut prendre Jim Buck ? Qui veut prendre Marcel l'hibou ? » C'est ainsi qu'on appelait Marcel, parce qu'il était affligé de cécité, mais il réussissait à marcher sur le côté de la route en tâtant le bord du fossé avec sa canne. Il faisait peur aux enfants avec ses yeux qui semblaient ne regarder nulle part. À Noël, à l'église, il déployait sa voix énorme et résonnante. Son chant commençait toujours par : « Le ciel est noir, la terre est blanche, sonnez et carillonnez gaiement. » Cela m'émerveillait. Quand je l'entendais chanter, j'étais éblouie. Et je ne comprenais pas pourquoi il m'avait fait peur. N'était-ce pas pure magie que de chanter en étant aveugle ?

Pour chacun de ces miséreux, le curé déployait la même ardeur à convaincre ses ouailles de s'en occuper en l'achetant au nom de la charité chrétienne, de l'amour du prochain et d'un revenu supplémentaire.

Chaque pauvre était ainsi tiré d'affaires pour un an. Au bout du terme, il devait à nouveau être encanté. En attendant, Ustin Campagne et sa mère, Jim Buck, Marcel l'hibou et quelques autres étaient assurés du vivre et du couvert par les gens de leur communauté qui, quelle que soit leur situation, ne les auraient jamais laissés tomber. Habitués à se débrouiller par eux-mêmes, les Acadiens avaient mis sur pied un système qui faisait perdurer leur aptitude à la survivance, qu'ils pratiquaient déjà depuis des siècles.

La fin du monde

Un jour, alors que je rentrais de l'école avec mon cousin Roland, le ciel, d'habitude si bleu en hiver, s'est marqué de traces blanches, comme si quelqu'un d'immense y inscrivait un message. « Des signes dans le ciel ! » s'écria Roland. Nous savions tous les deux, par les religieuses, que cela devait annoncer la fin du monde. La fin du monde arrivait ! Malgré la frayeur, nos yeux étaient rivés sur ces indices irréfutables de l'imminence du péril. C'est à cet instant qu'un aéronef étrange a survolé nos têtes en rase-mottes. On s'est mis à courir à fine course jusqu'à la maison. On est arrivés tout essoufflés, et sans attendre qu'on me demande quoi que ce soit, j'ai crié à la volée : « La fin du monde s'en vient ! » Maman, apeurée, a pris le téléphone. C'était un appareil qui provenait d'un sous-marin et qui n'avait pas de sonnerie. Mon père l'avait installé de manière à relier la maison au magasin en cas de besoin. Pour lui parler, il fallait crier. Maman hurla à tue-tête : « Papa ! Papa ! [c'est ainsi qu'elle appelait mon père] Regarde le ciel, c'est la fin du monde ! »

Après la guerre, mon père avait quitté l'aviation, mais il faisait toujours partie de petits réseaux qui reliaient toute l'Amérique du Nord pour avertir en cas de danger. Il est venu immédiatement à la maison. Il a écouté notre histoire, décroché le vrai téléphone et demandé un numéro qu'il gardait sur un petit carton dans sa poche. « Allô ? Allô ! Ici *Aircraft Flash Cooper.* » Ensuite il a donné son numéro de code, et c'est ainsi qu'il a appris qu'un avion s'était écrasé tout près, à Val Doucet, et que le pilote avait pu s'éjecter de l'appareil et signaler sa position. Quant aux traces dans le ciel, mon père s'est mis à rire lorsque son interlocuteur invisible lui a expliqué qu'il s'agissait de nouveaux moteurs à réaction, qui laissaient une longue traînée blanche derrière eux. « Vous avez vu un jet de la Royal Air Force ! » lui a-t-il dit.

Le lendemain, un peu moins ignorants que la veille, nous avons marché longtemps dans la forêt, jusqu'au trou béant creusé par l'impact du jet. Il y avait de la ferraille partout. Bien que cela soit absolument interdit, Roland et moi nous sommes emparés de quelques débris que nous avons fourrés dans nos poches en souvenir de cet instant de soulagement profond. Il nous semblait dès lors que rien de terrible ne pouvait plus nous arriver. Mais si néanmoins cela devait se produire, nous pourrions toujours palper ces petits bouts de métal pour nous rappeler qu'après tout, ce n'est pas la fin du monde.

La musique

Mariée à Montréal à un Italien qui la quitta sans lui dire au revoir, ma tante Lucille revint à Paquetville sans son mari, mais avec un petit garçon. Un peu plus jeune que moi, André était un enfant de la ville, précoce, petit et pâle. « Une p'tite fleur qu'a poussé à l'ombre », disait mon grand-père. Il arrivait chargé de trésors parmi lesquels une mandoline, un violon Amati, une collection des enregistrements de Caruso, et les premiers albums de Tintin. Je serais tombée au pays des merveilles que cela ne m'aurait guère plus impressionnée ! Mais ce n'était pas tout : ma tante Lucille avait aussi un piano et André savait en jouer ! Cet enfant qui, à deux ans, parlait couramment, était à cinq ans musicien ! Sa taille était si minuscule qu'il pouvait courir sous toutes les tables sans jamais avoir à se pencher !

Nous écoutions Caruso ténoriser des airs d'opéras, nous lisions Tintin et faisions de la musique, lui au piano et moi à la mandoline. J'appris, grâce au précieux Amati, à quel point le violon peut être mélodieux et chanter comme la voix du cœur. Un jour, la petite Yvette, la fille du maître de poste, me prêta le sien. Papa le prit, joua les premières mesures d'*À Saint-Malo beau port de mer*, puis s'arrêta net. « C'est facile, dit-il. Regarde ! » Et il rejoua, à plusieurs reprises, le début de cette chanson ancienne contant l'arrivée dans le port de Saint-Malo de trois beaux navires chargés d'avoine et de blé. Tandis que j'ouvrais grand mes oreilles pour entendre la suite, celle-ci ne vint jamais. J'ai compris plus tard que ce joueur de tours patenté voulait tout simplement me faire accroire qu'il savait jouer, alors que toute sa science musicale se résumait à ces huit mesures ! Néanmoins, c'est par le biais de ce subterfuge que j'ai cru possible pour moi l'apprivoisement de cet instrument sans frets et sans repères, qui interdit toute approximation sous peine de fausses notes et d'intolérables grincements. J'avais neuf ans. Parfois, maman invitait Simon Thériault et lui tendait le violon. L'instrument, sous ses doigts agiles, jiguait, quadrillait, swinguait ! Je ne me lassais pas de l'écouter, de l'observer sourire, la tête à peine penchée vers le violon, de le regarder glisser son archet sur les cordes, ou bien les frotter de ses doigts cornés, et parfois même les pincer du pouce et de l'index pour en soutirer des notes brèves, joyeuses et percutantes. Quelquefois, quand il ne souriait plus, un air plus triste s'échappait de l'instrument comme une confidence, en sourdine. Et il m'apprit, à mon grand étonnement, que les violons avaient une âme!

Simon était en plus entouré d'une aura de miraculé, puisqu'au cours de la guerre il avait été sauvé de la mort par un inconnu qui, l'ayant vu blessé, l'avait traîné dans un fossé pour le soigner. Puis l'homme disparut, jusqu'au jour où Simon le retrouva au beau milieu de Paquetville au bras de sa propre sœur! Ils devinrent beaux-frères et voisins. Inséparables! Nous ne savions pas encore, en ce temps-là, que beaucoup plus tard Simon rendrait son dernier soupir dans les bras de son sauveur inconnu. Le destin avait peut-être fait une pause.

Mais, nous n'en étions pas encore là. Nous étions jeunes et la musique occupait tous nos loisirs. Mon père lui-même se mit de la partie en me procurant, pour cinq dollars, par le magazine *Family Herald*, un accordéon d'occasion. Ce piano à bretelles, à anche et à soufflet était un véritable caméléon. En tirant et en poussant dans un va-et-vient incessant, il charriait un vent mélodieux et une panoplie de rythmes qui s'exprimaient en airs traditionnels, en valses et en polkas aussi bien qu'en jigues et en reels. Il émanait de lui des sonorités si riches que j'en avais le frisson. J'étais tellement heureuse! Je jouais, jouais, jouais de cet instrument IN-LAS-SA-BLE-MENT. Et j'en redemandais! C'est alors que nous nous hasardions, André au piano et moi à l'accordéon, dans les veillées de famille et les salles paroissiales, où le public ami ne voulait qu'être diverti à la vue d'enfants qu'il connaissait, lancés à l'assaut de la musique, sur des instruments qu'ils tentaient si éperdument d'amadouer qu'il leur était impossible de jeter un regard, même furtif, sur un auditoire conquis d'avance. La musique, elle, ne l'était pas. Mais elle venait d'entrer dans ma vie.

L'église de Paquetville

L'église de Paquetville était la fierté de la paroisse. D'une taille énorme pour le petit village, ses deux clochers pointant vers le ciel et son immense masse de pierres grises nous laissaient entendre qu'avec ou sans évêque, cette église-là était une cathédrale ! Du moins, en étais-je convaincue...

Grâce à la contribution de mon grand-père Georges Butler, qui avait offert une bonne partie de la pierre et la lampe du sanctuaire, nous occupions le premier banc en avant. C'est de là, tout près de la balustrade et de l'autel, que j'assistais à la grand-messe du dimanche, dite et chantée en latin.

Mais, l'église de Paquetville n'était pas qu'un lieu de recueillement et de culte, c'était aussi le centre de la vie paroissiale. Le curé, conscient qu'il avait devoir d'âmes, ajoutait à sa fonction d'officiant et, profitant du fait que les fidèles soient réunis et attentifs dans l'enceinte sacrée, devenait animateur de foule pour lui insuffler du courage si la récolte avait été mauvaise ou si les érables ne coulaient pas, suggérer un règlement quand un différend opposait ses ouailles, nous initier, collectivement, aux bonnes et aux mauvaises nouvelles qui affectaient l'un ou l'autre d'entre nous, féliciter ceux et celles qui allaient s'épouser et se reproduire, ou invectiver ceux dont la conduite déraillait de la morale ou du sens commun. La plupart du temps, cependant, il se gardait d'aborder la politique, sachant que d'un côté du chemin on votait bleu et de l'autre, rouge...

Après l'homélie et avant l'eucharistie, comme il fallait allier le ciel et la terre, concilier le pain de Vie et le pain quotidien, Wilfred suivait le quêteur. Celui-ci, muni d'un long manche de bois terminé par un panier d'osier torsadé et doublé de soie mauve, portait des gants, comme si l'argent qu'il devait recueillir méritait des égards particuliers, à moins, bien entendu, que ce ne soit en raison du préjugé de l'époque voulant que l'argent soit sale. Peut-être parce que nous n'en avions pas, qui sait ? Ce qui est sûr, c'est qu'il s'arrêtait à chaque banc et poussait devant ses occupants le panier que ceux-ci devaient honorer de leurs deniers. Derrière lui, Wilfred inscrivait les noms et le montant des offrandes dans un petit carnet noir. Le dimanche suivant, Wilfred ayant comptabilisé les dons, du haut de la chaire le curé en faisait une nomenclature exhaustive. Johnny Butler : cinq piastres ! Docité Pinet : cinq piastres ! André Doucet : cinq piastres ! Jos Branch : cinq piastres ! Il déclarait cela haut et fort pour les quatre premiers bancs, ensuite son enthousiasme s'amoindrissant à mesure que les chiffres diminuaient en importance, et sa voix perdait de son amplitude à mesure qu'on allait vers les bancs d'en arrière. Mais tous étaient nommés dans ce qui devenait une monotone et interminable litanie. L'exercice était flatteur pour les riches et humiliant pour les pauvres. Mais le curé avait compris que sans une petite compétition dans la générosité, sans Wilfred pour inscrire les aumônes, le quêteur, même le plus insistant, n'aurait obtenu de ses fidèles que ce que la charité peut offrir quand elle n'est pas piquée par l'orgueil.

Contrairement à la vente des pauvres, les bancs, eux, étaient cédés aux plus offrants. Et le curé, encore une fois, se faisait encanteur. On se disputait le privilège de la préséance et cela tournait parfois à la foire d'empoigne. C'est ainsi qu'une année, une rixe éclata au beau milieu de l'allée centrale. L'un des deux belligérants frappa son rival tellement fort que le sang coula ! Or, de voir le sang versé dans l'église était un sacrilège ! Cela fit scandale et l'enfer de l'opprobre s'est ouvert devant nous.

C'est sans doute pour cela que, cette année-là, les pères prédicateurs, qui prêchaient le carême en sandales et pieds nus en plein hiver, évoquèrent avec encore plus de véhémence la géhenne éternelle, où se perdaient les mécréants.

Outre la messe, les vêpres, les baptêmes, les mariages, les enterrements, le mois de Marie et autres rituels, l'Église offrait seule, par l'intermédiaire de scapulaires, de bénédictions spécifiques, d'images pieuses ou de saintes onctions, l'unique garantie disponible contre les aléas de la vie. Et, ma foi, qui sait si une bénédiction ne vaut pas parfois un vaccin ?

Ce qui est certain, en tout cas, c'est que le peuple trimait dur et que ces bonnes ondes venues du ciel donnaient confiance en l'avenir. Et nous sortions de l'église requinqués.

Passé le portique que l'on franchissait allègrement au chant joyeux que l'orgue répercutait jusque dans l'escalier, tout le monde se rassemblait dans les marches pour se donner des nouvelles, régler une affaire ou prendre un rendez-vous galant. C'était le bon moment. Nous étions tous sur notre trente-six et le ciel était souvent bleu et radieux.

Leçons de choses

Quand la cloche annonçait la fin de la classe, maman attendait sur le pas de la porte avec sa canne à pêche. Tout au long du trajet qui nous menait à la rivière Pokemouche, elle observait les vaches, dont la position assise ou couchée lui indiquait par avance si la truite serait mordeuse ou dédaigneuse. Elle avait une vive passion pour la pêche. Sitôt arrivée au bord de la rivière, elle appâtait avec des lèches fraîches que nous venions d'exhumer de la terre humide. Elle ne se lassait pas de nous apprendre à les trouver; les meilleures étant disséminées autour de la grange.

Bientôt sa ligne s'envolait et inscrivait un demi-cercle savant, né d'un habile tour du poignet, et plongeait dans l'eau remuante et murmurante de la rivière. Quand elle apercevait une truite, elle tremblait tel un chat convoitant une proie. Quand la truite mordait à l'hameçon de fortune, maman la tirait vers elle avec frénésie et m'apprenait à asséner avec mes pouces le coup sec qui lui briserait le cou et l'empêcherait de souffrir.

Quelquefois, quand arrivait la fin de la semaine, on se rendait sur la terre de Gapi, située plus haut dans la rivière. C'était pour moi un endroit fascinant. Le lieu foisonnait de groseilles délicieuses et d'écureuils volants. Il y avait aussi des Américains avec tout leur attirail de pêche, portant des vêtements appropriés et des mouches sur leurs chapeaux. Malgré le plaisir intense lié à cette activité sportive et nourricière, maman, elle, ne prenait jamais plus de truites que ce qui était nécessaire pour le repas du soir. Il ne fallait pas gâcher la vie inutilement et le gaspillage était honni.

Sur le chemin du retour, on chantait. Tout le monde au village avait un cahier où s'inscrivaient les paroles de toutes les chansons traditionnelles qu'il connaissait. On se les rechantait constamment. Pour le plaisir et pour ne pas les oublier.

En rentrant, on courait vers papa pour lui montrer les prises du jour. Il disait toujours : « C'est fantastique ! » Que la truite soit unique ou qu'il y en ait pour nous tous. Maman m'apprenait à l'*édjiber*, puis à reconnaître, à l'intérieur de la truite, son petit cœur, les minuscules tubes blancs et transparents qui lui servaient de poumons, la grande veine dorsale qu'il fallait vider de sa substance, les tripes et les raves. Celles-ci, on les gardait pour les faire bouillir avec des herbes salées et s'en délecter. Ce n'était pas aussi succulent que les raves de hareng, mais celles-ci étaient de plus en plus rares, parce que les pêcheurs les vendaient aux Japonais. Au repas du soir, le goût subtil de la truite de rivière, frite au beurre et au sel, nous ravissait.

Chacun de mes parents avait hérité de ses ancêtres la nécessité de la transmission du savoir. C'était une question de survie. Alors maman nous expliquait aussi l'intérieur du poulet et les qualités des légumes. Cette idée de la transmission était si bien ancrée dans notre culture que mon père s'est toujours obstiné à croire que le maître d'école avait tort de vouloir lui faire apprendre que maître corbeau tenait dans son bec un fromage ou que Christophe Colomb était né à Gênes, alors qu'il tenait de son propre grand-père que maître corbeau tenait dans son bec un quart de lard et que Christophe Colomb était tout simplement né... gêné!

C'est dans cet esprit que mon père m'enseigna à reconnaître les fleurs sauvages, à trouver la faine ou la noisette, à chasser la perdrix et le lièvre, à marcher avec des raquettes, à tuer la poule, à traire la vache, à aimer les arbres, à connaître leurs noms, leurs essences, à savoir attendre pour les couper que le faîte n'ait plus que le tiers de ses feuilles, et, une fois l'arbre coupé, à le stérer. Je devais inscrire sous sa dictée la longueur des billots, leur diamètre dans la partie la plus étroite, les marquer au crayon rouge des initiales de mon père, JB en lettres liées, reconnaître le sceau inscrit dans les rondins, qui distinguait notre bois de celui qui appartenait à mon oncle Wilfred.

S'il arrivait que des voleurs viennent la nuit, ils sciaient l'extrémité du billot, pour que la marque disparaisse, et s'emparaient du bois. Il fallait aussi savoir que Pokemouche était une ancienne réserve indienne que le gouvernement avait fermée, mais que les Indiens, déplacés de force, étaient tout près, quelque part, même si on ne les voyait pas, et qu'ils considéraient les terres de la couronne comme leur propriété. Certains jours, quand on arrivait dans la forêt, mon père s'exclamait: «Ah! Les Indiens sont passés!» La seule marque de leur passage et de leur protestation silencieuse était une patte de lièvre dont le sang jouxtait les initiales de mon père sur le billot.

Si l'on m'a appris aussi à crocheter, à tricoter, à baratter, à savonner le poulet avant de le cuire, on m'a surtout appris que l'art de vivre, autant que celui de la survie, réside dans la capacité d'apprivoiser pleinement l'instant présent.

De l'autre côté de la rue

De l'autre côté de la rue, chez mes cousins James et Simone, habitait Gabriel. En fait, James était mon cousin et il avait épousé Simone. Et Simone avait recueilli son frère Gabriel, qui avait été placé chez des gens un peu violents après le décès de leur mère. Ce qu'il y avait d'étrange avec Gabriel, c'est qu'il avait des yeux énormes ! Par-dessus ses yeux énormes, il y avait des lunettes cerclées de noir, dont les verres très épais conféraient à ses yeux déjà ronds quelque chose du regard impénétrable du poisson.

Loin de l'environnement hostile dans lequel il avait dû apprendre à survivre, Gabriel avait abandonné sa frustration et il était devenu très doux. Sa mémoire était gigantesque ! Il lui suffisait de voir quelqu'un une seule fois pour se rappeler son nom, la date de son anniversaire et l'humeur du temps lorsqu'il l'avait rencontré. Mieux : à la seule évocation d'une date, n'importe laquelle, il pouvait nommer tous les événements qui avaient eu lieu ce jour-là : mariages, décès, naissances, anniversaires, température, et même le saint du calendrier. Gabriel était la chronique vivante, précise et non modifiable de notre monde.

On s'amusait à lui lancer des dates au hasard, dans un futur qui nous paraissait alors très lointain : 27 juillet 2010 ! La réponse fusait, immédiate : Mardi ! 2025 ? Dimanche ! À l'aide du calendrier perpétuel du magasin, je vérifiais toujours ses réponses, et à chaque fois cela s'avérait.

Comment était-ce possible ? D'où cela lui venait-il ?

Nous ne connaissions pas l'autisme et chacun cherchait à percer le mystère de cet être qui semblait avoir avalé toutes les cases du passé, du présent et de l'avenir temporel, mais qui était incapable de répondre à la simple question de savoir quel âge il aurait lui-même deux ans plus tard...

Papa voulait résoudre cette énigme. Connaissant quelques-uns des rituels précis et immuables de Gabriel, il savait que le matin il entrait dans la salle de bains à sept heures pile pour faire sa toilette, et qu'il en ressortait à sept heures et demie tapantes, quelles que soient les circonstances ; aucun cri, aucune supplication, aucun tambourinage exercé sur la porte fermée ne pouvait le contraindre à se retirer de là avant l'heure coutumière… La maison aurait pu s'écrouler que cela n'aurait rien changé. Ensuite, il allait au poulailler chercher les œufs de son petit déjeuner.

Profondément intrigué par la réaction que pourrait avoir Gabriel, papa avait imaginé remplacer les œufs frais par des œufs durs. Il les plaça donc sous la poule pour simuler la ponte matinale et il attendit. Lorsqu'il cassa les œufs, Gabriel recula d'un pas. Il resta là, figé, bouche bée, presque hébété. Il avait suffi d'une toute petite altération de l'état de l'œuf pour que le mystère change de camp. Mais il n'était pas davantage résolu, ni d'un côté ni de l'autre…

Et si Gabriel n'a pas solutionné la question de l'œuf, le stratagème de papa ne l'a pas éclairé non plus. Mais il persévérait dans l'idée de comprendre ce qui différenciait Gabriel de chacun d'entre nous. Alors, il s'est mis à l'observer. Discrètement. Et il a découvert que Gabriel avait une obsession de la symétrie.

Ainsi, l'hiver venu, plutôt que de lancer ses pelletées de neige par-dessus les flocons déjà accumulés, Gabriel les empilait sur les bords, puis il taillait ces amoncellements jusqu'à ce que se dressent, de chaque côté de l'entrée de la maison de Simone, deux immenses pyramides aux lignes nettes, droites et précises. Une sorte de chef-d'œuvre à la fois achevé et provisoire. Sa hantise de l'asymétrie lui faisait donc accomplir des prodiges.

Et papa comprit que les actions de Gabriel procédaient d'un même équilibre intérieur. Ce qui était au-dedans devait forcément se trouver au-dehors, et qu'un banc de neige laissé à lui-même pouvait être synonyme d'un intolérable désordre. L'homme des lignes droites était donc l'antithèse du chaos.

Ma mère savait cela et elle le chargea du ménage de notre cour. Il travailla jusqu'au soir. Le lendemain matin, notre maison, jusque-là entourée de pommiers, n'en avait plus un seul. La place était nette !

Lorsqu'elle demanda à Gabriel la raison de cette coupe à blanc, il répondit sans ambages : «Les pommiers, c'est pas "drettes"… c'est ennuyant !»

Aujourd'hui, quand je regarde de l'autre côté de la rue, je me souviens seulement de sa part de génie et de la lumière qu'il a mise sur ma route.

La fratrie

Après Romain, ma mère eut trois autres enfants. Un tous les quatre ans, avec une régularité telle qu'on en trouve chez les éléphants. Huit ans me séparent donc de Bernice, douze de Louise et seize de Denis. Vu la différence d'âge et la nécessité de m'occuper d'eux, puisque maman travaillait, j'avais l'impression qu'ils étaient un peu mes enfants et je prenais ma tâche très au sérieux.

La plupart du temps, nous vivions dehors. Il me semblait inconcevable qu'il puisse en être autrement. On construisait des barrages dans le ruisseau, des cabanes dans les arbres et par-dessus les ruisseaux, et on traçait des sentiers dans la forêt. L'hiver, on patinait sur un rond de glace dont la bande était faite des reliquats du bois qui avait été miraculeusement épargné par le feu du moulin de Burnsville. On jouait au softball et au hockey. Il y avait de l'esprit d'équipe et de la partisanerie. De notre côté du village, il était interdit de miser sur l'équipe adverse, au risque de se faire hurler par la tête : « Si tu veux houpper pour St-IsidORe, va-t'en d'l'autre bORd ! »

Pour le carnaval d'hiver, qui avait lieu sur la patinoire, on choisissait nos costumes dans le dictionnaire *Larousse* et maman en dessinait le patron et nous les fabriquait. Chez nous, on préférait les costumes d'époque, alors que la plupart des autres enfants optaient pour des tenues figurant les personnages aperçus sur les paquets de cigarettes : le marin de Players ou l'Écossaise de l'Export A. Sinon, c'était le valet de cœur ou le symbole bleu, blanc, rouge du Cracker Jack. Seul le petit Doiron portait un costume original. Sa mère avait pendant des mois découpé l'en-tête du journal *L'Évangéline* et lui avait confectionné un costume sur lequel on voyait des centaines de fois le mot « Évangéline »… Et sa mère n'avait trouvé le modèle nulle part !… Elle l'avait créé de toutes pièces ! C'est ce qui m'a fait découvrir que l'on pouvait donner vie à un projet en ne s'inspirant d'aucune source extérieure. Ce fut une révélation. Et un véritable déclencheur !

À la maison, il y avait aussi les jouets que papa continuait de confectionner et ceux que nous apprenions à fabriquer nous-mêmes.

L'année finie, il fallait réparer toutes ces babioles, les remettre à neuf, et puis les offrir en étrennes à ceux qui n'en avaient pas et qui nous apportaient le produit de leurs chasses. Un camion de pompier pour un lièvre, une poupée contre un canard… Dans cette région pauvre, tout devait servir et chacun méritait le respect. La condescendance n'existait pas.

La cage

Lorsque mon amie Marie-Paule arrivait du pensionnat pour les vacances d'été, elle avait des tas de choses à m'enseigner. Je découvrais ainsi *Le Petit Prince* dans toute la magnificence de sa blondeur, et sa planète devenait peu à peu la mienne. Il m'apprivoisait moi aussi. Jusque-là, une rose n'était qu'une fleur rouge et le rusé renard ne représentait qu'une menace pour les poules. Je voyais désormais avec des yeux plus grands. Je regardais avec mon cœur. Je voulais capter ce qui se cachait dans la robe de la rose et derrière la menace enfouie dans l'existence du renard... Je voulais savoir. Apprendre. Lire d'autres livres.

Et puis, il y avait le dessin, la peinture, l'art moderne de Picasso. Plus encore, le papier canevas et le crayon noir avec lesquels on pouvait faire des formes, laisser glisser sa main et son imaginaire. Découvrir devant soi ce que l'on ignorait porter à l'intérieur de soi, dans une région mystérieuse que je n'avais pas encore explorée.

Cet été-là, Marie-Paule et moi avons fait l'expérience du scoutisme en entrant chez les guides. Aucune section n'existant à Paquetville, nous nous sommes inscrites à Notre-Dame des Érables, que d'aucuns appelaient «Notre-Dame des Misérables», en raison de la pauvreté qui y régnait. En petites robes bleues à ceinturon de cuir, un foulard de coton terminé en pointe noué autour du cou, un sifflet attaché au bout d'un cordon torsadé, une petite tasse de métal accrochée à la ceinture, et munies d'une sorte de couteau suisse, on y apprit à faire des nœuds autant que des feux, et à survivre en forêt. On y apprenait aussi le civisme et à venir en aide aux autres. Il fallait camper, creuser des latrines, construire un siège à l'aide de trois bâtons *chiway*. Le reste du temps, on grelottait de froid et on se faisait dévorer par les maringouins.

Toutes ces expériences m'amenèrent à supplier papa de m'envoyer au pensionnat à Moncton. Quand il y consentit, maman déposa dans une grande malle bleue entourée de bois vernis tous les vêtements achetés pour l'occasion, qu'elle avait eu soin de marquer à l'encre de Chine. La liste fournie par l'institution mentionnait même des espadrilles, chaussures dont jusque-là je n'avais jamais entendu parler. Pour me distraire, maman glissa aussi dans la malle une petite radio à transistor. Que de trésors dans cette malle et que de rêves m'emportaient lorsque papa me conduisit une première fois à Notre-Dame d'Acadie !

Habituée à la vue de la maison de pierres de mon grand-père, le lieu ne me parut pas trop austère. On fit descendre au sous-sol ma malle bleue et papa reprit la route de Paquetville. Dès que sa voiture se fut éloignée, on m'indiqua un casier dans lequel je devais ranger les affaires dont j'aurais besoin dans les prochains jours et on me remit un petit cadenas. Le lendemain, quand j'aperçus mon casier, il était ouvert et ma radio avait disparu !

Pourtant, il régnait là une discipline de tous les instants, exercée sur les petites, c'est-à-dire celles qui n'en était pas encore à être perçues comme de futures bachelières. C'était mon cas. Marie-Paule avait une année d'avance sur moi. Mais, dès le commencement de l'année, on la jugea apte à passer de la dixième à la onzième année ! Nos horaires et nos activités ne correspondaient plus. Je me sentais isolée. J'étais timide et je ne m'ouvrais pas. Je vivais dans mon univers. J'échangeais à peine quelques mots de nécessité avec ma compagne de chambre.

Dans ma classe, il y avait aussi des hispanophones venues de Caracas et de New York. Elles étaient beaucoup plus délurées, jouaient des coudes et juraient en espagnol. Je ne comprenais pas ce qu'elles disaient, mais toutes ces invectives m'effrayaient. Elles se battaient même pour se frayer un chemin jusqu'au gâteau meringue des grands jours et s'en emparer !... Bien que très grande pour mon âge, je fuyais ce type de confrontation. La sœur directrice désigna pourtant une de ces New-Yorkaises pour être ma partenaire de tennis. Ses congénères l'encourageaient par de vibrants «Olé ! », tandis que j'avais droit à des huées pour chacun de mes revers. Elles s'amusaient à mes dépens, parce que je refusais de me battre, même quand, pour me provoquer, elles utilisaient toutes sortes de manœuvres déloyales. Mais c'est quand elles menaçaient de m'embrasser que je m'enfuyais en courant. Cela déclenchait chez elles des rires en cascade.

La récréation terminée, tout était règle, ordre et discipline. J'appris à faire mon lit au carré, comme à l'armée, et à me laver les cheveux moi-même, ce que je n'avais encore jamais fait, puisque maman s'en était toujours chargée, de même que des corvées de ménage. À neuf heures, on éteignait les lumières. C'était l'heure de dormir. Trop tôt, selon moi. Alors, je me levais et marchais sur la pointe des pieds jusqu'à la salle des bains et je me refugiais dans une baignoire. J'allumais ma bougie et je lisais. Jusqu'à plus de minuit.

Notre prof de ballon-panier était un homme. Il était toujours ivre et donnait ses instructions en demeurant bien assis sur une banquette, contre le mur. Il nous apprenait à faire bondir le ballon au sol par trois fois, puis à le lancer contre le mur pour le faire retomber dans le panier. Pour les passes, le jeu se compliquait et on foulait le parquet avec des mouvements si bien coordonnés qu'on aurait cru à une danse carrée. Lorsque enfin il considéra que nous étions prêtes à affronter une autre équipe, il nous fit jouer contre les filles de l'école anglaise. Pour nous humilier, elles criaient : « *French frogs !* » Elles n'avaient pas de mal à gagner contre nous. Nous étions une équipe médiocre, ce qui ajoutait encore à l'humiliation de la défaite.

On en revenait à l'heure de la collation, moment où l'on nous servait toujours le même goûter : un sandwich fait de pain blanc fourré de confitures de fraises dégoulinantes. Si l'on n'était pas les premières servies, le pain imbibé de confitures avait la consistance d'un Kleenex trempé, impossible à tenir tant sa mollesse mouillée le déchirait...

Heureusement, il y avait les « grandes sorties », celles où l'on se rendait en rang deux à deux, une sœur ouvrant la marche et une autre la fermant. On allait ainsi à la piscine municipale, à l'auditorium assister à une pièce de théâtre, à la performance des Jeunesses Musicales, ou assister, médusées, à un ballet. Il y avait aussi le cinéma. On nous emmenait voir des films choisis, bien loin des *Hopalong Cassidy* que l'on pouvait voir à Burnsville.

Malgré ces sorties que j'appréciais tant, malgré les jours de pluie où, sur le vieux piano, je jouais en duos les *Twelve-bar blues*, j'étouffais. Je me sentais emprisonnée entre quatre murs et je m'ennuyais profondément. Tout mon univers me manquait.

Aussi, quand Marie-Paule est venue m'annoncer que nous allions rentrer, toutes les deux par le train, et que son père viendrait nous accueillir à la gare, mon enthousiasme était à son comble. Tout au long du trajet, j'éprouvais une joie profonde, un sentiment exaltant de pure délivrance. Et je me fis la promesse de ne plus jamais me laisser mettre en cage. Je voulais, pour le reste de ma vie, pouvoir courir dans les bois à mon gré. Être libre. Quel que soit le prix de cette liberté !

Entre nous

Après une année d'ennui et de mal-être au pensionnat, j'ai retrouvé Paquetville comme on atteint la Terre Promise ! Je connaissais tout le monde et tout le monde me connaissait. J'étais rassurée. Je pouvais enfin respirer ! Dans cet univers tissé serré, on avait l'habitude de vivre en clan. D'avoir une appartenance et des références communes. Cela ne nous mettait pas à l'abri des commérages et des jalousies, mais on savait toujours d'où venait le danger et comment le conjurer.

Ainsi, lorsqu'une bande de motards ont risqué une virée au village pendant une fête, pour la détourner à leur profit et s'emparer de quelques biens, ils ont dû affronter les gars de Paquetville. Ceux-ci étant particulièrement costauds, le cou aussi large que la tête et les épaules bien carrées, le combat fut rapide. À la fin, aucune moto n'avait résisté aux coups de barres de fer et de *bats* de baseball. Et les envahisseurs avaient fui par la forêt. Ayant conclu que les habitants de Paquetville étaient des sauvages, ils n'y ont jamais remis les pieds.

Quand les policiers sont arrivés de Caraquet, nul n'avait rien vu et le mystère est demeuré entier… Chacun ayant appris du passé le prix inestimable du silence.

L'isolement et la méfiance atavique des Acadiens pour l'étranger nous gardaient entre nous. Ainsi, Mildred Young, mon professeur de dixième année, avait épousé le fils de la sage-femme qui m'avait mise au monde, et seulement dans ma famille immédiate on comptait quatre couples de frérots, ces frères et sœurs qui épousent des sœurs et frères. Bref, nous étions tricotés serré.

Notre langage, resté un parler du XVIIe siècle, contribuait tout autant à ce repli sur nous-mêmes. Quant à moi, mon vocabulaire était aussi très limité et la déclinaison du verbe «servir» m'échappait complètement. C'est ainsi qu'un jour, un commis-voyageur arrivant de la ville de Québec, et affublé d'un énorme capot de chat, eut droit à titre d'accueil à un invitant: «J'pourriANs t'y vous serrer?» À la stupeur de son regard, auquel succéda bien vite un rire éclatant comme le tonnerre, j'ai senti un fossé se creuser juste au bout de mes mots. J'étais rouge de confusion.

Et je me suis tue. Traquée par le verbe qui semblait changer de sens dès que nous n'étions plus entre nous...

La force

Tous les jours après l'école, je travaillais au magasin général. Je servais les clients, nettoyais, rangeais, mesurais, comptais les clous, pesais la farine et dressais l'inventaire. Souvent, même après la fermeture du magasin, j'accompagnais mon père à la scierie du moulin à bois pour couper de la *slab* en silence.

À force de trimer dans ce commerce, de transporter sur mes épaules des sacs de cent livres de farine ou de sucre et des poches de patates, je suis devenue, en quelques années, très forte physiquement. Ainsi, quand un homme du village, qui avait déjà abusé de toutes ses filles, m'a séquestrée dans sa boutique pour me faire subir le même sort, l'ai-je agrippé par le cou, soulevé au bout de mes bras et plaqué violemment contre le mur.

Je n'ai pas eu besoin de crier ni d'appeler au secours. Il s'est mis à transpirer, et quand je l'ai relâché, il a rampé jusqu'à la porte et il l'a ouverte. Toute grande !

La veuve Lodie

À Paquetville, le curé interdisait que l'on danse. Ce devait être un péché presque aussi grave et aussi sombre que celui de la chair ! La veuve Lodie, considérant cette mesure excessive, nous autorisait à venir danser chez elle. Tous les amis de sa flopée d'enfants étaient invités. Beaucoup étaient musiciens. Roger Dugas y jouait du violon et de la mandoline. On chantait, on faisait de la musique, on riait et, bien sûr, on dansait.

Mon cousin Rolland était spécialiste du quadrille. Il en connaissait par cœur tous les mouvements. Et il nous les apprenait. Un quadrille pouvait durer quarante-cinq minutes. On participait tous. Ma cousine Irène, fraîchement revenue de Montréal, voulut nous enseigner le rock'n'roll, jusqu'à ce que ma mère lui démontre, en s'élançant au milieu de la place pour en exécuter toutes les figures, que ce n'était pas vraiment une danse nouvelle, mais le *jive* qu'elle connaissait depuis longtemps.

Puis, un jour, la veuve Lodie se cassa une jambe en tombant du balcon et le curé en profita pour la condamner en attribuant ce banal accident à la punition du ciel contre le péché de danser ! Imaginez, danser ! Même danser avec une chaise constituait un péché si grave qu'il pouvait vous priver du paradis pour l'éternité !... Heureusement, Lodie avait du caractère ; dès qu'elle put à nouveau tenir sur ses jambes, ces soirées musicales et dansantes reprirent de plus belle.

Moi, ce qui m'intéressait, ce n'était pas la danse, mais les moments où le guitariste, prétextant une pause, me confiait sa guitare. Il me donnait le nom des accords qu'il fallait jouer et je le remplaçais dans cet orchestre improvisé et bon enfant. Un reel, une gigue, un rigodon. Qu'importe, tout le temps que durait son absence, je découvrais le plaisir immense de jouer au milieu d'un groupe de musiciens. De participer entièrement à l'harmonie collective. Peu à peu, je pus aussi remplacer le joueur de mandoline ou le pianiste. J'avais la sensation de participer à la fête. D'exister à travers la musique.

Quand je sortais de chez elle, il me semblait toujours qu'une sorte de miracle s'était accompli en moi : la musique devenait tangible et me donnait des ailes !

La veuve Lodie avait l'énergie d'une meneuse de revue et il me semblait que le ciel devait plutôt danser avec elle que de se *rabougrir* avec le curé. En tout cas, Lodie avait la gaieté généreuse et remplissait les soirées de sa joie de vivre vivifiante et contagieuse.

Les Indiens

Quelquefois, le dimanche, mon père nous emmenait à Burnsville pour voir les Indiens. J'étais fascinée par cette cohorte étrange qui semblait vivre en marge de la société. Leurs visages étaient burinés et plus sombres que les nôtres. Leurs cheveux, aussi noirs que les plumes des corbeaux. Ils étaient silencieux. Leurs regards aussi étaient noirs. Plusieurs portaient des nattes et d'étranges chapeaux bariolés et multicolores. Ils marchaient le dos voûté et leurs pieds tournés vers l'intérieur. Même chaussés de bottes, ils avançaient en entrecroisant leurs pas, comme s'ils avaient toujours des raquettes aux pieds. On les observait de loin. Comme si une barrière invisible nous empêchait de les approcher. Un malaise. Une gêne indéfinissable. La peur de l'étranger. De l'inconnu.

Dans mon village, personne ne disait jamais qu'il avait des ancêtres indiens. Pourtant, le village voisin, Saint-Simon, était peuplé d'Indiens et de descendants de marins normands dont le navire avait fait naufrage sur la côte. Ils étaient tellement typés qu'on pouvait les distinguer au premier coup d'œil. Quant à Wabow et à Chinese, personne n'aurait osé leur dire qu'ils étaient des Indiens. Ni même leur demander s'il n'y avait pas quelque parenté de ce côté. C'était tabou.

Avec le recul, et grâce à la généalogie, on sait que chez la plupart des Acadiens du nord-est du Nouveau-Brunswick, coule un peu du sang de la belle Isabelle du Ruisseau. Cette belle Indienne vivant au bord de l'eau, qui semble avoir accueilli tous les arrivants mâles avec la même générosité...

Aujourd'hui, chacun revendique avec fierté cette part de son héritage génétique. Peut-être parce qu'on ne remarque plus les Indiens parmi nous et que, lorsqu'il n'y a plus de différence, la peur disparaît.

L'année de mes seize ans

L'année de mes seize ans, dans la classe de sœur Marie-Simone, se produisit un événement inusité dans notre univers clos : l'arrivée d'un nouvel étudiant venu directement de Bathurst ! L'excitation des filles était à son comble ! Certaines minaudaient. D'autres l'approchaient carrément. Ma timidité me gardait à l'écart. Mais elle lui plut. Et il devint mon petit copain. Il était grand et mince et se nommait Herman Branch. Puisque son ami Lawrence était mon camarade de classe, que son oncle avait épousé ma tante et que sa tante avait épousé mon oncle Clifford, il était donc tout naturel que nous sortions ensemble. Tout le monde croyait même que cela se terminerait devant le curé ! Pour l'heure, Lawrence s'était entiché de mon amie Élizabeth et nous sommes devenus inséparables. Un clan dans le clan. Tous les quatre studieux et hyperactifs.

En classe, Lawrence et moi avions entendu dire qu'ailleurs on étudiait des matières qui n'étaient pas au programme de notre école. On s'est donc rendus à Bathurst et on a acheté des bouquins qui servaient à l'enseignement par correspondance. C'est ainsi que j'ai étudié la trigonométrie et la chimie. On restait après l'école pour éplucher nos cours rédigés en anglais. Quand il fallait faire des expériences de chimie, on se procurait le matériel et on se mettait à l'œuvre. Sœur Marie-Simone, qui n'avait encore jamais vu des élèves arriver une heure à l'avance et quitter une heure plus tard pour étudier, nous laissait faire nos expériences sur place. Même quand on a brûlé nos pupitres et les rideaux de la classe avec de l'acide sulfurique, elle n'a rien dit. Sans doute connaissait-elle mieux que nous la valeur d'un savoir arraché si laborieusement à des manuels rébarbatifs et expérimenté avec de si maigres outils… En tout cas, son regard indulgent nous permit de poursuivre jusqu'à leur terme ces études parallèles.

Herman, lui, était le neveu des Miron, de riches entrepreneurs cimentiers de Montréal. Il avait une voiture, ce qui permit à notre petit groupe de découvrir le cinéma extérieur à Tracadie, dans les premiers *drive-in* où l'on projetait des films américains. Installer le haut-parleur dans la fenêtre de la voiture et regarder de loin l'écran géant était une aventure extraordinaire !

Notre petit clan s'adonnait aussi au bricolage, à la marche en forêt, aux baignades dans la mer et à l'équitation. Pour monter à cheval, on allait chez les Rierdon, des Irlandais de la côte. Un jour, Herman a trouvé une vieille selle dans un dépotoir. Nous l'avons grattée, nettoyée, graissée pour amollir le cuir, et bien huilée. Quand elle a été brillante et propre, on a sellé le cheval et je suis partie me balader. Le cheval galopait à vive allure, lorsqu'il a aperçu une couleuvre. Il a fait un bond de côté si brusque et si inattendu qu'il m'a projetée hors de la selle. Hélas, mon pied droit est resté accroché dans l'étrier et je suivais le cheval effarouché, essuyant les soubresauts du terrain avec le haut de mon dos. Lorsque enfin Herman a réussi à arrêter l'animal, je m'étais fracturé les côtes et j'avais la colonne vertébrale amochée.

Qu'à cela ne tienne, le jour, en dehors de l'école, je continuais à travailler avec mon père qui avait ouvert un second magasin général à Notre-Dame des Érables. Tout le monde savait là-bas que ce magasin était infesté de souris. Mais les souris à Notre-Dame-des-Érables n'effrayaient personne. Tout le monde en connaissait au moins quelques-unes... Les petits garçons se pointaient au magasin dès l'ouverture pour réclamer les sacs de chips que les souris avaient ouverts et fréquentés. Ils soulevaient le sac pour faire tomber les croustilles dans leur bouche et ne faisaient que recracher les crottes de souris comme de simples pépins de pomme...

Souvent, le soir venu, les manuels refermés et le magasin clos, je m'allongeais dehors sous la voûte céleste. L'absence d'éclairage dans le village conférait un éclat particulier aux étoiles. Je scrutais le ciel à la recherche de la Grande Ourse et de la Petite Ourse. La Voie lactée traversait le ciel sombre tel un long fleuve laiteux et ouaté.

Je traquais les planètes et les constellations. Je voulais les nommer toutes et chacune par leur nom. En rentrant à la maison, je traçais ce que j'avais vu sur du papier, puis je consultais *L'Encyclopédie Grolier* pour me familiariser avec cette part de l'univers.

Certaines nuits, les « marionnettes » – ainsi nommait-on les aurores boréales – envahissaient l'horizon. Tels des guignols multicolores suspendus à des fils de lumière, elles tournoyaient, s'éle-vaient dans les airs, se croisaient, dansaient une farandole improvisée qui les faisait parfois grimper jusqu'au milieu de notre ciel, où elles flamboyaient de l'éclat du feu en embrasant le firmament.

Puis, lassées sans doute de ces prouesses vaines, elles redescen-daient en longues vagues vaporeuses d'un turquoise pâle, avant de virer au rose à nouveau et de reprendre leur manège.

Pour les contempler, je me privais de sommeil.

Qu'importe, au rêve j'ai toujours préféré la réalité...

Le *Caraquet flyer*

En hiver, aucune denrée fraîche n'arrivait à Paquetville. Même *Chez Comeau* à Caraquet on ne pouvait trouver que de la nourriture en conserve ou certains produits de la terre cultivés localement, comme des patates, des carottes et des navets. Tout le reste étant transporté par bateau à partir de Montréal ou de Québec et le trajet était trop long pour *charroyer* des produits périssables.

Quelqu'un a donc eu l'idée de construire un chemin de fer pour relier Shippagan à Bathurst. Les ouvriers embauchés pour poser la voie ferrée étaient des marins. Dès qu'ils eurent mis en place suffisamment de rails pour se rendre à Shippagan, ils décidèrent d'étrenner ce chemin de fer. Comme ils ne disposaient ni de locomotive ni de wagons, ils utilisèrent la plateforme sur roues de fer, sur laquelle ils mirent un mât muni d'une voilure. Aussitôt hissée la grande voile, le vent souffla et emporta ce faux navire que rien ne pouvait arrêter, puisqu'il n'avait pas de freins ! Les apprentis cheminots eurent beau baisser la voile, rien n'arrêta la course de cet étonnant véhicule qui se retrouva hors de la voie ferrée, en plongée rapide dans une mer houleuse qui l'immobilisa brutalement. Les matelots furent suffisamment secoués pour ne plus confondre les règles de la mer avec celles de la terre.

Cette aventure, où la vitesse leur parut étonnante, les incita à baptiser ce train, enfin prêt à rouler, *Caraquet Flyer*. C'était d'abord un convoi de marchandises de quatre ou cinq wagons, sauf lorsqu'il fallait *shipper la pitoune*, mais l'une des voitures était réservée aux passagers. On n'y mourait pas de froid, grâce à la chaleur dégagée par la truie, un petit poêle rond aux pattes courtes et arrondies, placé en plein milieu du wagon. Pour la lumière, il n'y avait que celle émanant de quelques fanaux accrochés entre les fenêtres.

Dans la petite gare de Burnsville, les Indiens attendaient patiemment, assis sur des paquets ou des baluchons. Ils restaient là, groupés, et se taisaient. Ils ne payaient pas leur passage, mais devaient voyager dans le wagon à bagages. Le *Caraquet Flyer* s'arrêtait souvent en plein bois pour les laisser descendre ou monter. Avec les bagages, il n'y avait ni chauffage ni lumière. La gratuité avait un prix…

Et le *Caraquet Flyer* traversait la campagne et les bois dans le chuintement de ses roues sur les rails, poussait de longs sifflements perçant l'air alentour, exhumant une fumée grisâtre, jusqu'à ce qu'un grincement métallique et le son de la cloche annoncent bruyamment son arrivée à Bathurst.

En route vers le collège

En descendant du *Caraquet Flyer*, je montai à bord du train du Canadien National, qui me conduisit de Bathurst à Moncton. Convaincre mon père de me laisser partir à nouveau au pensionnat n'avait pas été chose facile. « Pourquoi diable vouloir retourner dans ce lieu où tu t'es morfondue et ennuyée à mourir ? » disait-il. Mais, le temps avait passé, j'étais devenue une jeune femme et je savais que la douzième année, que je venais de compléter à Paquetville, ne suffirait pas à me garantir un emploi m'assurant une sécurité matérielle. Et, sans elle, mes rêves risquaient de ne pas se réaliser. Ce que je souhaitais, d'abord et avant tout, c'était d'être libre. De ne dépendre de personne. Pouvoir, grâce à mes propres ressources, acheter une grande terre, la cultiver, me marier et élever douze enfants.

Peut-être mes rêves étaient-ils calqués sur ce que je connaissais. Mais en définitive, j'aimais les enfants, la chaleur du clan, le travail de la terre et la suite des jours inscrite dans les saisons. Et, pour tout dire, je craignais, pour les avoir tellement vues autour de moi, la misère, la pénurie et la faim. Je devais m'en prémunir. Même si cela signifiait le sacrifice de l'éloignement de ma famille, d'Herman, qui partait lui aussi poursuivre des études ailleurs, et de mes amis, et une vie enfermée entre quatre murs, la tête plongée dans les livres. J'étais si résolue que ma ténacité avait eu raison des réticences paternelles.

Entre les soubresauts, les ballottements, les sifflements et les arrêts nombreux de ce train, je tentais de ne pas m'attendrir sur ce que je laissais derrière moi. Je regardais défiler les forêts, les rivières, je comptais les chevreuils, identifiais les vaches, m'amusais d'un lièvre courant à vive allure, comme s'il était poursuivi. Soudain, j'étais seule. Et je me mis à compter les poteaux de téléphone, plus nombreux et équidistants, pour me distraire de la nostalgie.

À ma première incursion à Notre-Dame d'Acadie, je n'avais vu que l'enfermement et les défis que me posait l'apprentissage du latin. Cette fois, mais je ne le savais pas encore, je découvrirais l'œuvre des sœurs de Notre-Dame du Sacré-Cœur, ces religieuses acadiennes dissidentes, qui s'étaient dissociées de la communauté irlandaise à laquelle elles appartenaient, et qui avaient fondé le collège Notre-Dame d'Acadie, une institution qui permettait aux jeunes Acadiennes de faire des études classiques complètes, d'Éléments Latins à Philo II.

J'allais avoir devant moi des femmes qui avaient dû vaincre des difficultés énormes. En premier lieu, il avait fallu que la nouvelle communauté soit approuvée par Rome, ce qui, pendant longtemps, avait été impossible. En fait, mais ceci est une légende, jusqu'à ce jour où le curé de Scoudouc, le père Lévesque, se rendit en personne à Rome, où il fut introduit et reçu à la faveur d'une méprise. La légende veut qu'il se soit présenté là-bas comme étant le « père Lévesque de Scoudouc », mais que son interlocuteur, croyant qu'il s'agissait du « père évêque de Scoudouc », le fit recevoir illico. Et c'est ainsi qu'il revint avec la charte de la communauté, dûment signée par le pape ! Quant au gouvernement très orangiste de l'époque, il refusa à la jeune communauté le financement nécessaire à la construction du collège. Alors, les religieuses le firent construire et financer avec les deniers de leur travail.

Ces pionnières étaient des femmes fortes, dotées d'un solide sens de l'humour, instruites, indépendantes et… nationalistes !

En descendant du train, j'ignorais qu'avec elles j'allais entrer dans un autre monde. Et que cet autre monde donnerait une impulsion nouvelle à toute ma vie.

DEUXIÈME PARTIE

UN MONDE DE DÉCOUVERTES

*Mon pays n'ayant pas de frontières et la déportation
nous ayant éparpillés, nous avons si bien essaimé que
je puis retrouver de l'Acadien presque partout ; alors, je me dis
qu'au fond, Adam et Ève étaient de Paquetville. Voilà l'origine
de mon monde. Lequel, bien entendu, fut chassé du paradis.*

L'arrivée à Notre-Dame
d'Acadie

Mes études de chimie et de physique avec Lawrence m'avaient donné le goût des sciences, et, dans le but de poursuivre dans cette direction, j'avais choisi de devenir technicienne de laboratoire. Trois semaines de dissection de grenouilles et de vers de terre eurent cependant raison de ma vocation et j'obtins de la mère supérieure l'autorisation d'opter pour le baccalauréat ès arts.

Dans ce pensionnat qui m'avait paru si austère quelques années auparavant, je découvrais tout à coup la liberté accordée aux futures bachelières et le respect entourant ces aspirantes au savoir. Les corridors me paraissaient plus clairs, la nourriture plus savoureuse, et la chambre que je partageais avec Mary Norton me suffisait amplement. Il y avait même assez d'espace pour que je puisse m'échiner à déchiffrer des accords sur la guitare « hawaïenne » de mon frère, dont mon père avait taillé le manche en rondeur, pour l'adapter à ma main.

Dans la section classique, le professeur de biologie, le Dr Melançon, était un médecin acadien qui avait étudié en anglais. Mais à Notre-Dame d'Acadie, tous les cours se donnaient en français. Alors, toutes les filles s'esclaffaient chaque fois qu'il était question des mammifères, que le Dr Melançon appelait des « mamelles ». Cela prit de telles proportions qu'un jour il commença sa classe en anglais, et que, jusqu'à la fin de l'année, il refusa d'enseigner en français.

Le grand salon où se trouvait le tourne-disque était toujours animé. Souvent, une religieuse nous faisait écouter de la musique classique tout en nous expliquant le phrasé musical, le tempérament, le mode, les échelles, les intervalles, les modalités et l'harmonie – bref, la construction des œuvres. Elle décortiquait Bach avec une aisance fabuleuse. Et son cours était fascinant.

D'autres sœurs relevaient leurs jupes et les attachaient à leur ceinture pour nous enseigner la danse. Be-bop, bossa-nova, cha-cha-cha, fox-trot, two-steps, valse et samba, sans oublier les danses traditionnelles et folkloriques, et même la pavane et le galop. On apprenait à la fois les pas des filles et ceux réservés aux garçons, puisqu'il fallait bien avoir des partenaires pour cet art qui, avant la danse sociale, se pratiquait à deux.

Une religieuse récemment revenue de Paris avait rapporté un disque d'un jeune chanteur nommé Jacques Brel. *Ne me quitte pas.* Le sens profond de ce texte m'échappait, mais l'audition de la chanson m'amenait chaque fois à m'interroger. Comment pouvait-on répéter aussi souvent la même phrase, sans que cela devienne lassant ? Par quel prodige pouvait-il réussir cela ?

Moi qui n'arrivais pas à m'exprimer avec des mots, sauf pour des phrases de première nécessité, que je n'aurais jamais songé à répéter aussi souvent, de crainte de n'être qu'une radoteuse, ce jeune Brel me laissait songeuse et dubitative. Quant à traduire mes émotions en paroles, en utilisant des vocables appropriés, je n'y songeais même pas, tant mon vocabulaire frôlait la minceur anorexique.

Si personne ne m'entendait parler, tout le monde ou presque m'avait entendue bûcher sur ma mauvaise guitare pour tenter d'en extraire quelques mélodies. Les sœurs avaient formé une chorale. J'y entrai pour le plaisir de chanter la partie alto, et la voix m'apparut alors comme un véritable instrument. Et je me pris d'amour pour le chant grégorien.

À la fin de l'année, le professeur de biologie m'offrit une bonne guitare, qu'il avait payée quatre-vingts dollars, en me disant : « Tu me rembourseras quand tu sera connue ! » Alors que la prof de piano m'assurait que je devais abandonner la musique, parce que je ne serais jamais musicienne…

Mais, l'atmosphère était aux possibles. Il n'y avait pas d'autres limites que celles que l'on s'imposait soi-même. Nos rêves étaient à portée de mains. L'avenir était ouvert et lumineux. Et ce dynamisme était contagieux.

Le concept du p'tit catchisse

Sœur Dorothée, les cheveux engoncés sous sa cornette et la démarche bringuebalante, se dirige à son pupitre ; ses yeux, gros et ronds sous ses lunettes, interrogent : « Qu'est-ce qu'un concept ? »

Silence. Personne n'ose braver le ridicule en tentant de définir une idée aussi floue...

« Lorsque j'avais cinq ans, raconte alors sœur Dorothée, on parlait du *p'tit catchisse* comme d'un trésor. Je savais qu'il y en avait plusieurs et je rêvais d'en posséder un. À chaque fois que mon père attelait la jument pour aller en ville, je lui réclamais un *p'tit catchisse*. En vain. Et puis, un jour, mon père revint de la ville avec un tout petit paquet pour moi. "Qu'est-ce que c'est ?" lui demandai-je. "Ton *p'tit catchisse*", me répondit mon père. Quoi ! Mon *p'tit catchisse* ? Cette petite chose de rien du tout qui tenait presque dans ma main ? Rien qu'un petit livre avec des questions et des réponses ? Rien d'extraordinaire ni de magique. Rien du trésor escompté. Rien qui ressemblait à l'idée que je m'en étais faite. Voilà, conclut sœur Dorothée, ce qu'est un concept ! »

Du *p'tit catchisse* au cheval blanc, tout l'enseignement de sœur Dorothée était imagé et émaillé d'histoires tirées de son quotidien et de son expérience sur la ferme de son père. C'est ainsi que la philosophie est entrée dans ma vie, les deux pieds ancrés dans la réalité.

La vie à Notre-Dame d'Acadie

À Notre-Dame d'Acadie, on entendait le froissement des jupes et le cliquetis des chapelets scander la marche rapide des Filles du Sacré-Cœur, les cris et les piaillements des petites dans la cour de récréation, quelques envolées mélodiques s'échappant en arabesques du piano du grand salon pour aller se perdre dans les couloirs.

Marie-Paule Doucet dirigeait les *Bleuettes*, un journal étudiant d'opinions et de défoulement dont j'étais devenue la caricaturiste attitrée. Quel plaisir que de croquer et de dessiner des scènes cocasses! Les profs étaient évidemment les proies préférées de mon crayon gras. Mais ils riaient avec nous de leurs tics et travers que, de toute façon, personne au collège ne pouvait ignorer.

Il y avait des étudiantes studieuses et des délinquantes qui s'échappaient par les fenêtres, à la nuit tombée, au premier appel des garçons. L'une d'elles, blessée au cours d'une de ces escapades, s'est retrouvée à l'hôpital, d'où les policiers l'ont ramenée au collège par la grande porte à cinq heures du matin! Je n'ai jamais su l'accueil qui lui a été réservé. Elle ne s'en est pas vantée.

Malgré la discipline, la rigueur et la qualité de l'enseignement qui y était dispensé, la vie à Notre-Dame d'Acadie échappait à toute monotonie. On y jouait du théâtre classique, du théâtre moderne et même du théâtre expérimental lorsqu'on y créait les premières pièces écrites par Antonine Maillet. Son théâtre faisait pour moi partie des mystères et des prodiges. Que Molière ait pu écrire du théâtre, pourquoi pas? Mais Antonine? Une fille de chez nous… Comment était-ce possible? Où puisait-elle toutes ses idées? Et elle ne faisait pas qu'écrire du théâtre, elle enseignait, voyageait à Paris, rédigeait une thèse de doctorat, nous parlait de Rabelais dont elle savait tout, relatait ses découvertes littéraires. Cette conteuse surdouée nous rendait tous les auteurs aussi vivants que leurs œuvres. À croire qu'elle les avait tous connus personnellement!

Viola Léger était déjà l'extraordinaire comédienne que l'on connaît. C'est elle qui montait les pièces de théâtre, qui les jouait, qui dirigeait les élèves choisies pour interpréter les rôles qu'elle leur assignait. Ce qui ne la dispensait pas de nous enseigner le latin et la danse. Mais pour elle, il semblait que de *rosa, rosae, rosam* au fox-trot, il n'y avait qu'un pas qu'elle franchissait allègrement.

Le chant choral y avait une grande importance. Il y avait la chorale des filles, sous la direction de sœur Lucienne; la chorale des garçons du collège Saint-Joseph, sous la houlette du père Michaud; et une chorale mixte. Le grégorien, le plain-chant, les harmonisations savantes des mélodies classiques étaient au programme. Nous chantions en latin, en français, et dans chacune des langues qu'exigeait le répertoire choisi par sœur Lucienne. Il y avait une grande émulation entre ces chorales. La nôtre remportait pratiquement tous les concours auxquels elle participait.

La mère supérieure et tous les professeurs étaient dotés de fortes personnalités. Auprès de ces nationalistes convaincus, on se réappropriait notre histoire. Parfois, Cécile Maillet, qui avait les clés des armoires interdites, les ouvrait pour nous donner accès aux livres à l'index et aux films défendus dans la province d'à côté. «L'index, c'est pour le Québec!» affirmait-elle. Et nous avions droit à une projection d'*Hiroshima mon amour*, à la lecture de Gide et de Camus, de tous ces auteurs dont l'Église se méfiait.

Quatre ans dans cet univers privilégié m'ont marquée de manière indélébile.

Notre-Dame d'Acadie était une ruche dont le miel était culturel.

Qu'isse que j'étions, nous autres ?

Antonine n'avait pas encore écrit ce fameux monologue de *La Sagouine*, mais à Moncton, au début des années soixante, c'est ce que nous, les Acadiens, ressentions profondément. Pas moyen de mettre le nez en dehors du collège sans nous rendre compte qu'il existait une différence fondamentale entre nous et les autres citoyens du Nouveau-Brunswick. Parmi eux, des *rednecks*, des orangistes, des loyalistes restés fidèles au roi d'Angleterre depuis la guerre de Sécession des États-Unis.

Ils étaient instruits, parlaient anglais, étaient riches et sectaires. Nous étions pauvres, parlions une langue ancienne et étions méfiants. Les Anglais nous traitaient comme ils traitaient les Indiens et les Métis, avec mépris. La réalité, ici, n'était pas celle de Paquetville ou de Caraquet. C'était un autre monde, avec d'autres mœurs et une autre culture.

Dans les restaurants et les snack-bars, si je demandais un café en français, on me toisait presque avec colère, et à la place du café on me servait sec, d'un ton cinglant, un « *I don't speak french !* » et on tournait les talons. Le vainqueur dédaigne le vaincu. Et le vaincu, humilié, souffre de son passé. Et comme on ne veut pas qu'il se reproduise, on se tait. Et nos ancêtres blessés ne nous ont pas raconté leur douleur. Ils se sont faits petits, discrets, pour reconstruire en silence. Sans se faire remarquer. Ainsi, ne connaissant pas notre histoire, nous ne savions pas pourquoi bien peu d'Acadiens s'exprimaient ici en français. Les têtes droites existaient peu : il y avait d'un côté les têtes hautes et de l'autre, les têtes courbées.

L'ignorance nous dépossédait de notre passé. L'ignorance nous laissait croire que nous parlions une langue de colonisés. Et même si nous avions un drapeau depuis 1889, et que nous pouvions entendre parler de nous dans *L'Évangéline*, depuis cette dispersion au vent de la déportation, bien entendu, nous n'avions ni pays ni frontières, et bien peu de repères.

Qui étions-nous? Des conquis? Des parias? Des Canadiens? Des Canadiens français? Des marginaux? Des «nés pour un p'tit pain», comme nous disaient les prêcheurs venus de loin?

En vérité, je ne le savais pas. Alors, je trouvais asile au café *Chez Marcil* où l'on parlait une langue qui m'était familière et où l'accueil chaleureux et la tolérance de la propriétaire nous permettaient de nous retrouver entre nous, dans cette atmosphère où les Acadiens ont trouvé refuge et courage depuis longtemps: la joie de vivre!

Les Bozos

J'avais dix-sept ans lorsque la troupe des Bozos fit escale sous une tente à Bathurst. Il y avait Jacques Blanchet, Clémence DesRochers, Claude Léveillée, Jean-Pierre Ferland et Hervé Brousseau sur une même scène. Nous ne connaissions aucun de ces artistes qui allaient pourtant marquer l'histoire de la chanson québécoise. À titre de placière volontaire et bénévole, je reçus un disque de Jean-Pierre Ferland, tandis qu'une copine de ma classe se vit offrir celui de Claude Léveillée.

Septembre venu, nous sommes retournées au collège avec ces précieux objets dans nos bagages. Il fallait écouter à plusieurs reprises les trente-trois tours sur le tourne-disque du grand salon pour tenter de repiquer les paroles. Sans doute n'avais-je pas seulement un accent quand je parlais, mais j'entendais aussi avec le même accent. C'est ainsi que, convaincue d'avoir noté les paroles exactes des chansons, j'ai chanté pendant plusieurs années, à mes débuts, des phrases qui me laissaient indubitablement sceptique.

Dans *Je reviens chez nous* de Jean-Pierre Ferland, j'avais entendu «cercueil» plutôt que «cerfeuil», mot qui n'appartenait pas à mon vocabulaire de l'époque, ce qui donnait «le temps ravive le cercueil» et qui en faisait un véritable hymne à une quelconque résurrection, dont le sens caché m'échappait tout à fait. Tandis que l'affirmation de Léveillée dans *Le Rendez-vous*, «nos parts faisaient sauter la banque», s'était muée dans mon oreille en «nos porcs faisaient sauter la banque», phrase qui m'apparaissait d'autant plus énigmatique que les porcs que j'avais connus n'auraient jamais été capables d'un tel exploit, pas même d'en avoir l'idée!

N'empêche, au-delà de mes erreurs d'entendement, ce sont les Bozos qui, les premiers, m'ont fait découvrir et apprécier la chanson à texte.

L'amorce

Aujourd'hui, on dirait que j'étais complexée. Mon mètre soixante-treize me gênait. Je marchais courbée pour qu'on ne le remarque pas. Mon accent, je le cachais aussi en me taisant le plus souvent possible. Et, dans cette institution d'émulation culturelle, si je participais aux pièces de théâtre, ce n'était pas à titre de comédienne, mais à celui de maquilleuse. Je ne voulais pour rien au monde me mettre en avant, et l'idée de devoir m'exprimer en public me tétanisait. J'ignorais comment dompter la parole pour qu'elle réponde comme un cheval obéissant, trottinant avec calme et douceur ou galopant avec frénésie. Pour la colère, je ne connaissais que la rougeur et la force. Pour la douceur, j'étais démunie. Frileuse, et effrayée.

Tout ce que je pouvais faire, c'était de chanter dans ma chambre. Jusqu'à ce que l'on éteigne les lumières à neuf heures. Puis de m'installer dans la baignoire avec mon oreiller et d'étudier à la lueur vacillante d'une bougie. Ni vue ni connue. Mais, le hic, c'est que j'étais en rhétorique et qu'il fallait discourir, débattre, et que j'en étais incapable !

C'est alors que Cécile Maillet, initiatrice de soirées où elle présentait du ballet, du chant classique, de l'expression corporelle et du théâtre, vint me proposer, pour me tirer d'embarras, de troquer un exposé verbal contre une prestation de trois chansons dans sa prochaine soirée culturelle. Ah ! L'horreur ! Comment imaginer sans trembler que je pourrais me retrouver sur une scène ? « Ce sera facile, dit Cécile, je garderai les rideaux fermés, tu t'assoiras sur un petit banc, ta guitare sur toi, tu laisseras tes longs cheveux couvrir un peu ton visage, puis j'ouvrirai les rideaux et tu n'auras qu'à chanter. »

Le soir fatidique arriva. Cécile ouvrit les rideaux. J'enchaînai mes trois chansons. Les applaudissements fusèrent, on en redemanda ! Prise de panique et ayant atteint la limite de mon répertoire, entre l'ouverture et la fermeture de rideaux tenant lieu de saluts, je criai : « Qu'est-ce que je fais, Cécile, qu'est-ce que je fais ?

— Chante encore, dit-elle.

— Je n'connais pas d'autres chansons, lui dis-je, affolée.

— Rechante les trois mêmes », dit-elle en ouvrant tout grand les rideaux.

Et je rechantai *Les Immortelles, Chanson vieillotte* et *Le Rendez-vous.*

Le lendemain, les gars du collège Saint-Joseph, ayant eu vent de la chose, m'invitèrent à donner un spectacle. Et ma mère apprit par le journal qu'une certaine Édith Butler chanterait sur une scène à Moncton. Elle crut d'abord à un homonyme. Quand elle a réalisé qu'il s'agissait de moi, elle était abasourdie ! Elle n'arrivait pas à le croire. Et moi non plus !

Les Hootenannies

Après l'école des garçons, ce fut à nouveau celle des filles. Et puis, de fil en aiguille, on me sollicita pour participer à un Hootenanny. Ce mot écossais, signifiant « célébration », désignait un rassemblement de musiciens et de chanteurs folks qui se réunissaient pour le plaisir. La dénomination remontait au début des années cinquante et faisait référence aux rencontres musicales hebdomadaires de Woody Guthrie et de Pete Seeger à New York. Une Hootenanny était à la musique folk ce qu'une jam-session était au jazz : une séance d'échanges musicaux, d'improvisations inspirées et de créativité joyeuse et spontanée.

Peter Fuglsang animait le groupe. Des dix ou douze participants, il n'y avait que moi et Alonzo Bourque qui étions francophones. Au début, histoire de s'apprivoiser les uns les autres, on chantait du folklore. Celui des Anglais, des Irlandais, des Russes, des Français et des Acadiens. Puis, peu à peu, on s'est enhardi, grâce à la connaissance qu'en avaient les anglophones, jusqu'à introduire dans le répertoire ces chansons nouvelles, qui étaient celles des premiers *folk singers*.

C'était l'époque où Burl Ives chantait *Kumbaya*, Pete Seeger, *Where have all the flowers gone?* Tandis que l'autodidacte Elizabeth Cotten inventait une nouvelle façon de jouer de la guitare. Woody Guthrie me touchait profondément avec *This land is your land*, que j'entendais comme un hymne d'appartenance à ces terres dont mes ancêtres avaient été chassés. Sur une note plus légère, Peter, Paul and Mary racontaient l'histoire de *Puff, the magic dragon*.

Chacun des membres de notre groupe bénéficiait du même statut et était traité sur un pied d'égalité. Tour à tour, on chantait en solo, on improvisait des duos, on accompagnait nos camarades, tantôt à la guitare, tantôt à la contrebasse, au piano ou au banjo. On donnait régulièrement des spectacles au *High School* de Moncton, devant un public de plus en plus nombreux.

Non seulement n'étions-nous pas payés, mais l'argent dans ce contexte était une chose à laquelle nous ne songions même pas. L'intérêt se trouvait dans la recherche d'œuvres que l'on pourrait faire découvrir aux autres, dans l'échange de précieux accords de guitare et dans l'harmonie de nos voix.

Petit à petit, j'apprenais les rudiments d'un métier que j'étais bien loin d'imaginer pouvoir exercer un jour... D'Acadie, il n'y avait à peu près eu jusqu'ici que le violoniste virtuose Arthur Leblanc et la contralto Anna Malenfant à avoir fait carrière en musique. Cela s'était fait ailleurs, si loin que la plupart d'entre nous ignoraient qu'Anna Malenfant, membre du Trio Lyrique à Montréal, avait écrit des chants acadiens sous le pseudonyme de Marie Lebrun. André-T. Bourque, quant à lui, était père de Sainte-Croix, missionnaire, professeur de musique et compositeur. Bien qu'ayant une voix magnifique, il n'était pas un chanteur. Il avait composé la première chanson dont l'héroïne était « Évangéline ». Et si ses pérégrinations l'avaient conduit de Boston jusqu'au Bengladesh, ce n'était pas en raison d'une carrière artistique, mais plutôt comme messager de la bonne parole...

Un autre savoir semblait résider ailleurs, dans les vieux pays où se trouvait Paris, d'où Antonine Maillet rapportait des trésors, ou aux États-Unis, d'où se levait un vent nouveau et puissant, dont je pouvais percevoir le souffle porteur dans l'enthousiasme qui animait les musiciens anglophones qui m'entouraient. C'est l'accès privilégié à cette culture qu'ils m'ont offert avec les Hootenannies.

La jonglerie

Un jour, mon père est rentré précipitamment du moulin où il travaillait. D'un air sombre et renfrogné, il a dit à ma mère : « Lauretta, conduis-moi à l'hôpital ! » Le ton était péremptoire. Et ma mère, qui savait reconnaître la menace qui pesait sur lui, obéit. Tout au long du trajet qui séparait Paquetville de Moncton, elle s'efforça de le distraire pour chasser les nuages qui s'amoncelaient sur son esprit. Lui semblait perdu dans une sorte de songe vertigineux qui l'entraînait vers l'abîme. Trois heures plus tard, mon père était interné.

L'hôpital était tout près du collège Notre-Dame d'Acadie. Tous les jours, j'allais voir ce père qui m'avait appris à bâtir, à cultiver, à nommer les arbres et à soigner les bêtes sans qu'un seul mot ne s'échappe de lui. Mon père était devenu une huître. Une huître fermée. Les électrochocs, supposés dynamiter l'enclave qui obstruait sa psyché, le faisaient souffrir sans pour autant libérer son esprit. Il était tombé en jonglerie.

Son esprit était captif d'une idée fixe. Et cette idée était noire. Et son issue, fatale. Mon père le savait. Il avait vu la jonglerie à l'œuvre dans l'esprit de sa propre mère. Et il l'avait reconnue quand elle s'était agrippée à lui en plein après-midi. Il avait secoué la tête de toutes ses forces. Il aurait voulu qu'elle lâche prise. Mais elle redoublait d'énergie. Devant cette attaque, sentant qu'il ne s'en sortirait pas tout seul, il était allé chercher secours auprès de ma mère.

À l'hôpital, assise devant lui, je souffrais avec lui. J'aurais voulu pouvoir inventer une idée capable de le secouer. Capable de l'arracher à cette teigne incrustée dans son cerveau. Hélas, je n'étais pas de taille à lutter contre elle. Et mon père a dû attendre un an et demi pour qu'un ultime électrochoc le délivre de l'emprise de cet intrus invisible. Et nous le rende, tout à fait rétabli.

Depuis, je garde à l'esprit qu'il faut veiller. Réagir aux premiers signes de ce type de déprime. Frapper d'abord. Terrasser l'ennemi. Ne pas craindre d'appeler à l'aide. Tout vaut mieux que le péril d'une chute au pays sans joie de la jonglerie.

L'atelier des Bourgault

Devant l'atelier d'André Bourgault, à Saint-Jean-Port-Joli, se dressait un Indien sculpté, grandeur nature. Il semblait à la fois garder le seuil et attirer les passants. Sa double mission me donna de l'assurance. J'entrai dans la boutique et tout de go sollicitai un emploi d'été. Comme j'utilisais peu de mots, cela se traduisit par : « Avez-vous du travail ? » On me répondit : « Que savez-vous faire ? » « Gosser du bois », dis-je. C'était on ne peut plus simple et direct. On me scruta d'un œil si averti, on me détailla avec tant de précision qu'il me semblait que j'allais moi aussi me retrouver statufiée à l'entrée, compagne silencieuse de l'Indien immobile, figé dans son destin.

Après cet examen attentif, le propriétaire m'annonça qu'il allait me prendre comme apprentie dans son atelier. J'allais sculpter du matin jusqu'au soir ces petits personnages dont raffolent les touristes. Le salaire ? Cinquante cents pièce, soit dix pour cent du prix de vente. La pension ? D'habitude, les apprentis pouvaient loger chez les Bourgault à peu de frais, mais en ce moment, la maison était pleine... Encore une fois, l'idée de l'Indien attendant sur le seuil me traversa l'esprit. Et c'est peut-être ce va-et-vient de ma pensée, de l'intérieur vers l'extérieur, qui me rappela que j'avais vu, près de la maison, une petite cabane de planches grises un peu déglinguée. « Est-ce que je pourrais habiter là ? » « Là-bas ? Mais c'est un pigeonnier ! »

Et c'est ainsi qu'après avoir colmaté les trous avec des cartons, chassé les excréments de pigeons à l'aide d'un balai, lavé le plafond et le plancher avec un torchon mouillé, j'ai pu poser mon havresac et m'allonger sur un lit de branchages, dans cet abri de fortune qui deviendrait ma résidence et où, heureusement, les locataires précédents n'eurent pas l'idée de revenir...

Cet été-là, j'avais soumis une demande d'admission à l'École des beaux-arts de Montréal. Je voulais tout apprendre de cet art que mon oncle Aurèle, le frère de maman, pratiquait si bien sans l'avoir étudié. André Bourgault étant décédé depuis quelques années, happé par une voiture, et Médard, son frère, ne sculptant que des femmes ou des calvaires, je traversai la rue plusieurs fois par jour pour observer Jean-Julien Bourgault.

De lui, j'appris à reconnaître les essences et les grains, à préférer le tilleul au pin blanc, à couper, tailler, creuser, dégrossir à la gouge, mais surtout, il m'a enseigné le plus grand secret de son art: le tour du couteau. Seul son maniement précis permet la dextérité d'exécution et l'adresse nécessaire pour riper, ciseler, parfaire, donner vie et émotion à des pièces de bois. Transformer la matière brute en œuvre d'art. Voilà ce que je voulais faire dans la vie.

Tout le reste de la journée, à l'atelier d'André Bourgault, je sculptais de minuscules figurines. J'étais l'une des rares apprentis à vouloir s'acquitter de cette tâche ingrate, puisque ces miniatures requéraient plus de temps et d'attention, et que nous étions payés à la pièce... Je prenais même le temps de signer chacun de mes personnages.

Au milieu du mois d'août, j'appris que l'École des beaux-arts de Montréal, devant la profusion des demandes d'inscription, avait choisi de prioriser les étudiants originaires du Québec. De ce fait, elle ne retiendrait pas ma candidature. Mon rêve de devenir sculpteur et céramiste était taillardé et mis en pièces...

Je quittai les Bourgault, qui avaient été très aimables avec moi, désertai ce pigeonnier auquel je m'étais habituée, fis mes adieux à l'Indien, toujours aussi imperturbable, et regagnai en toute hâte Notre-Dame d'Acadie pour ma dernière année de philosophie.

Philo II

En philo II, fini le pensionnat! Devant mon insistance, mon père avait cédé, à la condition expresse qu'il ne lui en coûte pas un sou de plus. J'avais donc loué une petite chambre en ville. Juste assez d'espace pour que je puisse étudier, mais trop petit pour se mouvoir ou changer d'avis... À l'exiguïté des lieux s'ajoutait celle de mon portefeuille. Trop fière pour m'en ouvrir à qui que ce soit, j'attendais la fin du jour pour me glisser dans la file des affamés qui, comme moi, attendaient que le boulanger se déleste de ses pains écrasés et de ses tartes écrabouillées. Bien que moches et invendables, ces produits jetés étaient délicieux. C'était en tout cas la «manne» providentielle et quotidienne qui m'empêchait de mourir d'inanition.

Heureusement, il y avait le dimanche. Ce jour-là, Tom, un garçon qui occupait l'appartement au-dessus du mien, m'emmenait au restaurant, où il m'offrait un hamburger. Entre nous régnait une camaraderie saine et joyeuse. Ce copain du dimanche était un chic type. Je crois bien qu'il avait compris que le dimanche les portes de la boulangerie restaient inexorablement closes et que sans son intervention je risquais un jeûne nocif à l'entendement de la philosophie. C'est bien connu, ventre affamé n'a pas d'oreille, et cette halte hebdomadaire, où je pouvais enfin mordre dans un aliment carné, m'était salutaire. Elle me renforçait. Me permettait de pénétrer de pied ferme dans l'univers du premier homme moderne, Michel de Montaigne.

Celui-là, je l'aurais compris même sans le savant décodage de sœur Dorothée qui décortiquait la pensée de Platon, d'Aristote, de Spinoza ou de Thomas d'Aquin pour nous la rendre accessible. Montaigne me nourrissait l'âme aussi instantanément que le hamburger de Tom ou les pains du boulanger rassasiaient mon corps.

Sa manière d'observer la nature, de soupçonner une âme aux animaux, ou de réclamer pour chacun un petit coin bien à soi, un lieu où il puisse être tout à fait lui-même, me rejoignait tout à fait.

Avec les philosophies, on abordait la sagesse. Et je me demandais si elle était transmissible?... Si je l'avais croisée, en dehors des livres et des cours de sœur Dorothée, c'était peut-être chez les vieux du village qui la tenaient de la nature elle-même à force de s'y être confrontés. Avais-je donc, sans le savoir, côtoyé des philosophes à Paquetville ? Possible. Mais, en tout état de cause, la sagesse semblait toujours arriver très tard, comme si elle devait mûrir de l'intérieur avant d'éclore.

C'est à cela que je songeais dans l'appartement étroit dont les murs se resserraient autour de moi. Sans distractions extérieures, j'avais tout le loisir de penser. De me rappeler que j'avais fait le choix d'être libre. Mais, quelle idée prodigieuse m'étais-je donc fait de la liberté ? De ce vocable évocateur qui embrasse si large qu'on ne saurait l'étreindre tout à fait ?

Certes, il n'y avait plus de contraintes, mais, qu'y avait-il d'autre ? Qu'avais-je trouvé dans ma propre liberté, sinon que ma prison était intérieure et non dans les règlements du collège ?

C'est ainsi qu'esseulée et à moitié affamée, j'ai plongé au cœur même de mon essence, à la poursuite de la philosophie et de ce précieux diplôme qui ferait enfin de moi une bachelière.

Ma première chanson

Dans un étang bordé de saules on a repêché le corps de mon ami André Monette. Il avait dix-huit ans. Un âge auquel il n'appartenait pas de mourir…

Toujours incapable de dire, d'exprimer ma peine en la confiant, je me suis retrouvée seule. En tête-à-tête avec mon chagrin.

L'expression de cette douleur devint ma première chanson. J'étais persuadée que ma mélopée pour André serait la seule et unique chanson que j'écrirais. Cela aurait pu être le cas si je n'avais, à cette même époque, rencontré Félix Leclerc au cours de l'enregistrement d'une émission de *Fête au Village*.

Le drame qui avait mis fin à la vie de mon ami m'avait bouleversée au point que j'éprouvais un besoin presque physique de l'exprimer. Ce jour-là, exceptionnellement, je m'abstins de chanter un folklore, et malgré ma timidité j'entonnai cette ode à un disparu.

Félix était déjà, depuis dix ans, une vedette importante de la chanson en France. Il avait tenu l'affiche des Trois Baudets et de l'ABC pendant des mois. Tous les Français connaissaient *Moi, mes souliers* et surnommaient Félix « le Canadien ». Cette appellation remplie d'affection pour Félix contenait aussi, en filigrane, une reconnaissance collective, encore très vive à l'époque, à l'égard du Canada et de ses habitants, ce peuple ami, ayant fait le sacrifice de milliers de jeunes vies pour libérer la France du joug nazi.

Félix était très beau. D'une beauté virile. Ses sourcils généreux donnaient à son regard bleu une sorte de profondeur attentive. Je ne sais pas si c'est ma douleur qui l'a touché mais, lorsque l'émission prit fin, il s'approcha de moi. Cet artiste dont je connaissais les chansons, cet auteur dont le *Pieds nus dans l'aube* m'avait tant plu, était là, devant moi. Tout en lui m'impressionnait. Sa voix profonde, sa prestance, la carrure de ses épaules, ses mains puissantes, et cette force tranquille qui se dégageait de tout son être. On aurait dit un arbre, on aurait dit un chêne ! Je l'observais tandis qu'il se penchait sur la feuille écornée que je lui avais tendue à sa demande. Félix, le Magnifique, déchiffrait lentement les lignes manuscrites de mon texte maladroitement calligraphié.

Quand il relevait la tête pour s'adresser à moi et me signaler la faiblesse d'une rime ou me suggérer un meilleur choix de mots, j'étais si intimidée que j'acquiesçais à ses propos par un simple mouvement de la tête. Ce lion, royal et majestueux, m'a indiqué certaines maladresses dans la composition et m'a appris à les éviter. Je l'écoutais, le cœur frémissant. Quand il a eu terminé son travail de correction, il m'a regardée intensément, en silence. Puis, il m'a encouragée à écrire, et guidée dans cette voie, si rarement empruntée par les femmes au milieu des années soixante.

Stimulée par cette incitation venue d'un homme que j'admirais profondément, naquit l'idée que ma première chanson, contrairement à ce que je croyais, pourrait ne pas être la dernière.

Merci, Félix!

Une bachelière désenchantée

Avant 1964, il n'y avait jamais eu d'université française en Acadie. L'université Saint-Joseph de Moncton est née à cette époque, de l'intelligence et de quelques tours de passe-passe de grands éducateurs et de ces étonnantes Filles du Sacré-Cœur. Cela représentait chez nous tout un exploit ! Et voilà que nous en étions les premières diplômées ! Que nous avions accédé à un savoir précieux et rare ! Que nous avions devant nous un sésame grand ouvert ! Et le sang de nos veines se gonflait de fierté acadienne.

Bardée de ce baccalauréat ès arts auquel j'attachais une valeur inestimable, j'arrivai à Montréal dans l'espoir de trouver un emploi digne de ce savoir académique. À mon grand étonnement, personne ne reconnaissait ce diplôme d'une université qui, ici, était tout à fait inconnue… Quel choc ! Un face à face brutal avec une réalité implacable : ce diplôme si cher à mon cœur, à lui seul ne me servirait pas…

Après avoir répondu à toutes les petites annonces du journal sans avoir rien trouvé, et désespérée à l'idée que je ne pourrais bientôt plus payer mon entresol de la rue Hutchison, j'optai pour un coup de force et acceptai un poste de sténodactylo, alors que je ne savais bien sûr ni taper ni sténographier.

J'apprenais de nuit, à l'aide d'une vieille méthode de dactylographie, en utilisant ma table de cuisine en guise de machine à écrire. Le lendemain, le patron se plaignant de mon extrême lenteur sur la Remington, je lui dis que cet appareil était différent de celui que j'utilisais chez nous et je le priai de m'accorder quelques jours pour m'adapter.

Au bout d'une semaine sans sommeil, la Dawson Paper Company se targuait d'avoir l'une des sténodactylos les plus rapides… Ma machine cliquetait comme une mitraillette… Et l'ennui se frayait un chemin en moi à une allure tout aussi fulgurante…

Des jours à parcourir des yeux des manuscrits, tandis que mes doigts tapaient avec monotonie ; des nuits à n'espérer rien d'autre pour le lendemain que le cliquetis des notes sur le papier, la vision au ras du sol que m'offrait une unique demi-fenêtre sur les jambes des passants. Des rats qui rongeaient les murs et traversaient la pièce, un proprio insensible à l'insalubrité, qui disait : « Si t'aimes pas ça, va-t'en. » Pas un brin d'herbe et pas un coin de ciel...

Quand je suis rentrée à Paquetville pour les fêtes de Noël et que ma mère m'a appris qu'on cherchait un professeur pour une école de rang, je n'ai fait ni une ni deux et j'ai accepté le poste. Au moins, me disais-je, il y aura de l'air et du vent... De l'herbe et du vivant. Évidemment, je ne savais pas à quel point ce vivant serait remuant et turbulent...

L'école de Trudel

C'était une petite école située dans un rang derrière Paquetville, où je devais enseigner simultanément les quatrième, cinquième et sixième années. Certains élèves étaient déjà presque aussi grands que moi et l'indiscipline tenait lieu de sport. Le prof qui m'avait précédée avait quitté son emploi après le premier semestre, totalement exaspéré. Jean, l'un des élèves que l'étude n'intéressait guère, se glissait à l'intérieur des murs par des ouvertures qu'il y avait pratiquées et qu'il pouvait refermer derrière lui. Ainsi protégé par le bâtiment lui-même, personne ne pouvait l'atteindre. Même en le piquant avec la pointe d'une flèche, nul n'avait réussi à le déloger de sa cachette *intra-muros*.

Par beau temps, il n'était pas rare que les autres élèves s'enfuient par la fenêtre pour aller courir dans les bois. Bien que totalement effarée par ces comportements inattendus, je faisais mine d'ignorer leur absence. Pour cacher mon désarroi, je prenais ma guitare et je chantais. Peu à peu, la curiosité les ramenait dans la classe. Mais l'équilibre était fragile entre l'écoute et la fuite. Si bien qu'il m'a fallu apprendre à reconnaître les moments où l'urgence imposait de sortir la guitare avant que mes escogriffes ne quittent les lieux…

Quant à Jean, toujours emmuré quoi que je fasse, je décidai de l'ignorer. Ni appel, ni reproche… rien. Jusqu'au jour où, avant de quitter l'école, je dis à haute voix : « Jean, n'oublie pas de fermer la porte quand tu partiras. Moi, je m'en vais à la pêche aux *poulamans* à Burnsville. Si tu veux venir, tu n'as qu'à te trouver au bord de la route à six heures et demie. » Et je suis partie.

Le soir venu, il m'attendait, un vieux sac de pommes de terre rempli de paille dans une main, une lampe de poche et une gaffe dans l'autre. La rivière n'était jamais totalement gelée, même en hiver. Nous avons posé nos coussins de paille sur la glace, pêché à la lueur d'une lampe torche et remonté nos poissons à l'aide de la gaffe. Hormis le murmure de la rivière, ce fut une pêche silencieuse. Et puis j'ai raccompagné Jean dans ma vieille Volkswagen. Sans entendre un autre mot que « Salut » quand il est descendu de la voiture.

Le lendemain et tous les autres jours, Jean est venu à l'école, a suivi les cours et pris une ascendance sur ses camarades. Il maintenait l'ordre, effaçait les tableaux et me protégeait. Fini le désordre, les élèves avaient trouvé en lui la voix de l'autorité.

Bien que ravie des progrès de Jean, j'ai compris qu'on ne s'improvise pas instituteur, et le dernier jour de classe, c'est moi qui me suis à nouveau retrouvée sur les bancs de l'école. Il me fallait coûte que coûte apprendre à enseigner...

Les Nigogueux

L'année scolaire terminée, j'ai occupé mon été à faire un bac en pédagogie à Bathurst. Le soir, après les cours, je retournais à Caraquet et je m'amusais à chanter avec mes amis, Rose-Marie Landry, Jacques Léger et Robert Losier. Au bout d'une semaine de chant, entrecoupée de blagues absurdes que le rire sonore de Rose soulignait en cascade, nous avons formé le groupe des Nigogueux. C'est ainsi qu'on appelait à Caraquet les manieurs de nigogues, ces longues fouines destinées à la pêche des anguilles. Que ce mot, qui n'existait peut-être pas sous cette forme, n'ait aucun rapport avec ce que nous faisions, n'avait aucune importance à nos yeux. Ce qui comptait, c'était de chanter et de faire de la musique.

Pour répéter, on allait chez les Landry. Chez eux, la musique faisait partie de la vie. Le père jouait de la guitare, l'oncle du violon, Rose du piano, et les cousines Chiasson, du piano et de l'accordéon. Quant à Antoine, surnommé Ti-Toine, ce fieffé raconteur avait pour chacune de ses histoires une chute aussi inattendue que délirante, et cela nous faisait rire jusqu'à l'étouffement. Dans cette atmosphère joviale et détendue, les Nigogueux pratiquaient leur «art» dans une bonne humeur ininterrompue.

Cela me changeait de ces jours où j'allais chanter avec pour seul appui cette guitare reçue au collège, que je nommais Isabelle, dans des conditions invariablement inadéquates et imprévisibles, à la merci des organisateurs qui, à l'époque, étaient la plupart du temps aussi inexpérimentés que moi. Davantage, même, puisque j'avais déjà chanté dans des écoles, des salles paroissiales, des Hootenannies, et participé avec Félix Leclerc à *Fête au Village*. N'empêche, ce n'était jamais gagné d'avance, et de la réaction du public dépendait le traitement que l'on me réservait. Tantôt on me payait d'un bracelet d'agates, ramassées la veille sur la plage, tantôt d'une bière pas toujours fraîche. J'ai même essuyé une rebuffade cinglante lorsque, à la demande du sénateur Hédard Robichaud, j'avais accepté de chanter pour des parlementaires français en visite à Ottawa. Je m'étais présentée vêtue comme d'habitude, d'une robe longue étroite, aux manches courtes et bouffantes, ornée de motifs bruns indéfinis, et les pieds nus. Cet accroc au protocole avait, semble-t-il, offensé la dignité de quelques-uns, qui décidèrent de s'insurger contre cet affront et m'invectivèrent dans leur parler pointu, au beau milieu de ma première chanson. J'arrêtai de chanter. Alors, l'un d'eux cria: «Comment osez-vous vous présenter pieds nus devant nous?», comme s'il se fût agi de la dernière injure infligée à ces élus qui semblaient ne pas avoir rompu avec les privilèges de la monarchie, bien que celle-ci ait été étêtée depuis cent soixante-douze ans! Voulant apaiser la tension qui alourdissait l'atmosphère, je m'adressai à mon interlocuteur intempestif et lui dit d'une voix très douce: «C'est simplement une manière d'être, des idées nouvelles, tu comprends?» Rouge de colère, ce coq d'outre-mer, choqué par ce qu'il croyait être de l'impertinence, bondit de son siège et, le poing levé comme s'il s'était tenu au sommet des barricades en pleine révolution, oublia le côté grave de sa voix et l'installa dans les aigus pour qu'elle me pique davantage lorsqu'il clama à tue-tête: «Non seulement vous chantez pieds nus, mais vous me tutoyez, mademoiselle!» L'outrage était à son comble. En me poussant brusquement, Hédard me sortit de scène. «O.K., c'est assez!» dit-il d'un ton sec, craignant que ma prestation ratée ne vire à l'incident diplomatique. Le lendemain, il me ramena dans un avion privé qui s'arrêta à Moncton. Et m'y abandonna. Je n'eus d'autre choix que de rentrer à Paquetville sur le pouce avec ma guitare... Pauvre Isabelle!...

Ici, avec les Nigogueux, c'était différent. Le climat était à l'amitié et à la fête. Un seul hic à l'horizon: il n'y avait aucune activité culturelle où notre groupe aurait pu se produire. Et cela, dans tout le nord-est du Nouveau-Brunswick! Mais, par bonheur, cet été-là, Caraquet se mit en frais de créer le Festival Acadien. Au début, c'était un festival très modeste et les spectacles avaient lieu dans une école. Pas de carrière en vue. On y chantait pour le plaisir. Et on riait tout le temps. Notre humour de connivence exigeait de l'enflure verbale. À rivaliser d'imagination, nous échafaudions des blagues qui, d'élucubrations en divagations, nous confinaient dans un surréalisme complice. Rose utilisait sa boutade préférée – «Les *peanuts*, c'est comme les éléphants: quand on commence à en manger, on ne peut plus s'arrêter» – aussi souvent qu'il était nécessaire pour changer de sujet ou décrire un emballement récent.

Sur scène, notre répertoire était constitué de folklores acadiens. On s'accompagnait à la guitare, à la basse et au piano. Au temps des Nigogueux, Rose n'était pas encore chanteuse d'opéra et ma timidité ne m'avait pas encore quittée. Mais, à quatre, on pouvait soulever l'enthousiasme !

Malgré cela, chacun devant poursuivre sa route, l'aventure musicale des Nigogueux prit fin en même temps que l'été.

Une année épuisante

À la rentrée, j'avais complété les crédits nécessaires à l'obtention de mon bac en pédagogie. Et j'ai trouvé, en prime, un emploi au «Leblanc High», une école secondaire de Bathurst. J'y enseignais les sciences et les mathématiques, le chant choral et la morale.

Étudier la biologie, la physique, la chimie, l'algèbre et la géométrie était une chose, mais enseigner ces matières était une tout autre affaire! Après les classes, je passais des heures et des heures à préparer les cours du lendemain. Quand je rentrais, il était déjà tard et je n'avais plus d'énergie pour quoi que ce soit, sachant que le lendemain il me faudrait reprendre ces exercices périlleux devant des adolescents qui, pour la plupart, ne voyaient aucun intérêt à ces études. Ils bâillaient, s'étiraient, s'éloignaient par la pensée, ou s'évadaient du regard par la fenêtre que je laissais toujours un peu entrouverte, même en plein hiver.

À la chorale, les étudiants venaient surtout pour éviter une fastidieuse leçon d'histoire ou de français. Impossible pour moi de les amener à chanter la basse ou l'alto. Quant au contre-chant, c'était à oublier définitivement.

Pensant obtenir de meilleurs résultats avec l'enseignement de la morale, mon premier geste fut de décrocher le crucifix de la salle de classe et de le remplacer par un soleil éblouissant! Je croyais qu'en séparant la morale de toute question religieuse, ces jeunes seraient plus réceptifs aux valeurs que je souhaitais leur transmettre. Encore tout imprégnée des notions acquises auprès de sœur Dorothée, il me semblait que la morale devait s'inscrire dans la vie quotidienne.

Pour parler d'honnêteté, je racontais l'histoire du *ledger*, ce livre de comptes dans lequel mon père inscrivait, pour chaque achat porté au crédit, le nom du client et la somme due. Lorsque le magasin brûla, mon père réussit à sauver des flammes ce fameux *ledger*. Mais il ne le dit à personne. Et ne réclama rien. Il voulait savoir lesquels, parmi ses anciens clients, s'acquitteraient de leurs dettes envers lui. Les clients, eux, persuadés que le livre de comptes avait péri dans l'incendie et que leur dette était partie en fumée, ne se manifestèrent pas, à l'exception d'une dame qui, quinze ans plus tard, vint voir mon père pour lui rembourser intégralement sa dette. Elle la paya en totalité avec des pièces de vingt-cinq cents qu'elle avait économisées, une à une, au cours de toutes ces années.

Cette dame était la parfaite illustration de la droiture, de la probité et de l'honnêteté. J'espérais, par le biais d'exemples de ce type, former ces jeunes consciences, et que la morale elle-même en ressorte grandie, puisqu'elle serait enfin appliquée. Mais la réaction fut tout autre. Les parents, choqués, offusqués de mon attitude qui sortait des sentiers battus, se révoltèrent. Un tollé de protestations atterrit aux oreilles de la direction.

Une semaine plus tard, j'ai dû raccrocher le crucifix. Et à la fin de l'année, les notes en sciences étaient médiocres et la chorale ne chantait toujours qu'à l'unisson.

Maîtres et disciple

Selon le dicton populaire, lorsque l'élève est prêt, le maître arrive... Depuis des années, pendant les vacances scolaires, j'allais de village en village pour dénicher les aînés détenteurs de chants, de contes et de légendes. Et je les enregistrais pour conserver vivante cette mémoire qui avait traversé les siècles par transmission orale, de génération en génération. D'instinct, je craignais que tout ce savoir ne disparaisse avec eux. Et qu'alors, cette mémoire vivante de nos origines, notre unique trésor ayant échappé à la déportation, ne soit à jamais perdue. Que toute cette souvenance, naufrage et sombre dans une amnésie collective. Ce péril pressenti ne pouvait être évité que par la préservation de notre héritage culturel. Et je m'y attelais de toute mon énergie et de toute ma passion.

Et c'est ainsi que, lorsque des chercheurs de l'université Laval de Québec débarquèrent dans le nord-est du Nouveau-Brunswick, en quête d'informateurs pour les guider dans leur collecte de chants et de traditions populaires, on les dirigea tout naturellement vers moi. Étonnés de la richesse et de l'ampleur de ma collection, ils décrétèrent que ma place était à l'université. Je m'y inscrivis en lettres, études canadiennes et ethnologie. Un mois plus tard, je franchissais fièrement les portes de la ville de Québec au volant de ma MG Midget verte, rutilante et décapotable, payée grâce à mes premières apparitions à *Singalong Jubilee* et à une série régulière à la radio de Radio-Canada intitulée *Au chant de l'alouette*.

La chose la plus extraordinaire qui pouvait advenir à l'étudiante timide que j'étais fut d'être, pendant toute une année, la seule élève de Roger Matton en ethnomusicologie. Avec lui, bien avant l'heure, j'étais plongée dans la musique du monde. On s'installait tous les deux directement dans les archives de l'université. Il en tirait des rubans venus d'un peu partout pour me faire découvrir les opéras chinois, les tablas, les cithares, tous les instruments traditionnels appartenant aux diverses cultures de pays que je ne connaissais pas. Il m'apprenait aussi toutes ces gammes étranges venues d'Asie, d'Afrique, ou du monde arabe, ces bandes de fréquences qui correspondent par leurs vibrations particulières à d'autres sensibilités humaines. J'étais fascinée.

Entre les cours, je repiquais, une note à la fois, les chansons conservées sur d'innombrables rubans. J'écoutais les chanteurs traditionnels rendant les mélopées et les complaintes du Moyen Âge, ornementées de trilles et de fioritures. À travers ces voix, en fermant les yeux, je remontais les siècles jusqu'à la source originelle de l'œuvre, jusqu'à être imprégnée d'un art de chanter qui, bousculé par la modernité, basculait dans l'oubli.

L'élégant Luc Lacoursière enseignait l'étude des peuples : le folklore. Dans ses cours, il y avait des étudiants de partout au Canada et quelques-uns des États-Unis. Son enseignement était interactif. Chacun apportait son bagage de connaissances. Nous échangions sur les mœurs, les coutumes et les chants de toutes ces régions. C'est ainsi qu'à travers le temps, on a retrouvé deux mille versions différentes d'*À la claire fontaine*.

Luc Lacoursière et Roger Matton avaient eux aussi des collections considérables, recueillies à travers toutes les régions du Québec et des Maritimes. J'étais très fière d'apprendre de leur bouche même que les deux régions les plus riches en coutumes et en traditions étaient le nord-est du Nouveau-Brunswick et Charlevoix au Québec. Ces régions, sans doute parce qu'elles avaient longtemps été isolées, avaient conservé intactes leurs traditions.

Au cours de leurs recherches, ils avaient rencontré dans mon pays un chanteur exceptionnel, Ben Benoît. Il connaissait des centaines et des centaines de chansons. Quand les chercheurs sont allés le rencontrer, il avait beaucoup trop de matériel pour qu'ils puissent l'enregistrer en un seul passage. Ben, qui souffrait d'un cancer de la gorge, ne voulait pas mourir sans léguer son savoir. Alors, pour ne pas oublier et pour rester vivant sans doute, chaque jour, en attendant leur retour, il se racontait les histoires et chantait les chansons et les reels à bouche qu'il connaissait. Quand ils sont revenus, il leur a chanté et conté tout ce qu'il savait. Puis il est mort en silence. Le passeur a quitté. Mais sa mémoire sauvegardée demeure engrangée dans les rayons des archives, jusqu'à ce qu'un autre amoureux de la tradition la tire de son sommeil et la ravive…

Il y avait aussi les cours magistraux de littérature canadienne donnés par Mgr Félix-Antoine Savard. Ce communicateur exceptionnel rendait si vivants les écrivains et leurs œuvres qu'il nous donnait l'impression que nous connaissions personnellement Philippe Aubert de Gaspé, Laure Conan, Saint-Denys Garneau, Gabrielle Roy, Yves Thériault ou Marcel Dubé! Il enseignait aussi l'ethnologie et la fabrication de la pâte à papier. Il avait écrit *Menaud, maître-draveur* et des volumes consacrés à la tradition populaire. Dans l'un d'eux, il faisait une place à Paquetville, mon village, où il s'était arrêté un jour et une nuit. Il n'avait probablement pas été trop impressionné, parce que tout ce qu'il mentionnait dans son livre, c'est que le soir on y entendait les grenouilles chanter à tue-tête...

Quant à Jacques Rousseau, explorateur du Grand Nord, il nous décrivait à la manière d'un conteur de talent tout ce que ses voyages lui avaient appris des peuples autochtones. Peu à peu, les mœurs et les coutumes des Cris, des Innus et des Attikameks nous devenaient familières. On pouvait même reconnaître les plantes et les lichens comestibles et ne plus s'effrayer à l'idée que certaines tribus avalaient, après l'avoir attaché aux deux extrémités et bouilli, un estomac d'orignal et son contenu.

Si tous ces univers littéraires ou ethnographiques me ravissaient, je m'ennuyais horriblement quand venait le temps de la phonétique orthophonique. Dans ce cours, on se bornait exclusivement à tenter de corriger les problèmes de diphtongaison propres au Québec. Ainsi, tandis que l'on s'attardait sur les «tsu», les «dsi», les «dsisques», les «dsieux» et les «bobés», je n'avais rien à en tirer, puisqu'en Acadie on ne diphtonguait pas. Nous avions les tu, les dis, les disques, les dieux et les bébés. Dans ce contexte particulier et spécialisé, après trois ans de cours, je suis ressortie de l'université avec l'accent que j'avais lorsque j'y suis entrée.

À l'université Laval, j'ai beaucoup appris. J'y ai trouvé les maîtres qu'il me fallait. Ceux qui pouvaient parfaire l'éducation commencée chez d'autres maîtres, à Notre-Dame d'Acadie. C'est un privilège que je n'oublie jamais. Et je crois sincèrement que l'élève devait être prête, puisque les maîtres étaient au rendez-vous.

L'ignorance

À l'université, lieu par excellence de la transmission et de l'acquisition du savoir, il y avait, au-delà de la réalité académique, une autre réalité : celle de ces étudiants venus de tous les horizons, dont les croyances, les coutumes ou les idées venaient percuter de plein fouet nos certitudes.

Autour de moi, quelques New-Yorkaises appartenaient à un groupe terroriste américain appelé les Black Panthers. Elles avaient une longue liste de récriminations contre nous, les Blancs. Leurs propos me secouaient. Je ne comprenais pas les motivations qui avaient nourri, chez elles, cette haine de la race blanche, pas plus que je n'étais capable de partager l'émotion empreinte de terreur qui s'emparait de l'étudiante biafraise à la vue des premiers flocons de neige...

Bien qu'attentive, j'étais incapable de franchir l'incroyable abîme qui nous séparait. Et cet abîme, ce gouffre, c'était l'ignorance.

On disait chez nous que ce que l'on ne sait pas ne nous fait pas de mal. Et je découvrais, effarée, que, bien au contraire, l'ignorance était source d'innombrables maux. Elle rendait suspect ce qui aurait pu être appréhendé l'esprit grand ouvert.

Que sait-on de l'autre ? Et que sait-il de nous ? Que savaient de moi mes collègues révoltées ? Elles semblaient me reprocher l'esclavage de leurs ancêtres, tandis que je songeais à mes arrières-arrières-grands-parents réduits à la clandestinité, leurs têtes mises à prix, et à leur scalp dont la valeur atteignait à peine vingt-cinq livres sterling... Et je me refermais comme une huître dont on attaque la perle.

Mais cela ne résolvait pas l'épineuse question de l'ignorance...

Chacun venait pourtant ici quérir un savoir. Et chacun en recevait pour sa soif, à la mesure de sa curiosité.

Mais au bout du compte, toutes les connaissances mises bout à bout ne peuvent pénétrer le mystère de l'autre ni traverser l'océan de l'ignorance. Seule la magie du cœur peut y prétendre. Et cela, la seule université qui puisse l'enseigner, la plus démocratique de toutes, c'est l'université de la vie. Mais je ne le savais pas encore. Je ne pouvais que m'interroger sur ce que pouvait bien vouloir dire Alfred de Musset lorsqu'il s'exclamait : « Ah ! frappe-toi le cœur, c'est là qu'est le génie ! » J'avais beau me frapper la poitrine à grands coups, aucun génie n'en jaillissait… S'extraire de l'obscurité de l'ignorance est le défi de toute une vie.

L'arc-en-ciel

L'arc-en-ciel, ce n'était pas cet arceau polychrome qui se pointait parfois au-dessus de nos têtes après les orages subits et violents, ni l'éclaircie que l'on eût pu souhaiter après une querelle amoureuse. Non, l'arc-en-ciel, c'était le surnom que l'on me donnait à l'université Laval.

J'ai toujours aimé la couleur. Toutes les couleurs. Quand je trouvais qu'un vêtement était beau et que sa couleur me plaisait, je le portais avec fierté. La tenue vestimentaire de la fin des années soixante avait encore une certaine sobriété. L'étudiante studieuse était généralement vêtue de gris ou de noir. Je n'avais aucune notion de cela. Si un pull rouge me plaisait, je pouvais le plus naturellement du monde l'enfiler au-dessus d'une jupe verte, avec des bas d'un autre coloris. Il me semblait que l'on pouvait faire coexister tous les beaux morceaux de sa garde-robe simultanément.

Pour moi, ce qui était beau à l'unité devait être plus beau encore s'il était accompagné d'une autre chose belle. Bref, qu'importe son voisinage immédiat, mon habillement me plaisait. L'idée d'assortir des vêtements en raison de leur couleur m'échappait totalement. Alors, je détonais complètement.

J'ai pris l'habitude de m'entendre appeler L'Arc-en-ciel plus vite que celle de m'interroger sur les couleurs qui se marient et celles qui mériteraient un divorce immédiat. J'en suis encore à me vêtir de manière très colorée et souvent très inattendue. Le seul progrès que j'ai réussi à accomplir, et qui est pour moi un tour de force, c'est d'arriver à avoir au moins un rappel de couleur quelque part entre le haut et le bas du vêtement. Si je n'y arrive pas, pour signifier qu'il y a eu tout de même un minimum de recherche de ma part, je sors de mon tiroir une paire de bas qui s'accordent soit avec mon chemisier, soit avec mon pantalon…

Mais ces subtilités vestimentaires se remarquent peu chez moi, parce que j'ai gardé l'habitude de porter toutes les couleurs que j'aime en même temps, comme l'arc-en-ciel.

Le fond du baril

Au milieu des années soixante, la télévision de Radio-Canada n'existait pas encore à Moncton. Sous la recommandation du réalisateur de radio Léo Leblanc, je fus invitée à participer à l'émission *Singalong Jubilee* diffusée sur les ondes de CBC, à partir de Halifax.

Bien que je sois une fille de la forêt, dès cette première émission de télévision, allez savoir pourquoi, on m'installa dans un décor maritime. Filet de pêche, étoiles de mer, bouées, cordages et cages à homard. Pas question, dans ces conditions, de m'apporter une chaise, je devais prendre place sur un baril pour donner l'illusion de chanter assise au beau milieu du quai.

La veille, nous avions répété et enregistré les voix et la musique. Donc, il ne me restait plus qu'à apprendre à chanter en *lip-sync*; à suivre les caméras en passant de l'une à l'autre en baissant la tête jusqu'au sol, puis en la remontant en suivant le geste large, souple et précis du régisseur qui m'indiquait où je devais regarder, et à quel rythme je devais redresser la tête; à me défendre contre la styliste qui voulait m'imposer des vêtements que je n'aimais pas; et à accepter que l'on me maquille avec des fonds de teint épais comme des galettes.

Je tentais d'appliquer toutes ces notions nouvelles le plus parfaitement possible. Quand vint le temps de l'enregistrement télé, puisque ma guitare était déjà enregistrée sur la bande, j'empruntai celle de Fred McKenna, le guitariste aveugle de l'émission. Au deuxième couplet, le baril défonça. Je m'enfonçai dedans, tandis que la guitare vola dans les airs, puis éclata dans un bruit assourdissant. J'étais toujours engoncée dans le baril lorsque j'entendis Fred demander: « Est-ce que c'est ma guitare ? » Sa magnifique Martin était complètement écrabouillée !

Il fallut deux techniciens pour m'extirper de ma fâcheuse position. Après cet épisode, je ne me suis plus jamais prise au sérieux. Quelles que soient les circonstances, je me suis rappelé qu'on peut toujours se retrouver au fond du baril.

Singalong Jubilee

Même en anglais, la télévision canadienne, inaugurée en 1952 à Toronto, a mis beaucoup de temps avant d'avoir une antenne à Halifax. Mais, dès l'ouverture de cette station, on se mit à y produire des émissions de variétés qui ont eu un énorme succès. La première fut sans doute *The Don Messer Show* en 1959. Puis vint *Singalong Jubilee*. L'émission est née fortuitement, à la suite du désistement involontaire de Pete Seeger, qui devait participer à un projet de treize émissions basées sur ses chansons et sur sa performance. Membre du parti communiste, et voulant établir un lien entre la musique folk et la défense des droits des travailleurs, Seeger fut victime de la chasse aux sorcières qui s'est poursuivie longtemps après la disparition du sénateur Joseph McCarthy, et cela, des deux côtés de la frontière. Les États-Unis lui confisquèrent son passeport.

À Halifax, c'était l'impasse. C'est alors que quelqu'un eut l'idée d'enregistrer un pilote, en remplaçant Pete Seeger par Bill Langstroth. Pour l'effet de continuité, on fit passer un chandail à Bill et on se rendit à Toronto pour trouver un banjo Vega, un banjo à long cou, comme celui qu'utilisait Pete. Sur cet effet de ressemblance escompté, le pilote fut accepté et l'émission fut mise en ondes à l'été de 1961 et s'est poursuivie jusqu'en 1974. Si les cotes d'écoute étaient un peu inférieures à celles du *Ed Sullivan Show*, elles étaient supérieures à celles de *Father Knows Best*, ce qui en faisait l'une des émissions les plus populaires au Canada.

J'y ai participé à titre d'invitée, de 1966 à 1973. À *Singalong Jubilee*, j'ai retrouvé l'atmosphère d'un Hootenanny. Mais c'était beaucoup plus que cela : à la fois un Hootenanny de professionnels sur le plan musical, et, côté humain, une sorte de famille aux liens si étroits que personne ne semblait vouloir se quitter. On mangeait ensemble, on allait au Dresden Arms pour le lunch et on buvait de la bière déjà à midi. Il n'y avait pas de frictions dans le groupe. On chantait, on faisait de la musique, on se rassurait les uns les autres et on riait souvent, beaucoup et… fort ! Il y régnait une grande ouverture d'esprit, et sous l'impulsion du producteur visionnaire Manny Pittson, chacun était poussé à innover. Au début, il avait découvert que d'enregistrer la trame sonore avant l'émission, puis de jouer par-dessus en direct, offrait la possibilité effarante d'avoir trente-deux voix plutôt que seize dans les chœurs. Cela permettait aux chanteurs instrumentistes de chanter plus librement, s'ils n'avaient qu'à simuler le jeu de l'instrument, et cela rendait la performance télévisuelle plus intéressante. Manny fut même à l'origine, en synchronisant des images à la musique des grands performeurs, de ce qu'on appelle aujourd'hui les vidéo-clips. Et cela, avant même le *Travelin' Man* de Ricky Nelson en 1961. C'est au travail de Manny qu'a songé Moses Znaimer, lorsqu'il a fondé MuchMusic.

J'avais intégré là une famille musicale très soudée. L'âme, depuis le début, en était Freddie McKenna. Il pouvait jouer d'un nombre considérable d'instruments, mais c'est surtout à la guitare et à la guitare-slap que sa virtuosité impressionnait. Aveugle, obèse et alcoolique, ce surdoué musical avait apporté à l'équipe un son country de haut niveau, auquel il avait initié tous les membres du groupe. Anne Murray, qui s'est jointe à l'émission en 1964, remporta un jour un Juno pour un album country, et elle le remit à Fred avec toute sa gratitude. La qualité et l'excellence de la musique étaient la marque et la fierté de l'équipe de *Singalong Jubilee*.

Un autre guitariste exceptionnel a participé à l'émission pendant quelques années. Le génie de Brian Ahern était tellement évident que tout le monde l'appelait «Brain». Il possédait la première guitare électrique douze cordes au Canada. Ses goûts musicaux étaient très éclectiques et s'étendaient de la musique folk et pop jusqu'à la musique expérimentale. C'est lui qui m'apprit à écrire la musique en utilisant des carrés et qui m'initia au langage des musiciens. C'était un arrangeur fabuleux dont la patience était infinie. Plus tard, il est parti aux États-Unis où il est devenu l'un des plus grands producteurs musicaux en Amérique du Nord, en travaillant avec Emmylou Harris, qu'il a épousée, Johnny Cash, Bette Midler et bien d'autres.

Hormis les membres permanents de l'équipe, Bill Langstroth, Anne Murray, Karen Oxley, Catherine McKinnon, Lorne White et quelques autres, il y avait des invités, comme moi, John Allan

Cameron, Ken Tobias ou Shirley Eikhard. Et, fait exceptionnel, il y avait un auteur-compositeur en résidence, Gene MacLellan. C'est là qu'il a écrit des chansons d'une importance majeure, dont *Put Your Hand in the Hand* et *Snowbird*. Celle-ci fut l'une des chansons les plus connues au monde, et, après le mégasuccès d'Anne Murray, elle fut réenregistrée par plus d'une centaine d'interprètes. Mais Gene était habité par une tristesse profonde dont nul ne connaissait la source. Il a mis fin à ses jours en 1995.

Singalong Jubilee a été pour moi comme une autre université : celle de la musique, du son et de la télévision. J'y ai appris comment travailler avec un micro, avec les caméras, avec les musiciens et les choristes. J'y ai aussi appris l'anglais des Maritimes, accent compris, la décontraction dans le travail, une façon de penser et de prendre du bon temps, même sur un plateau de télé.

À l'émission, on chantait des chansons nouvelles et des chansons traditionnelles de l'est du Canada, tirées de la fabuleuse collection du Dr Helen Creighton. Je chantais en français. Des chansons folkloriques ou des chansons d'Acadie, du Québec et de France. De *Quand les bateaux s'en vont*, de Gilles Vigneault et de Pierre Calvé, aux chansons de Françoise Hardy. Anne Murray et les autres me soutenaient de leurs harmonies, comme je le faisais pour eux lorsqu'ils avaient à chanter en solo.

Ce qui était extraordinaire, c'est que tout le monde travaillait fort pour que le «show» soit bon, mais que personne ne se la jouait, ne se prenait au sérieux. Même lorsque l'émission devint si populaire qu'elle occupait la plage horaire du *prime time*, pour éviter de s'enfler la tête, avant chaque émission, lorsqu'on en distribuait le script, quelqu'un lançait à tue-tête : «Mais qui donc a écrit cette merde ?» Et toute l'équipe éclatait d'un rire sonore qui éloignait toute velléité de vanité. Et nous restions simples.

En plus d'avoir été ma véritable école musicale et mon tremplin au Canada anglais, *Singalong Jubilee* a aussi été une formidable expérience humaine.

Les Acadiens de la dispersion

Un après-midi de 1966, au festival du Homard de Shédiac, je chante et personne ne m'écoute. Personne, sauf un jeune cinéaste qui fait le tour de la scène et qui m'observe. Il se nomme Léonard Forest. Il s'intéressait à l'histoire de l'Acadie. Celle-ci, lorsqu'elle était parfois contée, s'arrêtait brusquement à la déportation. Comme si, dispersés, divisés, éloignés de leurs terres, les Acadiens s'étaient évanouis, éparpillés aux quatre vents d'une désolante défaite. Ce n'est que des années plus tard qu'Antonine Maillet les fera revenir à la faveur d'une marche qui dura vingt ans et dont la figure emblématique sera *Pélagie-la-Charrette*.

Cette image de nous, figée dans une dramatique déportation, nous heurtait profondément. C'est un peu comme si nous n'avions pas d'existence propre et que tout ce qui restait de nous, c'était quelques folklores oubliés. Dans ces années où le Québec s'éveillait à son propre destin, la question qui se posait était : mais qu'est-ce qu'un Acadien ? N'étions-nous pas, pour quelques-uns du moins, revenus dans ce pays que nous aimions tant ? Quelle était donc la suite de l'histoire ? Qu'allions-nous devenir ?

J'avais, comme Léonard Forest, le goût, la passion de dire cette Acadie qui se réinvente avec patience et pudeur dans le sens d'une authentique vitalité. Le réalisateur voulait une Acadie qui se raconte elle-même. Et j'ai accepté avec enthousiasme de participer à son film qui était tout à la fois du cinéma vérité, une enquête sociologique, la vision poétique d'une vitalité, de la présence à aujourd'hui d'une société particulière, l'histoire d'une famille qui se cherchait encore et tentait de rapailler ses morceaux pour s'assurer qu'elle ne tente plus de survivre, mais qu'elle tende à vivre.

Chacun des personnages y jouait son propre rôle. Chacun y racontait la vision qu'il avait de lui-même et de l'Acadie. On y présentait des pêcheurs de Caraquet, un professeur d'histoire, des tapissières de Chéticamp, des enfants, des étudiants, et moi, chantant d'anciens folklores tout en me baladant dans ma MG Midget verte décapotable, cheveux aux vents. J'assurais en quelque sorte les liens entre ces mondes présents et passés, qui jusque-là n'avaient pas coexisté.

L'avant-première du film eut lieu le 8 août 1968 au cinéma Paramount de Moncton. C'était la première fois que l'on parlait de nous au présent. La foule était si nombreuse que les mille places de la salle ne suffisaient pas et qu'il avait fallu ajouter une supplémentaire. Tout le monde voulait assister à cet événement unique. Le premier ministre Louis Robichaud, notre historien Bona Arsenault, des gens du Maine, de Montréal et même de la Louisiane étaient là. Radio-Canada Montréal avait organisé un système de télévision en circuit fermé pour l'occasion, avec le studio 43. Depuis Moncton, Michelle Tisseyre animait le débat. Imaginez une population dont on ne parle jamais, qui tout à coup a l'honneur d'être l'hôte de la célèbre émission *Aujourd'hui*, où tous les participants étaient des Acadiens!

Soirée historique en Acadie. Les journaux anglais et français louangent le film et parlent de triomphe. Après la déportation, les Acadiens n'ont eu que très peu de contacts avec les colons et les établissements français. Isolés, esseulés, ils ont conservé leur langue d'avant la brisure de l'exil et se sont avec elle forgé une identité culturelle forte, mais ignorée de tous. Le passé avait pesé si lourd que le présent en était prisonnier.

Grâce à ce film, nous venions collectivement de mettre un pied dans une modernité avérée. Et j'irais, moi, à la rencontre de nos frères cajuns, desquels nous étions isolés depuis plus de deux siècles.

Les retrouvailles

C'est donc par la voie des airs que, deux cents ans après la déportation, Léonard Forest et moi sommes débarqués en Louisiane. Nous étions parmi les premiers à y être reçus officiellement par les autorités de l'État à titre d'Acadiens. Le but du voyage était la promotion du film. Isolés comme nous dans un oubli de l'histoire récente, les Cajuns de la Louisiane avaient encore à cette époque conservé leurs coutumes et leurs traditions. Ils parlaient le même vieux français que celui que nous parlions dans l'Acadie du nord, et beaucoup d'entre eux ne parlaient pas l'anglais. Ceux qui fréquentaient l'école devaient le parler, alors beaucoup n'y allaient pas. Le sénateur Fontenot prononçait ses discours à quatre-vingt pour cent en français cajun. La langue était pure, belle, imagée. Les Cajuns la parlaient entre eux, mais n'osaient pas s'adresser à nous dans cette langue venue d'un passé dont le souvenir douloureux s'est peu à peu estompé.

En dehors des conférences de presse, des rencontres avec des universitaires et des spectacles que je donnais un peu partout, accompagnée au piano par Flora Chiasson, mon horaire était complètement mobilisé par le sénateur Fontenot, qui s'était donné pour mission de me faire découvrir cette terre cadienne dont il était épris et presque amoureux.

Avec ce passionné, j'ai visité des fermes immenses où le nombre impressionnant de bœufs aurait rendu envieux bien des gens de Paquetville. Des maisons de planteurs majestueuses, au bout d'allées d'arbres luxuriants. Des habitations plus modestes au bord de l'Atchafalaya, où les hyacinthes bleues fleurissent sur l'eau des bayous.

J'ai découvert avec effarement que certains de mes frères acadiens avaient là-bas été esclavagistes. Sans doute s'étaient-ils adaptés aux mœurs de cet État sudiste, où ils avaient été exilés avant même la naissance de la constitution américaine…

De la musique louisianaise, je ne connaissais que Doug Kershaw et Mama Rita, célèbres tous les deux dans les festivals folk. On ne m'en présenta pas d'autres. Ici, la musique faisait partie de la vie. C'est dans les restaurants et surtout chez Mulate's que les musiciens jouaient et chantaient le soir, tandis que le public mangeait, parlait, riait, se levait pour danser à chacun des two-steps… Tout le monde dansait avec tout le monde. Même les enfants et le curé !

L'accordéon, entré au pays cajun avec les Allemands, fait désormais partie de la musique traditionnelle cajun avec la guitare, le triangle et la planche à laver. Des trésors de chansons traditionnelles sont encore chantés par les anciens.

Le sénateur Fontenot m'apprit aussi à aimer le jambalaya et les écrevisses sauce piquante. L'accent légèrement différent du mien, où les oranges deviennent des « aranges » et où les serpents venimeux s'affichent franchement ici comme « poisonneux ».

Partout je retrouvais une famille. Des visages qui ressemblaient, trait pour trait, à ceux d'où je venais. Même méfiance, aussi. Mais, surtout, même inaltérable joie de vivre. Malgré une si longue séparation, nous étions les mêmes. Ces Acadiens replantés en terre étrangère avaient survécu. Et ils étaient heureux.

Devant la bonne fortune de certains d'entre eux, je n'ai pu m'empêcher de me demander si la vie n'avait pas été meilleure dans cet exil, au soleil, que sur les terres de misère qu'on avait dû quêter et défricher après que les nôtres eurent été confisquées…

Le beau Robert

Après ces retrouvailles émouvantes en pays « cadjin », je poursuivis, à Québec, ces études qui me passionnaient tant. À l'université Laval, le téléphone se trouvait au fond du corridor de la résidence des filles. La sonnerie percutante insistait. J'ai couru. « Allô », dis-je d'une voix essoufflée. À l'autre bout, un homme demandait à parler à une autre étudiante. Elle n'était pas là. Je raccrochai. Je n'avais pas fait vingt pas que le téléphone sonna de nouveau. C'était la même voix d'homme, chaude et agréable. « Puisqu'elle n'est pas là, me dit-il, et que j'ai deux billets pour le théâtre, accepteriez-vous de m'accompagner ? »

J'arrivai juste à temps pour le spectacle de Lawrence Lepage. L'homme que j'accompagnais était très beau. Très athlétique. Il avait des yeux bleus immenses et lumineux. Des cheveux noirs. Un sourire radieux. Il parlait poésie. Enseignait la littérature. Était jeune et enthousiaste.

Dans mon esprit, je l'assimilais à un dieu grec tout droit descendu de l'Olympe. Quant à moi, je fis le mouvement inverse et montai directement chez lui. J'étais déjà éperdue d'amour pour cet épicurien original et passionné.

Aussi aurait-il pu s'abstenir le lendemain de vouloir m'impressionner, en me proposant de monter dans sa Porsche qu'il propulsa à vive allure dans les courbes enneigées et glacées… Mais il l'a fait et j'ai cru mourir ! Son manège de mise en valeur de lui-même, par le biais d'une voiture qui m'éprouvait par ses prouesses périlleuses, aurait pu détruire le charme d'un sentiment tout neuf. J'aurais pu ressortir de cette balade effrénée comme on redescend d'un cauchemardesque tour de montagnes russes, et bénir la terre, seul élément où je me sentais confortable, puis m'éloigner de ce casse-cou.

Heureusement, son engouement pour les voitures et la vitesse n'était qu'un aspect somme toute négligeable de sa personnalité au regard de ses innombrables qualités et de la richesse de nos échanges.

J'étudiais les lettres et l'ethnographie et je me passionnais pour l'histoire. Lui, non seulement l'enseignait au collège des Jésuites, mais chaque été, depuis 1963, il participait aux fouilles archéologiques dont le but était de retrouver, sous des monticules herbeux, la forteresse de Louisbourg, où s'est peut-être joué le sort des Acadiens, alors enfouie à quatre-vingt-dix pour cent sous la terre de la Nouvelle-Écosse. Il avait étudié l'archéologie et il était fasciné par ce projet. Sous les murailles, l'équipe à laquelle il participait retrouvait des écrits de première importance. Et l'histoire refaisait surface. Avec ses grandeurs, ses misères, ses héros et ses magouilleurs.

C'est aussi là-bas qu'il avait rencontré un dessinateur hollandais ayant passé une partie de sa jeunesse en Indonésie et qui recherchait le *Chameau*, un navire qui transportait un trésor et qui avait sombré dans une tempête épouvantable. En ce temps-là, on mesurait la force d'une tempête au nombre de cochons qui survivaient, parce que ceux-ci flottaient à la surface. Dans le cas du *Chameau*, sorte d'équivalent de la Brink's actuelle, aucun porc n'avait survécu. Le chercheur de trésor hollandais avait convaincu Robert de se mettre à la plongée sous-marine afin de retrouver cette épave. Et il s'était engagé dans l'aventure lorsqu'il avait appris que celui qui devait devenir le premier gouverneur de Trois-Rivières, sa ville natale, y avait péri. Ils ont trouvé le *Chameau*. Ils ont trouvé le trésor. Puis, Robert et Alex Storm (drôle de nom de tempête pour un chercheur de bateau naufragé) se sont séparés. Le chercheur de trésor voulait l'or; le chercheur d'artefacts, la richesse de l'histoire. C'est donc pour la préserver de ces irrespectueux pilleurs qu'il est devenu archéologue subaquatique et ennemi des chercheurs de trésors de tout acabit.

Ensemble, nous revisitons la littérature classique, romantique et moderne. Il récitait par cœur les plus beaux vers de Baudelaire ou de Verlaine. Ses amis étaient historiens, poètes, peintres, écrivains, photographes. Sa vie sociale animée devint la mienne.

Quelques mois plus tard, j'emménageais dans la mansarde qu'il habitait, côte de la Montagne à Québec, juste au-dessus d'un magasin de farces et attrapes. Fille d'un joueur de tours patenté, le voisinage de cet attirail d'artifices ne me rebutait pas. Je savais que les mystifications qu'il provoquait n'avaient pour objet que le rire, et que celui-ci était une denrée indispensable à tout Acadien...

Côté passion, je croyais que la foudre nous avait frappés simultanément, lui et moi, et que ce coup de tonnerre dans nos vies était le fruit du hasard seul... J'ignorais que mon Robert m'avait entendue chanter l'été précédent au festival de Caraquet, et que le premier orage avait eu lieu là-bas, dans son cœur à lui, sans que j'en aie eu le moindre soupçon... Désormais, l'embrasement était réciproque, et le troisième étage devint pour moi le septième ciel...

L'apprentissage de la confiance

Pendant douze ans, à compter du milieu des années soixante, j'ai chanté dans les festivals folk à travers les États-Unis et le Canada. C'était l'époque où le jeune Bob Dylan chantait *The Times They Are A-Changin'* et *Blowin' In The Wind*. La chanson était engagée et l'industrie ne s'en était pas encore emparée. Ces lieux de rencontres artistiques privilégiés, à des années-lumière d'un quelconque *star system*, étaient de véritables démocraties. Tous les artistes étaient logés au même hôtel, qui leur était entièrement dédié, et partageaient la même cantine. Tout le monde mangeait façon *granola*, et ce régime de grains, de fruits et de légumes frais semblait en parfaite adéquation avec le monde nouveau dont nous rêvions.

Le matin, on nous conduisait en bus sur le terrain du festival, où nous restions jusqu'à ce que l'on revienne nous chercher à la nuit tombée. Les organisateurs établissaient un programme basé sur des thématiques d'ateliers auxquels chacun était tenu de participer. Toute la journée, guitare en bandoulière, j'allais ainsi d'un stand à un autre, chantant nos chansons, racontant notre histoire, écoutant celle des autres et le son de leur musique.

On y entendait du folk, du blues, de la musique des Appalaches, de la musique cajun, de la musique autochtone, du bluegrass, du rockabilly, des chanteuses de gorge, de la musique folklorique anglaise, des reels irlandais, des gigues écossaises, et les chantres de la liberté, appelés alors *folk singers*: Joni Mitchell, James Taylor, Bob Dylan, Pete Seeger, John Hammond, Elizabeth Cotten, Joan Baez, Woody Guthrie et plusieurs autres.

Le plus extraordinaire de cette cohabitation était cette atmosphère de partage qui prévalait entre les participants. Puisqu'il n'y avait pratiquement pas d'échanges musicaux entre les régions à cette époque, chacun se sentait isolé, qui dans sa tradition, qui dans ses combats idéologiques. Et voilà que tout à coup personne n'était plus seul. On se découvrait mutuellement. C'est ainsi qu'un groupe de chanteurs noirs, spécialisés dans le soul, constatèrent au cours d'un atelier, à leur plus grand étonnement, qu'ils ne détenaient pas le monopole de la musique de l'âme, grâce à quelques complaintes acadiennes bien senties...

C'est là aussi que j'ai le mieux compris et approfondi la musique cajun, grâce aux frères Balfa et à Doug Kershaw. Ce dernier, un grand et sombre Cajun, sorte d'Heathcliff des temps modernes, dont l'adolescence avait été perturbée lorsqu'il avait découvert dans la grange familiale le corps de son père suspendu au bout d'une corde, était malgré tout taquin et aimait s'amuser à mes dépens. Un soir, sur la grande scène, alors que nous devions chanter tour à tour les couplets d'une même chanson, il m'interrompit brusquement. «Look, look...», dit-il en me désignant le firmament d'un air affolé. Et tandis que je scrutais le ciel, ce diable de Cajun se mit à chanter à ma place!...

J'avais si peu confiance en moi qu'on pouvait ainsi facilement me déstabiliser.

Une autre fois, j'étais tellement honorée de partager le spectacle avec Buffy Sainte-Marie que, lorsque à la fin de mon tour des milliers de personnes m'ont ovationnée, je n'ai pas cru que ce délire m'était destiné et je me suis retournée, croyant que le public saluait l'entrée de Buffy. Et je me suis mise à la chercher... Bien sûr, elle n'était pas encore là. Il n'y avait que moi sur scène et je tournais le dos à la foule... provoquant son hilarité!

Petit à petit cependant, à force d'interagir avec les autres, d'exprimer ma culture, de raconter notre histoire, d'oser participer à des joutes amicales où se colletaient toutes les déclinaisons des chants et des complaintes *a capella*, de comparer toutes nos musiques et nos traditions, j'ai ressenti avec plus d'acuité encore la richesse et le caractère unique de notre culture. J'ai compris aussi que, pour la défendre et l'exprimer avec davantage de force, il me faudrait m'aguerrir, prendre confiance en mes moyens. Et c'est dans ce milieu où l'on me confortait que j'ai acquis l'aplomb et la hardiesse dont j'avais besoin.

Le contexte était particulier: en atelier, les artistes et les musiciens se mesuraient les uns aux autres. C'est entre nous que se déroulaient les interactions. Le public n'en était que le témoin. Ainsi, sur un thème donné – ce pouvait être le blues, la gigue, la complainte, l'identité, ou n'importe quoi d'autre –, chacun apportait son savoir. C'était une conversation. On se répondait en expliquant, en chantant ou en jouant.

La nuit venue, quand le bus nous ramenait à l'hôtel, on allait d'une chambre à l'autre pour continuer à faire de la musique. Dans ces veillées nocturnes, j'ai appris à danser la gigue, à fabriquer et à jouer le dulcimer, à battre du bodhrán irlandais, à secouer les os, à souffler sur le mince filet de la harpe de bouche, à faire résonner le dobro, à extirper du banjo des sons métalliques et joyeux, et à utiliser des gammes inhabituelles. La pensée n'était pas en reste et la route de Jack Kerouac se trouvait sur notre chemin. Les idées fusaient, tandis que la marijuana et le haschich exhalaient leurs parfums dans les couloirs et apaisaient quelque peu les têtes trop enfiévrées.

Je ne fumais pas, mais on m'offrait quand même ces précieux petits carrés brunâtres dont je ne savais que faire…

Dans cette période *Peace and Love*, il y avait une très grande liberté de parole et d'action. Peu de contraintes et beaucoup d'espoir. Les voix des *folk singers* s'élevaient haut et fort contre la politique américaine et la guerre du Vietnam, pour les droits des Autochtones, des Noirs et des femmes. Notre Nord-Amérique, debout, poursuivait ici son rêve de justice, de paix, d'accueil et d'ouverture.

Dans mon esprit, cette mise en commun de nos cultures et de nos idéaux fit naître non seulement la confiance, mais aussi la certitude que l'on pouvait vivre sa culture où que l'on soit. Tout comme il fallait quitter la maison de ses parents pour vivre sa vie. Et j'ai su que je pouvais quitter l'Acadie sans qu'elle ne me quitte pour autant. C'est au-dedans de moi qu'elle vivait.

Ces festivals empreints d'une très grande simplicité furent une grande et magnifique expérience. En plus d'avoir pu y croiser des artistes exceptionnels et chanter sur scène avec eux, je partageais tout à fait la philosophie de ces festivals. Pas de cordons de sécurité ni de gardes du corps. Seul Bob Dylan était si entouré par les artistes et certains festivaliers qu'il nous était très difficile de nous frayer un passage si nous devions nous rendre sur scène en même temps que lui. L'enthousiasme des jeunes se cristallisait à l'idée qu'il fallait que cesse la sale guerre et que l'on s'applique à bâtir le monde plutôt qu'à le détruire.

Tout le monde pouvait approcher les artistes. Il y avait un tel respect entre les uns et les autres qu'il n'y avait pas de débordements et que chacun était libre d'être là. C'est ainsi qu'un jour je remarquai un jeune homme vêtu d'un complet-cravate bleu, chaussé de souliers vernis, assis dans le gazon au milieu des hippies et entouré d'un large nuage de marie-jeanne. Il se leva et vint me féliciter. « D'où venez-vous ? » lui demandai-je, intriguée. « Du Nouveau-Brunswick, me répondit-il. Je suis votre nouveau Premier ministre, je m'appelle Richard Hatfield et je suis votre *fan number one* ! »

Il y avait ainsi constamment des rencontres inattendues. La proximité de la scène et du public rendait tout artifice inutile. Et nul n'en usait.

Il ne me semble pas avoir entendu à l'époque le mot « carrière », dans ce milieu. Même le concept en était absent. On chantait pour transmettre, pour dire, pour protester ou pour faire la révolution. Et c'est cela qui me convainquait. J'adhérais à ce choix de vie. J'avais trouvé une sorte de clan. Une autre appartenance. Et je pouvais m'y rallier. Après cela, même si j'ai eu peur parfois, je n'ai plus jamais douté. La confiance apprivoisée avait bâti son nid. Et il était solide.

Un appel inattendu

Au mois de mai 1969, j'ai reçu de l'université mon attestation de maîtrise, qu'on appelait « licence » à l'époque, par la poste. Une manifestation étudiante avait empêchée la tenue de la collation des diplômes. En vérité, cela me désolait. J'ai toujours aimé les diplômes et les médailles, depuis le temps de mes quatre ans, lorsque mon père me permettait de porter sa veste militaire devenue inutile, et qu'à celle-ci étaient épinglées de multiples médailles qui brinquebalaient à l'extrémité de rubans rose, vert ou rouge qui, lorsque j'ouvrais ou fermais les bras, se colletaient dans un joyeux cliquetis. Ce tintement ténu me ravissait sans que je sache s'il s'apparentait davantage à la fierté du soldat ou à la résonnance musicale. Je me consolais toutefois en me disant que ce n'était que partie remise, puisque, au retour des vacances, je serais à nouveau sur les bancs de l'université, à l'assaut du doctorat.

J'ai fourré mes affaires dans le coffre minuscule de ma MG Midget et je suis partie, l'esprit libre et le cœur enfiévré, pour retrouver Robert déjà installé pour l'été sur la réserve indienne de Restigouche, où il procédait à des fouilles archéologiques.

C'est au milieu de l'été que je fus surprise de recevoir un appel d'Estelle Klein, la directrice du festival folk de Mariposa. Estelle m'avait engagée à plusieurs reprises pour son festival de Toronto. Mais cette fois, il n'était pas question de Mariposa. Estelle me proposait le Japon ! Pour six mois ! Le Japon ! À l'exception des soldats, qui n'en revenaient pas toujours, qui allait au Japon ? C'était comme si elle voulait m'envoyer sur Mars ! Une montée d'adrénaline me fit entrevoir en un instant que le doctorat pouvait être différé d'un an, mais que l'occasion qui s'offrait à moi était unique. Et j'ai accepté ! Sur-le-champ !

Sans me donner le temps de réfléchir ou d'interroger mon cœur, dont les attaches auraient pu infléchir ma décision, et surtout, sans me douter un seul instant que cet appel inattendu allait chambouler toute ma vie...

TROISIÈME PARTIE

LA ROUTE... TOUJOURS

Comme si la lune, tout à coup, m'offrait ce visage qui,
jusque-là, avait vécu dans l'obscurité...

Terra Incognita

Dix-huit heures de vol... Puis une aube claire et lumineuse, et, au loin, dressé comme une sentinelle éternelle sous son manteau de neige, le mont Fuji. Les illuminations des cités qui brillent au loin s'éteignent peu à peu. Lorsque je pose les pieds sur le sol de Tokyo, il fait jour. J'aurais voulu crier «Terre!», mais Christophe Colomb l'avait fait avant moi pour mon propre continent...

Aussitôt débarquée, je dois me rendre de Tokyo à Osaka. Un simple transfert de terminal et d'avion, mais lorsque tout est indiqué dans une langue totalement étrangère, ce n'est pas si simple. J'interroge des Japonais du regard en leur montrant mon billet d'avion. Je répète «Osaka! Osaka!» et j'ai l'impression de crier «Au secours! Au secours!» tant je suis désemparée. La détermination des gens à vouloir m'indiquer le chemin me permet d'attraper mon vol de justesse.

Quatorze heures de décalage! Ma montre indique lundi, mais au Japon c'est déjà mardi. Deux heures plus tard, je débarque à Osaka où des représentants du Canada m'accueillent pour aller me déposer dans un hôtel du centre-ville. Il est 13 heures à Osaka et 23 heures, la veille, à Montréal. J'ai droit à huit jours de repos pour surmonter ce décalage horaire et m'adapter aux coutumes du Japon.

Et voilà que je suis seule, en terre inconnue. Pendant six jours, mon exploration se limite à ma chambre, à l'ascenseur et au petit restaurant de l'hôtel où j'arrive à trouver du pain et du thé... Je suis totalement effrayée. La fenêtre de ma chambre donne sur une rue où des milliers et des milliers de personnes circulent, groupées comme des fourmis. Il n'y a pas de Blancs ni de Noirs. Seulement des Japonais. Innombrables, me semble-t-il. Ils m'apparaissent de petite taille et différents. Les hommes crachent partout. Beaucoup de femmes portent des costumes traditionnels et de hautes chaussures de bois, appelées *geta*. Tout me semble ridiculement petit dans l'hôtel. J'ai l'impression d'être débarquée dans un univers de nains!

Bernice Tremblay, une représentante du gouvernement, s'apercevant un jour de mon état de recluse, vint me visiter pour me dire qu'à Osaka existe une ville souterraine aussi vaste que la ville elle-même, et que je devais m'y rendre. «Tu dois apprendre», me dit-elle. Et nous nous sommes enfoncées sous la ville, dans une cité intérieure bruyante où tout était écrit en *kanji*. Comment s'y retrouver? Alors Bernice m'enseigna tout ce dont je devrais impérativement me souvenir: les signes qui désignaient les sorties, les entrées, les restos, le métro, les toilettes, etc.

Après quelques heures de reconnaissance souterraine, elle m'invita dans un petit resto japonais. Sous son conseil, je commandai des *yakisoba*, des nouilles frites. Le cuisinier préparait les plats devant nous. Quand une coquerelle se pointa, il la tua du revers de sa cuillère, passa rapidement l'ustensile sur son tablier et poursuivit sa cuisson. J'étais dégoûtée. «Tu ferais mieux de t'habituer», me dit Bernice en riant.

Deux jours plus tard, pour mon premier petit déjeuner en tournée, on me servit dans un joli bol fermé un bouillon de poisson. Lorsque je soulevai le couvercle, l'œil rond du poisson me fixait! Je refermai le couvercle et ne pus rien avaler. Les jours suivants, j'eus droit à un bol de riz accompagné d'un œuf cru et de menés séchés. Au début, j'ai beaucoup maigri, mais comme il me fallait tenir six mois en voyageant et en chantant, c'est donc dans l'intention de survivre que j'ai commencé à apprendre le japonais et à déchiffrer les *kanji*.

Idesu Batora

Idesu Batora, Édith Butler en japonais. Ça signifie «cheval de feu». C'est ce que m'ont appris, dès mon arrivée, les geishas de la compagnie Dentsu, une société chargée de promouvoir la présence du Canada au Japon. Si celles-ci m'ont enseigné les rudiments du japonais, c'est surtout par association d'idées et de mots, et par l'observation, que j'ai pu me débrouiller dans cette langue si éloignée de la nôtre.

J'ai compris assez vite que si je disais un mot en anglais en le prononçant à la japonaise, en tenant compte du fait que cette langue ne comporte ni de «F» ni de «L», je pouvais arriver à communiquer. Ainsi, «*strawberry*» devenait «suturaberri»; et, «*coffee*», si je remplaçais le «F» par un «H», se prononçait «cohi». Je pouvais, dès lors, déguster un café avec des fraises!

Évidemment, à ce moment-là, j'utilisais les mots seuls et non à l'intérieur de phrases. Et, bien sûr, je ne savais rien de toutes les notions de politesse avec lesquelles une femme devait s'exprimer. Celle-ci était contrainte d'utiliser le raffinement d'une courtoisie instillée par des coutumes millénaires. Ainsi, il lui était impossible, culturellement, de s'exprimer sans détour. Sa voix devait être haut perchée; et ce qu'elle disait, suivi d'une formule affable. Il lui était également interdit d'avoir recours au vocable «non», perçu comme trop rude, voire choquant, dans la bouche d'un genre qui tenait plus de la fleur que du samouraï. Cela conférait à la Japonaise une langue redoutablement contorsionnée dans laquelle il m'était bien difficile de discerner un sens précis et définitif. Ses innombrables subtilités m'échappaient.

J'ai donc opté pour le ton, plus naturel selon moi, d'un de mes amis, guide au pavillon du Canada. Il parlait bref et terminait chacune de ses phrases par «né». J'ignorais que cette finale en «né» résonnait pour eux comme l'emprunt, quasi sacrilège, d'un attribut linguistique viril. De surcroît, ma voix d'alto, inhabituelle là-bas, était inappropriée dans ce milieu où le timbre aigu des femmes convenait seul à la déférence avec laquelle celles-ci devaient se faire entendre. Et ces impairs devenaient des offenses. J'ai vu bien des sourcils se froisser de réprobation, se froncer de colère ou se soulever d'incrédulité : pour les Japonais, je parlais la langue des hommes !

Pour corriger cette lacune, j'ai écouté les hommes et les femmes dire la même chose, mais autrement. Quand un homme demandait du thé, il disait « *cha* ». Quand une femme demandait du thé, elle disait « *ocha* ». Et j'ai pris l'habitude d'ajouter des « O » un peu partout.

C'est sur ces prémices que je me suis bâti un langage de communication.

Les gens du pavillon canadien ne comprenaient pas comment j'arrivais à progresser si rapidement dans cette langue pas vraiment évidente pour un Occidental. Moi, je pratiquais mes trouvailles avec les geishas. Grâce à elles, Idesu Batora avait vaincu sa peur des mots et brisé un peu sa solitude. Cheval-de-Feu pourrait parcourir toutes les îles, de Hokkaido à Kyushu, avec juste assez de vocabulaire pour ne pas craindre l'orage glacé de l'isolement.

La une du *Osaka Shinbun*

Lorsque le bruit strident des sirènes s'éleva jusqu'à ma fenêtre, je sortis peu à peu d'un sommeil profond. Je regardai l'heure, il était trois heures du matin. Considérant que ceci faisait partie du paysage sonore des nuits d'Osaka, je me rendormis. Quand la recrudescence de ces sons criards finit par me réveiller tout à fait, la fumée s'infiltrait déjà sous la porte de ma chambre. Et des cris me parvenaient de l'escalier de secours.

Je voulus allumer, mais il n'y avait plus d'électricité. Je courus à la fenêtre. Tout en bas, des pompiers accoutrés comme des Martiens s'affairaient avec boyaux et échelles. Ma chambre était au 11e étage. Que faire ? Je sautai dans mon jean, attrapai ma guitare et enfilai en bandoulière ma caméra toute neuve. Puis je fis tout ce qu'il ne fallait pas faire : j'ouvris la porte. Le corridor était totalement noir et rempli de fumée. De ma main libre, je couvris ma bouche et mon nez de mon mouchoir, et empruntai l'issue de secours.

Mes longues jambes dévalaient l'escalier à toute allure. Une seule chose comptait : sortir de là. M'extraire du brasier. Au 8e étage, tous les Japonais s'arrêtaient sur le palier et poussaient des cris. Ils parlaient, mais je ne comprenais rien. Ils avaient beau s'adresser à moi avec l'énergie du désespoir, mes notions de japonais s'étaient évanouies. Seule la peur comptait.

Je n'ai évidemment pas compris que le feu ravageait le 7e étage et qu'on évacuait les clients par le 8e, via un immense tuyau. Alors, j'ai poursuivi ma course. Soudain, j'étais seule. Tous les autres s'étaient infiltrés dans le tuyau et avaient glissé dans ce toboggan de fortune.

Je courais toujours. Il y avait de plus en plus de fumée et de suie. Lorsque je suis finalement sortie de l'hôtel, j'étais noire de la tête aux pieds. Premier réflexe : je sors ma caméra et je photographie les gens qui émergent du tuyau et les flammes qui s'élèvent de plus en plus haut.

Au moment où je me suis arrêtée pour cracher la suie qui m'emplissait la bouche, la minuscule réceptionniste de l'hôtel, qui parlait un peu d'anglais, s'est approchée de moi pour me demander, vraiment ébahie, comment j'avais pu passer à travers le feu. Le feu, je ne l'avais même pas vu. J'allais trop vite et ne me concentrais que sur cette rampe d'escalier, mon seul repère dans ce gouffre noir.

J'étais la seule Blanche de l'hôtel et j'avais réussi à traverser le feu. Pour eux, c'était un prodige. Un photographe journaliste s'est approché et a pris une photo de l'héroïne.

Le lendemain matin, je faisais la une du *Osaka Shinbun* sans avoir chanté une seule note…

En tournée au pays du Soleil Levant

Dans les deux mois qui ont précédé l'ouverture de l'Exposition universelle d'Osaka, je fus dépêchée dans toutes les régions du Japon, avec mission d'y rencontrer des gouverneurs, des maires et des groupes d'étudiants, la plupart du temps des universitaires, pour leur présenter le Canada et les inciter à venir visiter le pavillon canadien. Il s'agissait, trois fois par jour, chaque fois dans une ville différente, de promouvoir le Canada. L'un de mes collègues projetait un diaporama, un autre était conférencier, et moi je chantais en français, en anglais et en japonais. J'ai ainsi traversé le Japon du nord au sud.

Trois fois par jour, un tour de chant ; trois fois par jour, des échanges de cadeaux avec les gouverneurs et les maires. On leur offrait du sirop d'érable, du whisky canadien, très prisé des Japonais, des épinglettes et des drapeaux. On nous offrait de l'artisanat local, des spécialités régionales et des instruments de musique. J'aurais volontiers conservé quelques petits instruments traditionnels, mais tous les cadeaux que nous recevions au cours de ces rencontres officielles devaient être remis à l'ambassade.

Nous voyagions dans ce qu'on appelait le « Super Bus » (à prononcer à l'anglaise). Un long bus de type scolaire, peint aux couleurs psychédéliques à la mode de Peter Max. Ce bus canadien de Drummondville s'accommodait mal des routes étroites de certaines régions appartenant encore à un Japon d'avant la modernité. Dans l'île de Shikoku, les routes étaient si improbables qu'il nous fallait souvent marcher à côté du véhicule, qui empruntait des voies qui semblaient n'avoir jamais été carrossées. Nous laissions alors le chauffeur, aussi seul que le capitaine d'un navire en détresse, tenter de franchir des obstacles qui nous paraissaient insurmontables...

Au cours de ce périple, j'ai vu à Sapporo des monuments et des sculptures de glace si énormes qu'il fallait les dynamiter à la fin des festivités, avant le dégel, pour qu'elles ne risquent pas de tuer les passants en se disloquant...

Le souvenir des bombardements atomiques et d'une défaite cruelle et humiliante était exacerbé à la vue des Américains. Quand j'entendais les Japonais striduler entre leurs dents, je savais qu'ils me prenaient pour une Américaine. J'étais effrayée. Ce sifflement strident et inhospitalier perçait l'air et poursuivait l'intrus dans son sillage. D'abord suraiguë, puis s'assourdissant interminablement avant de sombrer dans un soupir, la menace sonore était d'une violence telle qu'elle me clouait sur place. Puis j'ai compris que la seule façon d'apaiser cette acrimonie était de m'empresser d'extirper de ma poche les badges du Canada !

L'attitude belliqueuse se transformait dès lors en salutations respectueuses. Sans ce précieux sauf-conduit, la frayeur m'eût souvent empêchée de franchir le seuil de ma porte. Et pourtant, si la rancœur contre l'Américain les poussait à cracher, lorsqu'ils découvraient qu'Helga, Louise et moi étions Canadiennes, ils se sentaient blessés dans leur honneur à l'idée de nous avoir offensées. Pour effacer l'insulte, ils nous offraient du whisky… canadien !

À Hiroshima, vingt-cinq ans tout juste après l'hécatombe atomique, une structure métallique en forme de dôme rappelait seule le passé au centre d'une ville neuve et moderne, poussée elle aussi comme un champignon… Dans ce lieu martyr, des enfants m'ont offert des origamis, petits oiseaux de papier coloré enfilés en colliers, symbolisant les âmes de ceux qui avaient péri sous la bombe. J'y ai écouté les récits horrifiants de témoins qui racontaient que leurs parents ou amis, pour fuir la chaleur nucléaire, s'étaient jetés dans l'eau de la rivière, où ils avaient cuit… Je me suis arrêtée au mont Aso pour descendre en toute inconscience dans le cratère fumant du volcan… J'ai mangé des œufs bouillis sur les minifoyers volcaniques qu'entretenaient des vendeurs de fortune… J'ai même vu des religieuses catholiques veiller sur un sanctuaire où, du centre d'une grotte, une Vierge de plâtre s'adressait aux enfants de Fatima…

Les hommes japonais portaient le jour des complets-vestons noirs et crachaient abondamment dans les rues. Les mêmes, le soir venu, enfilaient le kimono, marchaient pieds nus et perpétuaient les rites ancestraux. Les femmes, quant à elles, pas encore occidentalisées, faisaient preuve d'un raffinement exquis. On m'initia à la cérémonie du thé, à l'ornementation des plats, à considérer l'art présent en toute chose pour que la vue en soit constamment réjouie et comblée. Même délicatesse à table, où l'on octroie d'office à l'invité la place qui le mettra le plus en valeur, en s'assurant que le décor derrière lui le sertira comme un écrin duquel il apparaîtra sous son jour le plus favorable...

Cette culture millénaire exerçait sur moi une grande fascination. Tout m'était étranger. Tout m'était nouveauté. Et j'étais subjuguée.

La pêche aux cormorans

De tout ce que j'ai vécu au Japon, la pêche aux cormorans se distingue par son originalité. C'est une pêche nocturne. Dès la tombée du jour, dans le petit *ryokan* que nous habitions, sorte d'hôtel très simple dont les chambres sont faites de bois et de papier, nos hôtes nous menaient au bain. Celui-ci était immense et mixte. Mais pas question d'y plonger sans se dépouiller d'abord de toute trace de saleté. Pour ce faire, des Japonaises venaient nous laver. Et puis, lorsque nous ressortions de ce bassin d'eau chaude, on nous essuyait et on nous vêtait d'un kimono à l'enseigne de l'hôtel, et on nous chaussait de *geta*. Ainsi vêtus, nous étions escortés sous des parasols de bois, jusqu'au quai où nous attendait notre barque, amarrée parmi des tas d'autres, chacune de couleur différente, mouillant perpendiculairement les unes aux autres.

Avant le départ, des pêcheurs en costume de paille, chargés de grandes cages de bois dans lesquelles sont enfermés des cormorans, prennent place à bord de l'embarcation. Et, lorsque les gondoliers s'avancent, un bandeau sur le front, on peut enfin s'éloigner du quai en une longue procession colorée qui glisse doucement sur la rivière Nagara. Éclairées par des lanternes, nos barques voguent sur la rivière telle une procession religieuse, calme et recueillie. Des dizaines de petits bateaux arrivent d'on ne sait où et nous doublent. Lorsque les Japonais nous croisent, on entend des cris qui ressemblent à des chansons : « Ocha ! Ocha ! Saké ! Saké ! » Et l'on nous offre des sushis, du saké, et même des pétards ! Que la fête commence !

Ils chantent en japonais et moi en français. Qu'à cela ne tienne, l'air résonne de nos chants heureux et nos rythmes s'accordent. La nuit tombe et se fait de plus en plus noire. On allume des feux de paille dans des paniers métalliques que l'on place à l'avant de chacun des bateaux. Cet étrange pèlerinage aux flambeaux s'immobilise au cœur de la nuit au milieu de la rivière Nagara. Alors, on ouvre les cages et on libère les grands oiseaux. Chaque pêcheur a dix cormorans retenus par des cordes qu'il s'attache au bout des doigts. Les cormorans s'agitent au gré du mouvement de doigts des pêcheurs qui, tels d'habiles marionnettistes, les manipulent avec dextérité. Le but du jeu est la pêche. Et le produit de la pêche est destiné au pêcheur et non au cormoran.

Chacun des oiseaux porte un anneau autour du cou. Quand le cormoran attrape un poisson, le pêcheur tire sur la corde. Le cormoran revient à bord. Et, là, le pêcheur tire un peu plus le fil qui serre l'anneau autour du cou de l'oiseau et l'oblige à cracher sa prise. Et le manège se reproduit avec chacun des oiseaux. Quand la barque est remplie de poissons, l'étrange procession regagne le port. Depuis des millénaires, on pêche ainsi sur la rivière Nagara, à Gifu.

Le gouverneur de Hiroshima

Un jour, chez le gouverneur de Hiroshima, je pénètre dans une salle, escortée de l'équipe canadienne. Le gouverneur est debout et je m'incline devant lui pour le saluer à la japonaise. Il fléchit davantage l'échine devant moi. Puisque je le considère comme mon supérieur, en sa qualité de gouverneur, je me dois, pour respecter les règles de la politesse, de me pencher encore plus bas devant lui. De son côté, me considérant comme une ambassadrice, il se courbe encore plus bas et je fais de même, jusqu'à ce que nous nous retrouvions tous les deux le nez en direction du sol.

À ce moment-là, le jeune homme de Montréal, toujours moqueur, ayant lui aussi observé, depuis le début du voyage, que la plupart des phrases dans le langage populaire se terminaient par une expression dont la sonorité semblait être « né » – qui signifie « n'est-ce pas ? » –, et persuadé que personne ne comprenait ce qu'il disait, avait l'habitude de parler français avec une intonation japonaise, ce qui nous menait invariablement au fou rire.

Richard, appelons-le ainsi, s'adresse directement au gouverneur en le regardant dans les yeux et lui dit : « Ah ! Comme tu as un gros nez ! Très, très gros nez ! » – en accentuant bien fort le mot « nez ». Le gouverneur répond par un large sourire qui laisse entrevoir ses dents en or. Grâce à ma fidèle traductrice japonaise, je converse avec lui et je réponds à ses questions sur la Canada et sur l'Exposition universelle. De temps en temps, Richard revient vers nous, se penche, et lance de nouvelles plaisanteries. Bien que ne sachant plus où me mettre, je poursuis mon entretien avec le gouverneur toujours souriant et, semble-t-il, très intéressé. Quand, au moment de partir, je le salue, et qu'il répond à mon salut, il murmure dans un français impeccable : « Vous êtes très jolie, mademoiselle. » J'en rougis de honte encore aujourd'hui !

Maïkos et Geishas

Ma première incursion dans l'univers des maïkos, ces femmes japonaises formées dès le jeune âge à l'art de la conversation, de la musique et de la danse, eut lieu dans une sorte de bar très chic, où les femmes n'étaient pas admises. C'était un lieu réservé aux hommes. Les dignitaires canadiens l'ignoraient, ou ils avaient décidé de passer outre à une mesure qui leur semblait archaïque. Quoi qu'il en soit, ils m'invitèrent à les y accompagner.

Dans ces lieux sélects, une hôtesse maïko était allouée à chaque convive. Les représentants officiels du Canada jouissaient d'un statut particulier et on leur accordait deux hôtesses chacun. Celles-ci attendaient debout, très droites dans leur kimono décolleté dans le dos, qu'on leur indique à quel invité elles devaient tenir compagnie. L'hôte japonais, lui aussi en costume traditionnel, après m'avoir saluée en se pliant à moitié, m'en octroya deux également. Les maïkos me précédèrent à ma table à petits pas. Elles s'assirent de chaque côté de moi et les autres maïkos firent de même pour mes collègues. Partis de l'hôtel à quatre, nous étions maintenant douze à table !

Les hommes parlaient affaires, les maïkos se contentant de verser d'abord le thé, puis le saké, et d'émettre de petits rires quand ces messieurs s'adressaient à elles. Au début, je me suis tue, mais comme celles-ci insistaient pour me poser des questions en japonais sur le Canada, j'entrepris, gestuelle à l'appui, de leur raconter l'immensité, le froid, la neige, les ours, les orignaux, les Indiens, les Esquimaux, les Rocheuses, les bisons et les saumons.

Les mimiques, si inattendues dans un tel endroit, les faisaient rire. Elles en redemandaient. Alors, j'ai chanté pour elles, et quand s'est amenuisé le répertoire des chansons traditionnelles qui pouvaient s'illustrer par des gestes, je me suis lancée dans un *En revenant de Rigaud* en exagérant tous les bruits et les onomatopées. Elles s'esclaffèrent presque et le rire devint contagieux. Tout le monde riait. Ce fut un de ces moments où je dus sortir de ma réserve pour communiquer. Pour survivre, j'ai instinctivement comme mes ancêtres, fait appel à la joie de vivre. Et ce fut ma première fête nippone.

Plus tard, dans mon expérience japonaise, j'ai fait la connaissance de véritables geishas. Rien à voir avec les hôtesses rencontrées précédemment. Celles-ci sont en quelque sorte des stars payées à prix fort par des hommes riches ou par des sociétés prospères pour entretenir leur standing. Ce sont de très grandes professionnelles du savoir-faire. Elles connaissent l'art de plaire, de recevoir, d'orner et de présenter les plats, de converser, de chanter, de jouer le *shamisen* et le *koto* avec grâce, de réciter de la poésie et de danser. Cela m'éblouissait. J'aimais surtout les entendre chanter quand elles s'accompagnaient au *shamisen*. Devant mon intérêt, elles décidèrent de m'apprendre à en jouer. Évidemment, cela était très simple pour moi, puisque le *shamisen*, sorte de luth japonais, n'a que trois cordes !

Je chantais donc *Marie Cassie* en m'accompagnant au *shamisen*, mais quand elles m'ont dit que la peau de l'instrument était celle d'un chat, je n'ai plus jamais voulu en jouer ! Pour remplacer le *shamisen*, je leur ai appris la guitare. Ces femmes si dignes devenaient alors comme de petites filles émerveillées devant un nouveau jouet. Elles m'apprirent en retour les rudiments du *Koto*, instrument infiniment plus complexe, à multiples chevalets.

Et, puisqu'elles apprenaient rapidement, je leur ai inculqué à mon tour des notions d'harmonica. Elles me remerciaient en m'instruisant dans l'art de battre ces immenses tambours nommés *taïkos*.

Au Japon, tout ce qui pouvait être considéré comme un cadeau en attirait invariablement un autre, en retour. Et tout était toujours à recommencer, comme si la politesse, là-bas, portait en elle un début d'éternité.

Hirohito

Le Japon de 1970 était encore un Japon impérial. Hirohito, surnommé Shōwa Tennō, qui signifie «Paix rayonnante», en était le 124ᵉ empereur. Bien qu'ayant dû renoncer à son statut divin en 1945, il avait pu conserver son trône grâce à l'appui des Américains. Cet empereur, conformiste et traditionnel, ne s'était jamais adressé à ses sujets avant le 15 août 1945.

Ce jour-là, forcé d'annoncer la reddition du Japon, il dut faire appel à un interprète : l'empereur, s'exprimait dans la langue de la cour, une langue si ancienne qu'elle avait depuis longtemps disparu du parler populaire. Depuis toujours, Hirohito avait été confiné à la cité impériale, et il ne connaissait rien du monde extérieur.

La capitulation du Japon, après deux bombardements atomiques, libéra cet empereur des contraintes du passé et de celles d'une tradition plus que millénaire. Celui qui, plus tard, aura connu le règne impérial le plus long de toute l'histoire du Japon, devint, par la suite, le premier empereur japonais à voyager hors de son pays et à s'ouvrir à d'autres cultures.

Lorsque j'ai chanté pour lui, la chaleur était si intense que l'on a dû faire une entorse au protocole pour que Hirohito et moi soyons attifés de serviettes humides et blanches qui nous couvraient le haut du crâne et pendaient de chaque côté !…

Si le ridicule tuait, nous serions morts sur-le-champ ! Mais, comme il ne tue pas, ainsi que chacun le sait, j'ai gravé dans ma mémoire cette évocation loufoque de la grandeur impériale réfugiée sous un coton mouillé… et de moi-même, devant elle, tout aussi risible sous le linge humide…

La clé

Ce jour-là, on devait me remettre officiellement la clé de la ville d'Osaka. Mais tous ces mois de tournée non-stop à travers un Japon traditionnel, où tout m'était inconnu, dans une camionnette où nous logions à sept (outre moi-même, il y avait le chauffeur, le responsable de l'agence publicitaire Dentsu, le fils d'un pasteur de Vancouver, le Montréalais blagueur qui parlait français avec des tournures japonaises et qui risquait à tout moment de créer un incident diplomatique, un photographe et mon interprète, une Japonaise à laquelle sa culture interdisait de prononcer le mot «non», sous peine de manquer à l'honneur), avaient eu raison de mon système nerveux.

À quoi bon la clé de la ville après tout? Tout à coup, tout m'apparaissait sombre et sans intérêt. Et je décidai de rester dans ma chambre, repliée sur moi-même et sur ma nostalgie extrême. Robert me manquait. Ma famille me manquait. Tout me manquait. Je me sentais perdue. Seule au bout du monde.

Tandis que je pleurais sur mon sort, ne me voyant pas à la cérémonie, une déléguée canadienne a pris l'initiative d'aller recevoir cette clé à ma place et d'offrir mes excuses aux Japonais pour cette absence qui eût pu les blesser. La face du Canada ainsi à l'abri de l'insulte, la déléguée s'est inquiétée de ne pas me voir à une occasion aussi importante et s'est précipitée à mon hôtel, où je m'étais cloîtrée. Il a bien fallu un peu de saké pour que je sorte de mon mutisme, mais sa présence était réconfortante et j'ai accepté de la suivre dehors. Il faisait noir. Nous avons marché longtemps dans les rues d'Osaka, traversé des jardins de pierres et de bonsaïs, longé des maisons minuscules, pour arriver à un temple, lui aussi minuscule, comme un abri fragile au cœur du pays de la nuit.

Ici, les geishas fardées de blanc, les maïkos et autres travailleuses de la nuit venaient se recueillir. Sonia était comme moi, grande et blanche, et les Japonais nous examinaient comme si nous allions nous aussi leur offrir nos services...

Au seuil du petit temple, j'ai comme les autres frappé trois fois dans mes mains pour chasser les mauvais esprits et j'ai allumé un paquet entier de bâtonnets d'encens avant de m'agenouiller et de fermer les yeux. J'ai eu alors l'impression d'un voyage au bout de moi-même. Ma pensée s'était arrêtée. Tout était silence. Puis tout devint lumière. Quelque chose au plus profond de mon être tressaillait. Quand j'ai rouvert les yeux, mon désespoir s'était évanoui. J'étais remuée. En état d'amour. Amour des êtres, des lieux, de la vie. De tout ce qui vivait. De tout ce que je pouvais voir comme de tout ce qui m'échappait. J'étais profondément émue. Une joie intérieure, sans raison apparente, s'empara de moi.

J'étais transformée. J'avais rencontré à l'intérieur de moi-même une dimension que j'ignorais. Et qui m'est désormais essentielle.

Pourtant, Sonia Saulnier-Finch n'a jamais su qu'elle était cette clé précieuse qui a ouvert la porte de mon âme.

Mon appartement d'Osaka

Mon appartement d'Osaka, non loin du site de l'Expo, était situé dans un village réservé aux étrangers. Ces appartements construits en toute hâte, dans des buildings de béton, ne disposaient que du strict minimum : un lit, une table, deux chaises, un poêle, des toilettes, une douche et de l'eau chaude. Nous étions confinés dans ce village qu'il a bientôt fallu entourer d'un mur immense pour nous protéger de la curiosité des familles japonaises venues constater *de visu* la blancheur ou la noirceur de nos peaux, comme autant d'étrangetés.

De plus, ces appartements étaient remplis de trous dans les murs et autour de toutes les ouvertures, portes et fenêtres. Un jour, pour me distraire et me sentir moins seule, je suis allée me procurer dans un marché local deux coléoptères, sortes de scarabées noirs, un mâle et une femelle. On me les tendit dans une minuscule cage de bambou. Une nuit, la femelle, ayant réussi à croquer les barreaux de sa cage, s'est enfuie par un trou dans le mur. Celui-ci ne donnait malheureusement pas à l'extérieur, mais communiquait en droite ligne avec l'appartement voisin ! Je suppose que la bestiole a dû trouver une issue de secours, puisque je ne l'ai jamais revue. Le mâle, quant à lui, avait de longues cornes qui avaient fait échouer son évasion. J'ai reconstruit sa cage et j'ai vécu avec lui tout le temps de mon séjour. Je le nourrissais de pommes et de tomates, produits hors de prix au Japon à l'époque, et il adorait ça. Le temps que je passais à m'occuper de lui n'arrivait pas à me faire oublier la tristesse du lieu. Entre mes quatre murs, je me sentais encagée autant que ce pauvre coléoptère, et je m'ennuyais beaucoup.

Pourtant, lorsque je devais sortir, j'étais envahie par une peur irrationnelle apparue le jour où ma voisine avait oublié de débrancher son fer à repasser. Le feu avait couvé, puis s'était transformé en véritable incendie. Dehors, parmi les pompiers et les badauds, un photographe japonais m'avait dévisagée d'un air soupçonneux. « N'êtes-vous pas cette dame qui est sortie de l'hôtel d'Osaka en flammes avec sa guitare ? » Et je m'étais enfuie, craignant que cette synchronicité ne me fasse accuser de pyromanie…

Une fois dehors, le trajet de mon appartement au pavillon canadien exigeait que je traverse chaque jour une fausse forêt, où les bambous artificiels étaient piqués en terre et retenus par des attaches... Cette forêt pour touristes, complètement factice, remplaçait une très ancienne et très belle forêt de bambous qui atteignait trente à quarante mètres de hauteur et dispensait un peu de fraîcheur dans l'air. Mais, pour construire le site de l'exposition, les japonais avaient entièrement détruit cette merveille naturelle et l'avaient remplacée par ce succédané de forêt... Cela me révoltait. Comment pouvait-on sacrifier la nature à une exposition, fût-elle universelle? Les dents du progrès devaient être bien longues pour que la morsure soit aussi profonde...

Par compensation sans doute, quelques jours avant de quitter Osaka, j'ai pris avec moi mon joli scarabée dans sa cage et je l'ai amené par train à des kilomètres de là, en un lieu où il pourrait se nourrir de jeunes pousses et s'abriter du soleil. Je l'ai rendu à la liberté dans une véritable et magnifique forêt de bambous.

Et, plus tard, quand les barreaux de ma propre cage se sont ouverts, je ne les ai jamais regrettés. Ni cet appartement trop étroit au milieu d'un ghetto international...

Parenthèse nippone

En avril, quatre mois après mon arrivée au Japon, mon amoureux, qui me manquait cruellement, est enfin venu me rejoindre. J'étais si heureuse de sa présence que j'aurais voulu lui faire voir tout ce que j'avais découvert et aimé au cours de tous ces mois sans lui. Et j'ai entraîné Robert dans une expérience initiatique, au cœur de l'île pittoresque et méconnue de Fukue-Jima.

Nous habitions des *ryokans*, ces hôtels traditionnels où nous dormions sur des futons, à même le sol, séparés des autres invités par des cloisons de papier... Ces hôtels, aujourd'hui hors de prix, ne coûtaient à l'époque qu'un peu plus de deux dollars cinquante par jour, chambre et repas. On devait y vivre à la manière japonaise, et vers la fin de la journée on se rendait aux bains. Des japonaises rieuses nous lavaient au savon, nous brossaient le dos et les bras, et nous rinçaient en nous versant des seaux d'eau fraîche sur la tête. Ensuite seulement on pouvait entrer dans le bain, une sorte de grande piscine où chacun se retrouvait lorsqu'il était débarrassé de toutes les impuretés du jour.

Après ce bain public, nous revêtions un kimono et l'on nous servait à dîner. Au début, je mangeais tout ce qu'on m'offrait, ignorant que la politesse exigeait alors qu'on me resserve... Robert avait un meilleur appétit que moi et dès que l'hôtesse sortait de la pièce je transférais le surplus dans son assiette, mais ce manège, dont le but était de cesser de manger sans insulter nos hôtes, avait pour effet d'augmenter encore la quantité des plats qu'on nous offrait, si bien qu'à la fin, Robert lui-même versait l'excédent dans un sac dissimulé sous la table. Les Japonaises s'amusaient de nos extravagants appétits, tandis que nous nous désolions d'ignorer comment faire cesser ces festins gargantuesques !

L'après-midi, nous parcourions l'île à la découverte de tout ce qui pouvait nous intéresser, depuis les coutumes locales jusqu'aux navires échoués.

Les habitants de l'île étaient fascinés par l'impressionnante musculature de Robert et par la blancheur de ma peau. Parfois, les gens s'approchaient de moi et grattaient un peu l'intérieur de mon bras pour s'assurer qu'il s'agissait bien de ma carnation, et non pas de l'effet de la poudre blanche qu'utilisaient les geishas...

Comme j'étais déjà venue sur cette île quelques mois auparavant, les gens me reconnaissaient et m'offraient toutes sortes de cadeaux, dont des œufs crus que je me devais d'avaler devant eux...

J'étais équipée d'une bonne caméra et d'un bon zoom. Alors, je m'ingéniais à photographier tout ce qui me captivait par son originalité. De leur côté, les Japonais nous prenaient eux aussi en photo dès qu'il y avait un appareil à proximité.

Peut-être souhaitions-nous inconsciemment l'un et l'autre conserver des images inédites de mondes et de cultures que nous croyions fixés en leur état pour l'éternité, sans soupçonner que le vent de la mondialisation soufflerait nos différences en quelques dizaines d'années, pour laisser place à une banale impression de standardisation...

Quand il a fallu quitter Fukue-Jima pour rentrer à Osaka, je savais que je laissais derrière moi une parenthèse enchantée au cours de laquelle, comble de bonheur, Robert et moi nous étions fiancés.

Le Japon, suite et fin

Après ces quelques semaines de repos, Robert devait rentrer au pays. Me séparer de lui, encore une fois pour plusieurs mois, me fut très difficile. Les adieux furent déchirants. Mais nous n'avions pas le choix. Son travail le réclamait et je devais compléter mon engagement.

J'ai donc repris mes trois tours de chant quotidiens sur la scène extérieure du pavillon canadien à Osaka. Dans mes temps libres, avec mes amies Bernice, Louise et Helga, nous servions un peu de guides à des compatriotes venus pour quelques semaines à titre d'artistes invités ou engagés dans des fonctions officielles.

C'est ainsi que j'ai chanté, dans un spectacle intime, avec Jean-Pierre Ferland, qui décompressait après avoir juré contre le public japonais. Nous avions oublié de le prévenir que les Japonais n'applaudissaient pas. Après chacune de ses chansons, interloqué et exaspéré devant ce silence de la foule, on l'entendait s'exclamer : « Applaudissez, mes t... ! » Évidemment, les Japonais ne comprenaient pas, et, à leur habitude, plutôt que d'applaudir, ils attendaient la fin du spectacle pour se lever, saluer et sortir ! C'était assez déconcertant !

Claude Léveillée de son côté était si morose dans cette atmosphère que rien n'aurait pu le distraire de son désir de rentrer chez lui. Nous l'avons emmené dans des forêts magnifiques, mais il ne voyait rien d'extérieur à son chagrin.

D'autres, comme Pierre Trudeau, auraient aimé pouvoir contourner les règles. Mais le Japon était rigide. Un soir où nous dansions avec lui dans une discothèque, l'heure de fermeture arriva, alors qu'il souhaitait continuer à danser. Il refusait de quitter les lieux. Le ton monta, jusqu'à ce que les Japonais nous ordonnent, à nous qu'ils connaissaient : « *Get your Prime Minister out of here !* » Alors nous l'avons conduit au pavillon du Québec, qui était très hospitalier et qui fermait très tard. Frustré de s'être fait évincer de la discothèque, il s'est mis à chanter à tue-tête : « *I can't get no satisfaction !...* »

Ces imprévus animaient un peu notre vie nocturne et parfois même la rendaient radieuse. Ainsi je garde un souvenir impérissable de cette soirée où, après avoir fait visiter la ville et les bas-fonds d'Osaka sous la pluie à un Gilles Vigneault chaussé de souliers vernis, nous sommes montés dans le métro, où, entassés parmi la foule, nous nous relancions, lui et moi, pour chanter des airs traditionnels et des rigodons tout en giguant et en *steppant* au milieu des voyageurs médusés, qui semblaient se demander de quelle étrange planète étaient tombés ces hurluberlus…

Et puis les mois passèrent et l'été arriva. Il faisait de plus en plus chaud. L'air était irrespirable. La plupart de mes camarades tombèrent gravement malades. L'insoutenable chaleur me chassa de la scène. Et je quittai le Japon, sans savoir à quel point serait brutal le choc du retour.

Un choc culturel inversé

Je quittai Osaka pour Tokyo, puis Tokyo pour Hawaï. Après une semaine de décompression à observer un flux incessant de vagues géantes et bleues dont l'énorme crête blanche s'épandait avec fracas sur le sable doré de la plage, je rentrai à Montréal via Los Angeles et Toronto.

Robert m'attendait à l'aéroport lorsqu'il apprit qu'un vol effectuant la liaison Los Angeles-Montréal venait de s'écraser à Toronto. Son sang s'était glacé dans ses veines tandis que son cœur battait précipitamment. Lorsqu'il m'aperçut enfin, les retrouvailles furent d'autant plus émouvantes. À une longue absence, venait s'ajouter une peur effroyable à l'idée que j'aurais pu disparaître dans ce *crash*. Robert était ému aux larmes, si bouleversé à ma vue que j'ai compris que quelque chose de grave s'était produit. Il me prenait dans ses bras, m'enlaçait sans cesse, comme si j'appartenais soudain au monde subtil des apparitions et qu'il fallait me toucher pour s'assurer de ma réalité physique. Quand enfin, desserrant son étreinte, il m'apprit la peur qu'il venait de vivre à l'idée que mon vol se soit écrasé, j'éprouvai à mon tour une sorte de stupeur. Après un long moment à décanter, puis à récupérer les bagages, nous mîmes le cap sur Restigouche où Robert poursuivait ses fouilles archéologiques.

Après dix heures de route dans une de ses Porsche qu'il avait restaurée, nous traversâmes la rivière Restigouche, rapide et remuante comme les saumons qui y frayaient, pour atteindre enfin le lieu où nous allions résider. C'était une sorte de camp de bûcherons à proximité du site de recherches.

J'arrivais d'un monde où Dieu est partout également réparti : dans la nature, dans les arbres, dans les poissons, dans les animaux, dans les pierres, le sable, le chien, le bœuf, ou la feuille ballottée par le vent. Au contact de cette culture, j'étais devenue zen. J'adhérais à l'idée qu'il fallait être en concordance avec son âme dans chacun des gestes de la vie quotidienne. Là-bas, dans ce voyage intérieur qu'est la vie spirituelle, on pouvait naître dans le shintoïsme, grandir dans le bouddhisme, se marier très chrétiennement, et puis mourir dans une tout autre religion. On choisissait en fonction de la beauté des rituels, la religion n'étant que la forme contenant une réalité plus profonde et sans doute unique.

Le choc du retour fut plus grand que celui de mon arrivée au Japon. Une sorte de choc culturel inversé me rendait la réinsertion difficile.

Au camp de Restigouche, on ne changeait pas la vaisselle selon les saisons, comme le faisaient les Japonais. On ne servait pas de portions minuscules au centre d'une assiette décorée de manière à ce que chaque présentation soit une œuvre d'art, mais de la grosse nourriture pour des gens travaillant dur. Du lard, du saindoux, de la saucisse, des œufs et du bacon, des poulets barbecue, des frites, des T-bones d'une épaisseur redoutable et de la sauce partout et sur chaque plat, et, quelquefois, d'énormes ragoûts de pattes de cochon. Je m'étais habituée à me nourrir d'un bouillon de poisson, de thé vert et de riz… Ici, on ne mangeait pas : on dévorait ! C'était avant l'arrivée des écologistes, et la quantité semblait aller avec le plaisir. S'alimenter n'était plus un acte quasi spirituel entouré de multiples rituels. Non, ici, on s'empiffrait. Je revenais dans un pays où l'âme avait quitté la fleur, l'arbre et l'animal.

Après quelques temps de ce régime de sumo, je me suis retrouvée à l'hôpital de Campbellton. Il a fallu plus de dix jours pour que mon estomac s'accommode à nouveau d'une nourriture plus riche et plus abondante. Ce sas de décompression m'a permis de survivre dans un monde plus rude et moins spirituel. Si je m'y suis réadaptée, j'ai toujours conservé depuis l'aptitude à voir la beauté en chaque chose, à vénérer l'âme qui s'y trouve et surtout, à conserver un cœur qui bat dans l'harmonie de l'être et de l'univers.

Des navires sous la mer

Au printemps de 1760, trois navires français, le *Machault*, le *Bienfaisant* et le *Marquis de Malauze*, faisaient route vers Québec depuis la France pour ravitailler les soldats de la ville, lorsqu'ils furent attaqués par des navires de guerre britanniques commandés par le capitaine de vaisseau John Byron. Le contenu en armes des navires ne devait pas tomber aux mains de l'ennemi. Alors, le commandant de la flottille française, François Chenard de la Giraudais, donna l'ordre à ses bateaux d'aller se réfugier dans la baie des Chaleurs, et le 18 mai les trois navires jetèrent l'ancre dans l'estuaire de la rivière Restigouche. La bataille éclata et, le 8 juillet, La Giraudais fit saborder le *Machault* et le *Bienfaisant*.

La mission qui incombait à Robert et à son collègue Walter, était de repérer le *Machault* et de plonger pour en remonter les artefacts. C'était un projet du gouvernement fédéral pour lequel beaucoup de plongeurs et de main-d'œuvre devaient être engagés. Tout était à faire. Construire la barge, organiser le site, se procurer l'équipement, le tout avec un budget dérisoire. Mais Robert et Walter étaient des passionnés et leur enthousiasme convainquit plusieurs de nos amis à se joindre à l'équipe. Il y avait des travailleurs rétribués et des bénévoles.

Je faisais partie de la seconde catégorie, tout comme mes amies chanteuses, la soprano Rosemarie Landry et Angèle Arsenault, dont les compagnons faisaient partie de l'équipe des «vrais» travailleurs. Cela nous laissait, à elles comme à moi, toute la latitude voulue pour remplir nos engagements artistiques déjà nombreux.

Mais dès que je remettais les pieds à Restigouche, je me retrouvais sur le site. J'appris la correspondance nécessaire entre le quadrillage sous-marin et celui dessiné sur papier, pour bien situer l'origine des objets, puis à nettoyer, trier, classer, numéroter les artefacts, à les distinguer parmi les têtes de poisson, le goémon, et autres rejets que les aspirateurs de mer poussaient dans des filets métalliques. Il y avait autant de ces aspirateurs que de plongeurs. Ils remontaient un nombre considérable de boulets de canon, de vaisselle cassée, des bouteilles d'armagnac vides, de mousquets et de chaussures dont la particularité était d'être toutes du même pied.

Parfois un plongeur faisait une trouvaille plus originale et nous la remettait en mains propres. Il arriva à l'un d'eux de repêcher une bouteille remplie d'armagnac. Hélas, la personne à laquelle il la confia l'échappa. La bouteille se fracassa sur le sol et son contenu se répandit. Les plongeurs durent lécher le pont afin de connaître le goût de ce précieux élixir de deux cents ans d'âge. À leur grand dam, ce n'était plus qu'un liquide brunâtre au goût âpre d'eau et de sel...

Tous les autres objets, je devais les gratter pour les débarrasser de l'épaisse couche noirâtre ou rouillée qui les recouvrait. Le travail était dur et requérait beaucoup de patience. Le repas du midi était servi sur la barge. Un jour que toute l'équipe y faisait une courte sieste après le repas, Gaston, le Madelinot, dessina un drapeau québécois sur un bout de tissu. Il grimpa jusqu'en haut du mât pour l'y accrocher. Walter prit des photos de l'exploit de Gaston. Quand il fit développer le film, une soucoupe volante figurait à quelques pieds au-dessus de la tête de Gaston. Walter s'empressa de montrer ce cliché aux autorités, qui n'en voulurent pas, disant qu'elles possédaient déjà des centaines de photos de ces curieux engins qu'on n'appelait pas encore des ovnis...

Quant à moi, après des années à collaborer sur le site et à être instruite par Robert des secrets de cette science, il me semblait que j'aurais pu appliquer mes nouvelles connaissances à des sites de fouilles aussi bien terrestres que maritimes. J'étais séduite à l'idée de pouvoir reconstruire une histoire à partir de ses vestiges. Ce fil conducteur induit dans la matière palpable me captivait.

Bien que je n'aie pas accompagné Robert dans les recherches qu'il mena dans l'île de Chypre ni dans ses travaux avec l'équipe du commandant Cousteau, mon incursion dans l'univers de l'archéologie sous-marine et de la plongée allait se poursuivre durant plusieurs années et me conduire jusqu'à l'île-forteresse de Dry Tortugas, dans le golfe du Mexique. Cette forteresse nommée Fort Jefferson était à l'origine destinée à contrer la piraterie dans le golfe. Sa construction, commencée en 1846, n'a jamais été achevée. C'est pourtant, avec ses seize millions de briques, le plus important ouvrage de maçonnerie du continent américain. Sa muraille ceinture la totalité de l'îlot sur lequel elle est sise. Nous vivions, Robert et moi, avec le gardien et sa femme, dans une pièce aménagée à l'intérieur d'une des alcôves. La forteresse était dotée de remparts que chacun de nous parcourait tour à tour, interrogeant l'horizon sur ce qu'il nous réservait.

Le reste du temps, nous plongions, en ayant soin de retirer nos bijoux et de masquer de ruban noir tout objet métallique. Il ne fallait ni saigner ni s'agiter. Pour ne pas alerter les requins, nous nagions en dessinant des mouvements lents et voluptueux, comme s'il s'agissait de danser un ballet aquatique au son doux d'un adagio. Les eaux bleues du golfe recelaient des quantités innombrables de poissons multicolores. Mes préférés étaient les anges, ces petits poissons sur-montés d'une grande voile blanche, bleue ou rose...

À une distance plus courte que respectueuse, tournoyaient des bandes de barracudas curieux. Pour éviter qu'ils ne nous attaquent, nous devions les regarder droit dans les yeux. Ces tête-à-tête impro-bables créaient chez eux l'illusion d'une menace qu'ils n'osaient pas affronter.

Ce lieu totalement protégé, où ne veillaient qu'un gardien et sa femme, était interdit à la pêche. Nous n'avions droit qu'à quelques *grunts*, sortes de morues qui grondaient au sortir de l'eau et qui constituaient le seul élément frais de notre régime alimentaire sur cette île, où toute autre nourriture était congelée.

Hormis quelques yachts luxueux venus s'amarrer dans ce havre l'espace de quelques heures, nul n'est venu troubler la paix de cette île.

Et rien ne perturbait la quiétude de notre sommeil : ni le fantôme des innombrables navires ayant fait naufrage aux alentours, ni la perspective de retrouver ces bateaux engloutis avec leurs trésors. Désormais, tout cela semblait appartenir à la légende.

À Dry Tortugas, la nuit, seul le bruit des vagues éclaboussant les rochers faisait barrage au silence absolu.

La bague

Mon fiancé, comme un grand nombre de savants, était fort distrait, et la réalité quotidienne échappait en général à ses préoccupations. Comme l'idée de m'offrir une bague de fiançailles ne lui avait pas effleuré l'esprit, je n'en avais pas eu. Alors, quand il fut question de mariage, je lui ai suggéré qu'il faudrait que nous songions à choisir des anneaux que nous pourrions échanger lors de la cérémonie.

Je ne sais plus comment ni pourquoi, mais nous avions décidé de faire réaliser ces anneaux par un artiste original qui habitait, en plein hiver, un bateau amarré parmi les glaces du Saint-Laurent. Il nous avait proposé des modèles qui nous plaisaient et Robert avait versé les dépôts requis. Ensuite, selon ses habitudes, il discuta longuement, avec ce marin en rade, de voyages et d'archéologie sous-marine, et le considéra dès lors comme un ami. Il ne s'inquiéta donc pas des raisons invoquées par l'artiste pour sa lenteur à livrer ces bagues.

La veille de la cérémonie, il devint clair que les anneaux, l'argent et le marin avaient repris la mer !

Ma tante Cécile proposa donc une solution de rechange : le jonc de ma grand-mère. Oui, mais ma grand-mère paternelle était une géante ! Ma tante avait dit qu'elle offrirait cet anneau à qui il ferait, mais aucun des enfants et des petits-enfants n'avait des doigts assez gros pour que l'anneau y tienne. Même mon oncle Frank, qui mesurait pourtant six pieds quatre pouces, avait les doigts trop petits. Quant à moi, je devais y glisser deux doigts à la fois pour espérer le porter le temps de la cérémonie. Je le rendis donc à ma tante Cécile.

Trois ans après notre union, je n'avais toujours pas de bague…

Elle arriva pourtant, un jour de Noël, dans un écrin de velours.

L'enterrement de vie de garçon

C'était le début du mois d'août, il faisait encore beau à Restigouche et nous habitions pour l'été une minuscule roulotte garée près d'un ancien camp de draveurs converti pour accueillir les artefacts repris à la mer. La coutume voulait que le futur époux ait droit à une soirée initiatique à laquelle seuls les hommes étaient conviés. Souvent, ces soirées secrètes, loin des regards féminins, se terminaient en beuveries ou en tours pendables. Puisque je ne serais pas de cette fête animée, j'avais décidé d'aller retrouver mes parents en Acadie pour préparer la noce.

La veille de l'enterrement de vie de garçon, les amis de Robert décidèrent, pour lui jouer un tour, de le kidnapper. Lui et sa roulotte. Lui dans sa roulotte. Au beau milieu de la nuit, alors qu'il dormait à poings fermés, ils ont vissé porte et fenêtres pour qu'il ne puisse pas s'échapper, puis ils ont attaché la roulotte à un vieux pick-up et l'ont traînée dans la montagne, jusque sur les hauts plateaux de la Gaspésie, et l'ont enfoncée dans les bois. L'idée était de lui donner une bonne frousse et de venir le récupérer le lendemain pour le conduire à la fête dans sa prison mobile.

Mais Robert, disposant d'un canif, réussit à percer la bouche d'aération du véhicule et à s'en extirper par le toit. Une fois dehors, il marcha longtemps, jusqu'à la première habitation. On lui offrit à boire et il raconta sa mésaventure. Tout de suite, les braves gens qui l'avaient accueilli lui firent remarquer que, dans ces conditions, il ne restait plus qu'une chose à faire : leur jouer un meilleur tour !

Ils repartirent tous ensemble, retrouvèrent la roulotte au milieu des bois, la halèrent jusqu'à la grange des bons Samaritains et la couvrirent de foin. La roulotte ainsi dissimulée, et Robert bien à l'abri dans leur maison, ils attendirent.

Le lendemain, les amis revenus chercher Robert et sa roulotte ne les trouvèrent point... Ils fouillèrent les bois pendant des heures et des heures, en se demandant comment ils avaient pu perdre une roulotte ! Quand ils ont compris qu'ils ne la retrouveraient pas, ils sont redescendus, tout penauds, pour annoncer aux invités de la fête que Robert avait disparu ! Et que c'était leur faute. Ils étaient contrits. Et pendant qu'ils se lamentaient et se demandaient ce qu'ils devaient faire, Robert arriva, frais et dispos, chez notre ami Fernand, ignorant que c'est là que la fête devait avoir lieu. Il y trouva ses ravisseurs ahuris. Complètement déroutés et se perdant en conjectures sur la manière dont il avait pu se tirer d'un tel pétrin. Comme tout bon joueur de tour, sa réponse se résuma en un grand éclat de rire !

Quant à moi, qui avais toujours imaginé le mariage comme une réjouissance, je me demandais quel péril y menaçait l'homme au point qu'on devait l'y préparer par de telles épreuves ! J'en étais *ébarrouie* !

Mon mariage

Le 15 août 1970, jour de la fête des Acadiens, sous un soleil radieux, j'attendais, dans la chapelle de l'Université de Moncton, l'arrivée de mon fiancé. Les invités, tous de la famille, avaient pris place dans les rangées d'en avant. Le père Sylvio Doiron, cousin de ma mère, présent pour célébrer cette union, marchait de long en large pour oublier sa nervosité, sachant que dans la chapelle il y avait bien une future épousée et son père, mais de mari, il n'y en avait point…

Au bout d'un long moment, les invités commencèrent à remuer sur eux-mêmes pour oublier l'inconfort d'une station prolongée sur les banquettes de bois blond. Le père Doiron, pour les faire patienter sans doute, s'affairait à déplacer, puis à replacer sur l'autel les fleurs coupées et les objets sacrés. Mon Robert, lui, ne se pointait toujours pas.

Après une quinzaine de minutes de ce suspense, j'abandonnai mon père dans la chapelle et je partis moi-même à sa recherche. Quand je l'aperçus enfin, il était tout sourire dans son habit du dimanche, une fleur à la boutonnière, buvant tranquillement une bière avec un ami ! Encore une fois, il avait oublié l'heure et devisait joyeusement.

À ma vue, il se rappela soudainement qu'il se mariait ce jour-là ! Je glissai rapidement le jonc de ma grand-mère dans la poche de son veston et je l'entraînai vers la chapelle. Après que le père Doiron nous eut unis pour le meilleur et pour le pire, il retrouva fort heureusement l'anneau de ma grand-mère qu'il passa avec précaution à mon annulaire. Mais voilà que, pour que cet anneau de géante puisse se maintenir à mon doigt sans tomber, je devais croiser sagement les mains afin que mon annulaire s'appuie sur le dessus de la main opposée.

J'aurais aimé que ce moment tant espéré soit fixé sur pellicule dans toute son intensité. Mais, puisque nos deux familles regorgeaient de photographes munis de Canon et de Leica, nous n'avions pas retenu les services d'un professionnel ; et la famille, sans doute distraite par le cours inhabituel des événements, a omis de prendre de belles photos. Il n'y aura donc pas d'album souvenir, mais seulement quelques clichés Polaroid montrant les époux de loin, assis sur le sol au milieu du salon maternel, déballant des cadeaux dans un désordre colossal!

Après le repas de fruits de mer et de homards, ayant rendu le jonc de ma grand-mère à ma tante Cécile, il ne me restait plus qu'à espérer un beau voyage de noces...

Le voyage de noces

Mon mari tout neuf conduisait une Porsche un peu ancienne, mais très belle. Juste assez romantique pour un voyage de noces. Le repas terminé, les au revoir distribués, je saisis ma petite valise de jeune épousée et me précipitai dehors, tant j'avais hâte de partir et de me retrouver seule avec lui. Mais, dehors, la Porsche avait disparu!...

Robert, constatant au cours du banquet nuptial que son frère et sa belle-sœur n'avaient jamais parcouru le *Cabot Trail* en Nouvelle-Écosse, et considérant qu'il était inconcevable de ne pas connaître une telle beauté, leur avait prêté la voiture! Juste comme ça, sur un élan du cœur. Et les deux étaient partis pour un second voyage de noces dans notre beau carrosse! «Mais nous, qu'est-ce que nous allons faire?» demandai-je à Robert. «Eh bien, me répondit-il, nous allons prendre la place de mon frère et de ma belle-sœur dans la voiture de mes parents!» Ça lui semblait la chose la plus naturelle du monde! Nous sommes donc montés à bord de la voiture, entre son père, sa mère, son frère, sa sœur, le p'tit dernier et le chien colley! «Et où allons-nous, comme ça?» lui demandai-je, coincée dans la voiture. Robert me répondit: «J'ai loué un chalet à Charlo, au bord de la mer.» Très bien, me dis-je, il n'y aura que le voyage qui sera un peu difficile.

Après trois heures de route, planté sur le bord de la mer, le chalet était IMMENSE! «Pourquoi, si grand?» lui demandai-je. Je n'avais pas encore compris qu'il avait choisi un lieu assez vaste pour nous accueillir avec père, mère, frère, sœur, oncles, tantes et toute la parenté qui viendrait nous rejoindre, sans compter les amis et les chiens!

Heureusement, Robert avait trouvé un voilier, un 420 très rapide qui nous menait tous les jours à l'île aux Hérons, où nous pique-niquions de coques au milieu des goélands. La parenté était très drôle et on a beaucoup ri. Mais la parenthèse me laissait sans voix.

J'avais beau être très amoureuse, un mariage sans alliance, une cérémonie sans photos et un voyage de noces en famille me semblaient un peu hors de propos... Nous étions-nous épousés, ou avions-nous marié deux clans?

Octobre 70

Octobre 70. À Montréal, le diplomate James Cross a été enlevé par une cellule du FLQ. Très loin de ces actualités politiques, j'habite dans la réserve indienne des Micmacs à Restigouche. Ce jour-là, je dois aller chanter à Chicago. L'avion qui doit m'y emmener part de Charlo, au Nouveau-Brunswick. Il fait déjà très froid là-bas. Robert conduit ma toute nouvelle voiture, une Volkswagen style minifourgonnette, d'un rouge éblouissant. La terre est recouverte de neige et la rivière Restigouche est glacée. Il y a des ceintures de sécurité. Une innovation ! Je me dis que nous devrions les essayer. Et nous les bouclons. Quel confort ! Et tout cet espace de rangement ! Pour la tournée, ce sera formidable ! Robert s'intéresse plutôt à la puissance du moteur, dont il m'explique le mécanisme.

Soudain, devant nous s'amorce un virage imprévu. La voiture, patinant sur la route glacée, ne répond plus ni aux freins ni aux coups de volant, qui semblent au contraire lui faire gagner de la vitesse ! Elle quitte la route et glisse comme un toboggan sur la neige et plonge dans la rivière. Et nous voici, maintenus par nos ceintures toutes neuves, au plafond de la voiture. L'eau pénètre dans l'habitacle. Il se remplit. Des éclats de glace cognent la voiture. Nous sommes là, tête en bas. Impossible de détacher nos ceintures. Nous sommes prisonniers de la voiture et l'eau devient de plus en plus menaçante. Personne ne nous vient en aide. Robert, dans un mouvement désespéré, réussit à débloquer sa ceinture qui le laisse choir sur la tête ! Il se redresse et de son dos me soulève, afin que je puisse aussi déboucler cette ceinture qui me garde prisonnière. Je parviens à quitter la voiture. Constatant qu'il n'y a que la partie avant qui est dans l'eau, Robert parvient à extraire ma guitare solidement retenue à l'arrière. Ouf ! Nous sommes sauvés ! Mais encore faut-il que je chante à Chicago ce soir ! Robert fait stopper une voiture. Le conducteur accepte de nous conduire à l'aéroport de Charlo. Il conduit vite. Le temps presse !

Tandis que nous filons vers Charlo, des résidants qui nous ont vus plonger dans la rivière, puis sortir de l'eau avec une boîte noire et quitter les lieux de l'accident, préviennent la GRC. Nous sommes au Nouveau-Brunswick, mais ma voiture est immatriculée au Québec. Croyant que nous fuyons, les policiers se lancent à nos trousses. Moi, je ne pense qu'à mon spectacle de ce soir et à cet avion que je ne peux pas rater. La GRC se préoccupe plutôt de notre comportement inhabituel et soupçonne une accointance possible avec le FLQ !

Ils nous rattrapent. Nous interrogent. Et je me mets à avoir peur. Peur qu'ils viennent chez nous, à Restigouche, et qu'ils découvrent la dynamite dans le réfrigérateur, bien au frais, entre le poulet et le fromage !... Comment expliquer cela ? Comment dire que Robert utilise de la dynamite pour des fouilles archéologiques et qu'il la conserve dans le réfrigérateur, sans que cela paraisse encore plus louche ?

Heureusement, ils ne sont pas venus chez nous. Et ils m'ont laissée prendre mon avion. Ce soir-là, à Chicago, je me disais que les spectateurs devant moi ne s'imaginaient certainement pas tous les obstacles qu'il m'avait fallu franchir pour leur chanter quelques chants traditionnels auxquels rien n'était advenu depuis des siècles et des siècles...

Le Canada d'ouest en est

C'était ma première tournée canadienne d'un océan à l'autre! Je devais parcourir le pays entier avec vingt mille dollars. Je croyais que c'était une fortune! J'ai échangé ma Volks contre un camion GMC et j'ai engagé deux musiciens. L'agence artistique de Sam Gesser, où travaillait Françoise Chartrand, devait régler tous les détails, programmer toutes les salles et veiller au bon déroulement de la tournée. La première chose que Françoise me dit, c'est que je devais avoir un régisseur qui ferait office de tourneur. Tout de go, elle me proposa son mari. J'ignorais encore que je n'avais aucun besoin de régisseur, les salles étant si rudimentaires que mon pianiste, Daniel Deschênes (qui deviendra plus tard Daniel DeShaime), n'avait rien à transporter. Il devrait se contenter de ce que nous trouverions sur place, piano, orgue ou harmonium; et mon bassiste n'avait que sa basse et moi, ma guitare. J'avais aussi acheté une petite sono que nous transportions et installions nous-mêmes. Quant à l'éclairage, il était la plupart du temps inexistant ou très rudimentaire. Un soir, même, il s'agissait d'une simple ampoule électrique de 100 watts fixée au plafond, d'où tombait une ficelle que je devais moi-même tirer pour éteindre la lumière à la fin des chansons, et pour ensuite la rallumer...

Inutile de dire que les grandes plaines de l'Ouest canadien, en hiver, c'est plus froid que froid, c'est FRETTE! Nous gardions les fenêtres du camion fermées. Les trois gars fumaient. Moi aussi. Je me suis asséché les muqueuses nasales et les sinus. Et je me suis mise à saigner du nez et à tousser chaque fois qu'on mettait le chauffage dans la voiture. Et nous n'étions qu'au mois de janvier!...

Nous dormions dans les YMCA ou chez l'habitant. Je devais assumer toutes les dépenses de la tournée: voyage, cachets, nourriture, commissions, hôtels ou autres modes d'hébergement. À la fin du premier mois, je commençais à ressentir des maux d'estomac que rien n'arrivait à calmer. Ce n'est qu'à Zenon Park, un mois plus tard, que je fis la connaissance de M. Marchildon. Au party qui suivit le spectacle, il entendit parler de mes douleurs et me dit: «Enlevez vos chaussures.» Je les retirai et il commença à me manipuler les pieds...

Curieusement, la douleur diminua, jusqu'à disparaître complètement. Puis il m'offrit un petit livre vert contenant tous les principes et toutes les bases de la réflexologie. L'efficacité de cette technique est étonnante.

Débarrassée de ces douleurs, je poursuivis ma tournée. Plus loin, en Colombie-Britannique, il y avait beaucoup de déserteurs américains qui fuyaient pour ne pas aller se battre au Vietnam. À Victoria, il y en avait même un qui était artiste peintre. Il vivait dans un petit hôtel qui appartenait à une Québécoise et, contre chambre et pension, il peignait les murs de paysages magnifiques. Durant mon spectacle là-bas, il dessina des dizaines de fois mon visage. Tel qu'il me voyait à l'époque et tel qu'il m'imaginait dans un avenir lointain, qui pourrait être maintenant. Il m'offrit un de ces dessins avant de partir pour un très long périple à travers le monde. Par la suite, de chaque ville, il m'envoyait un dessin, un canevas ou une carte postale. Mais toutes les œuvres que je recevais avaient une caractéristique commune : elles avaient une forme oblongue. Il m'écrivait que telle cathédrale, tel château, tel paysage était aussi élancé que moi… Je ne l'ai jamais revu. Mais je sais par ses dessins que c'était un visionnaire et un grand artiste.

Après les quatre premiers mois de tournée dans l'Ouest, il ne me restait plus un sou. En passant à Montréal, j'y ai donc abandonné mon régisseur et mon bassiste. Pour économiser, je fis appel à mon jeune frère Denis et je le chargeai du son et de l'éclairage, lorsqu'il y en avait. Daniel, qui s'ennuyait de sa femme, décida de l'inviter, parce qu'il y avait désormais une place libre. Nous étions à nouveau quatre ! Je n'avais plus d'argent et le produit des contrats de l'Est était déjà dépensé. Que faire ? Il fallait assurer. Et je chantais. Et nous dormions, mon frère et moi, dans la voiture, et Daniel et sa femme, sous la tente.

Un jour de grand vent à Cap Saint-Georges, à Terre-Neuve, je demandai aux organisateurs s'ils connaissaient un endroit où nous pourrions dormir à l'abri. On nous offrit une minuscule cabane de bois rond, sans eau, sans chauffage et sans électricité, perchée sur le haut d'un cap, au-dessus de la mer. Pendant la nuit, des jeunes, venus pour nous effrayer, tapaient à coups de bâton sur la cabane. Plutôt que d'avoir peur, nous sommes sortis de la cabane pour parler avec eux. L'un d'eux savait jouer de l'accordéon et, découvrant que nous étions musiciens, décida de nous inviter à les accompagner à la pêche le lendemain matin.

Nous aimions la mer et nous avions faim. Premier obstacle : le cap était si abrupt que seule une chèvre de montagne aurait pu s'y sentir à l'aise. Nous descendions péniblement en nous accrochant à la paroi sous le rire amusé de nos nouveaux amis. L'embarcation était un petit bateau de bois muni de rames. La mer au large était houleuse. Nous nous sentions vaciller sur notre coquille de noix. Les jeunes pêchaient à la turlute, un jeu d'hameçons pour *d'jigger* des encornets, sortes de petits calmars blancs. On les a cuits et mangés sur la grève. C'était délicieux.

Les autres jours, nous nous rendions sur les quais lorsque les pêcheurs arrivaient au port, les bateaux remplis de morues. Ils lançaient les poissons sur les quais pour les *édjiber* et ils rejetaient les foies. Nous plongions les mains jusqu'aux coudes dans la tripaille pour récupérer ces fameux morceaux que, semble-t-il, nous étions les seuls à apprécier. Quelquefois, on s'offrait même le luxe de se payer un pain pour y étaler notre onctueuse capture.

À la fin du mois d'août, ce périple était terminé. Je n'avais rien gagné et la tournée m'avait coûté quatre mille dollars, malgré tous mes efforts pour économiser.

Qu'importe ? J'y ai fait fortune de rencontres, de lieux, de paysages, de saveurs et de chaleur humaine. Sans compter tous ces langages que l'on parlait encore. Ainsi, en Nouvelle-Écosse, à certains endroits coupés de tout, on avait conservé un vieux français sans aucun anglicisme. Une langue pure et belle dont je ne comprenais pas tout, en raison d'un vocabulaire très particulier. L'accent oscillait entre le Berry et le Poitou. Cette très belle et très vieille langue française chante encore à mes oreilles, et rien que pour l'entendre encore, j'aurais repris la route.

Mais il fallait rentrer. Et tout ce que je pouvais ramener de ces six mois de travail, c'était mon petit frère allongé à l'arrière de la camionnette, le visage et les yeux jaunes, parce qu'il avait pris la jaunisse d'un infortuné compagnon de paillasse…

Chez les Celtes

À l'automne de 1971, les directeurs de festivals de folk m'ayant recommandée à nouveau, on me proposa une série de spectacles en Irlande et en Angleterre.

Je crois bien avoir exploré presque toutes les criques des côtes ouest et est de l'Irlande au cours de cette tournée commencée à Dublin! Celles de la mer d'Irlande, puis de la mer Celtique, et enfin celles de l'Atlantique Nord qui baigne Galway. Que les salles soient grandes ou petites, sur scène, mis à part ma guitare, j'étais seule. Sur la route, ma sœur Bernice voyageait avec moi dans une petite voiture louée qui avait peine à nous contenir toutes les deux, et où ma guitare semblait occuper tout l'espace.

Des routes étroites, accidentées et sinueuses nous conduisaient de Dublin à Cork, ou de Cork à Waterford, ou de Waterford à Kilkenny... Pour ne pas nous priver de la mer, nous empruntions tous les chemins qui y menaient. L'air était vif et froid. Dans les endroits où nous logions, on brûlait de la tourbe pour donner un peu de chaleur à la cuisine, et à l'heure de dormir on utilisait une sorte de grande poêle munie d'un couvercle dans laquelle on plaçait de cette tourbe brûlante. À l'aide d'un manche très long, on poussait cet instrument entre les draps pour en retirer l'humidité et leur conférer un peu de chaleur afin que le corps puisse consentir à s'y allonger.

On se nourrissait de plats à base de mouton, qui avaient un fort goût de laine. Impossible d'obtenir un verre de lait, à moins qu'il ne soit chaud et caillé. Une autre fois, invitées à nous rendre chez un Irlandais dont la fille avait pendant la guerre épousé un Acadien, on nous demande si nous avons faim. À ma réponse affirmative, le vieil homme se dirige tout droit vers le mur où était accrochée une tête de cochon. De sa ceinture, il tire un couteau, découpe l'oreille du cochon et la pose à plat devant moi, sur une table sans nappe. Au second coup de couteau, ma sœur a droit au museau! La répugnance surmontée, nous nous sommes attaquées à l'oreille et au museau, qui en définitive avaient un goût délicieux de jambon fumé.

Je ne sais plus si c'est là que nous avons entendu parler de la pierre de Blarney, mais on prétendait, chez les anciens Celtes, que cette roche détenait le pouvoir magique d'accorder le don de l'éloquence à quiconque pouvait l'atteindre et l'embrasser la tête renversée. Ma sœur souhaitant bénéficier des vertus de ce don précieux, nous avons mis le cap sur Blarney. Là-bas, se dressait devant nous un sinistre château délabré que seuls les oiseaux semblaient visiter dans un survol rapide et furtif. Il n'y avait personne, sauf nous. Le toit de l'édifice s'était écroulé, mais un escalier de pierre permettait de monter jusqu'au dernier étage. C'est là qu'une étroite passerelle suspendue au-dessus du vide menait à la pierre capable de troquer l'éloquence contre un baiser. J'ai tenu ma sœur par les pieds, le temps qu'elle accomplisse le rituel. L'opération était très risquée et pouvait se solder par une chute d'une trentaine de mètres. N'étant ni superstitieuse ni intrépide, j'ai renoncé pour ma part à accomplir un tel exploit. Le froid ici encore plus cinglant et l'humidité plus pénétrante que dans la vallée, il n'a suffi que de quelques heures pour que ma sœur tombe malade. L'hôpital tenu par des religieuses irlandaises lui refusa l'hospitalité et l'envoya chez un médecin qui tenta d'en abuser. Peut-être aurait-elle dû embrasser la pierre la tête à l'endroit, qui sait? Ne connaissant rien à l'occultisme, je ne saurais répondre à cette question. Mais, ce que j'ai pu constater, c'est que ma sœur, sous l'effet d'un mal de gorge soudain et virulent, était pour l'instant aphone, ce qui la privait de toute éloquence…

À Waterford, je ne sais pas pour quelle raison, la société du même nom a tenu à me recevoir officiellement. Ce qui m'a permis d'assister au travail admirable des souffleurs et des coupeurs de verre. Plus loin, à Kilkenny, se trouve le château des Butler. Immense et fier bâtiment de ces Botteler venue de Flandres avec Guillaume le Conquérant, ce guerrier normand qui a conquis toutes les îles britanniques et irlandaises. À travers les siècles, ils ont adopté les patronymes de Botteler, Bottelier, Baudelaire et Butler. Cela était significatif pour moi qui ignorais encore ma véritable identité.

Le soir après les spectacles, je me réfugiais dans les pubs. La broue de la bière était si épaisse et si drue que si j'y dessinais la première lettre de mon nom, je pouvais boire toute ma chope sans que cette lettre ne s'efface... Dans ces pubs, il y avait toujours de la musique. On y entendait surtout de la cornemuse irlandaise, appelée *uilleann pipes*, un instrument possédant un soufflet qui, placé sous le bras du musicien, permet à l'air d'alimenter la cornemuse sans qu'il soit nécessaire d'utiliser la bouche, ce qui rend possible le fait d'en jouer et de chanter en même temps. Le souffle de la cornemuse, accordé à la voix du chanteur, rendait les ballades irlandaises tristes et nostalgiques, très en accord avec mon état d'âme au cours de cette tournée.

En Irlande, je n'ai pas trouvé les repères que j'espérais. En dehors des spectacles, où l'accueil était chaleureux, les contacts humains étaient difficiles. Quelque chose de la rudesse du climat et de l'austérité du paysage semblait avoir marqué les Irlandais, surtout ceux qui vivaient loin des grandes villes. En tout cas, je m'y sentais plus étrangère que je ne l'avais été au Japon. Un mois plus tard, j'étais heureuse de me retrouver en Angleterre, où chacun m'appelait «Love» et m'offrait petits fours et gâteaux pour agrémenter l'*afternoon tea*, cet agréable coq-à-l'âne, entre le jour et la nuit. Le reste de la tournée ne démentit pas l'accueil que me réservait les Anglais. Ils désamorçaient les difficultés et enjolivaient mon séjour à l'aide de la même tactique : un sens de l'humour à toute épreuve, affûté et imparable !

La maison de Restigouche

Après tout un hiver passé dans une roulotte exiguë, Robert a loué une vieille ferme centenaire depuis longtemps abandonnée. Dans une des chambres de l'étage, une colonie de souris semblait s'être installée à demeure et n'en sortait que la nuit, si par inadvertance il nous arrivait d'ouvrir la porte. Cela n'a jamais posé de problèmes majeurs, si on excepte une soirée où un ami, ignorant ce qui se cachait derrière, entrouvrit la porte et les effraya. Affolées, elles dévalèrent toutes ensemble l'escalier qui menait au salon. Il y en avait des dizaines et des dizaines ! Ma sœur Bernice, qui aspirait tranquillement un peu de marie-jeanne au bas des marches, se croyant la proie d'une hallucination, s'étouffa presque à la vue de cette cohorte désordonnée, aussi improbable que grouillante. Ce qui déclencha chez moi une hilarité irrépressible !

Autour de la maison, il y avait des champs, des forêts et un marais. Les ours nous entouraient et représentaient une menace constante. Pour qu'ils ne s'aventurent pas à se nourrir à même nos déchets, il fallait s'assurer de brûler tout reste de nourriture. On utilisait pour ce faire de grands tonneaux de métal. Un jour, sous le coup d'une émotion quelconque, j'ai confondu le kérosène et le pétrole, et jeté l'essence et l'allumette au milieu du baril pour y mettre le feu. L'explosion m'a projetée haut dans les airs et tous les déchets avec moi. J'ai atterri cinq mètres plus loin, les cheveux épars et roussis. Le feu m'avait brûlé l'avant-bras avec une telle violence que la cicatrice n'est jamais tout à fait disparue.

Mais j'appréciais de vivre enfin avec Robert dans une «vraie» maison. Peu m'importait que celle-ci soit un peu délabrée. Il y avait beaucoup d'outils à la ferme et je me mis dans la tête que je saurais bien la réparer. Tout à mon enthousiasme, je recueillis une chienne affamée et j'achetai les deux chevaux de mon cousin. La jument était une magnifique palomino. L'autre, son petit, était un revêche étalon de type *quarter horse*. Sa robe était aussi noire que l'ébène et sa crinière frisée serré, comme si on l'eût permanentée. Évidemment, j'ignorais l'ampleur de la tâche que l'entretien de ces deux équidés allait représenter !

J'ai dû faire appel à un voisin pour s'occuper de l'écurie et me remplacer lorsque je devais m'absenter. Comme je donnais de plus en plus de spectacles, je suis devenue une étrangère pour mes chevaux, lesquels avaient adopté pour unique maître le soigneur, qui possédait, lui, les connaissances et l'adresse d'un véritable lad. Lorsque je rentrais de mes périples, j'étais, auprès d'eux, dépourvue de toute autorité. Le jeune étalon faisait des avances à la jument qui le repoussait. Frustré, il s'en prenait à moi. Et dans la course qui suivait, il était le plus rapide. Un jour, il a pris mon bras entre ses dents et l'a tiré tellement fort que je croyais qu'il allait l'arracher! Une autre fois, j'ai dû me réfugier sur le toit de la voiture, jusqu'à ce que Robert accoure et assène un solide coup de poing entre les deux yeux de l'animal pour venir à bout de son assiduité menaçante. Quant à la jument, qui avait horreur de toute direction contraire à celle de la maison, il était impossible de l'inciter à dépasser le trot quand elle consentait à une promenade à travers champs, alors que sur le chemin du retour, elle s'emballait et me ramenait au grand galop!

Malgré ces quelques mésaventures, la vie à Restigouche ressemblait à celle que j'avais toujours souhaitée. Il y avait de la terre, de la forêt, une rivière pas trop loin, la ferme où je m'étais fait un nid, un mari qui le soir racontait ses découvertes, et le clan familial, jamais très loin. D'autant plus que la rivière Restigouche regorgeait de saumons et ma famille, de pêcheurs.

Quand j'y pense, j'entends encore le rire clair, sonore et interminable de ma grand-mère Godin observant un pêcheur amateur, tentant de remonter un de ces énormes saumons. Le poisson frétillait avec une telle frénésie qu'il fit culbuter le pêcheur hors de la chaloupe. Celui-ci n'eut pas le réflexe d'abandonner sa canne à pêche et c'est le saumon, qu'il croyait avoir piégé, qui l'entraînait, tête première, dans la rivière. C'est le genre de situation concrète et inusitée qui la mettait en joie.

Et je me revois, poussant dans quelques centimètres d'eau le canot de ma mère dans le marais, où elle chassait la truite à la lèche et faisait mouche à tout coup, emplissant la frêle embarcation de ses prises remuantes et mirifiques.

Quand ce n'était pas la famille qui venait nous visiter, c'étaient les amis. Et Robert en avait beaucoup. Même si les Indiens d'alentour crevaient nos pneus durant le jour, on ne s'en offusquait pas et le grand chef Metallic était souvent un invité de marque aux soirées musicales que l'on tenait dans le salon.

Je chantais, jouais de l'accordéon et du piano, entourée de qui voulait bien m'accompagner. C'est au cours d'une de ces soirées enlevante, alors que les invités dansaient gigues et quadrilles, que j'ai assisté, stupéfaite, au dernier tournoiement d'un danseur, qui perdit le souffle tandis qu'il pivotait sur lui-même, passant de vie à trépas en souriant... J'ai mis bien des années pourtant à concevoir que c'était là une fuite en douce dans une mort rêvée !

Depuis, chaque fois que je redescends dans cette région, je fais un grand détour pour apercevoir la maison de Restigouche, comme si sa contemplation avait le pouvoir magique de raviver dans mon esprit oublieux, quelques-uns de ces souvenirs ébouriffants.

Chez les pirous

Depuis l'adolescence, j'étais une chasseuse aguerrie. Je savais manier le fusil, fabriquer des pièges et tendre des collets. Souvent, je les posais dans le pays des pirous. C'était une forêt derrière la P'tite Potée, en bas de Paquetville. Mon grand-père disait que les pirous y vivaient et que c'étaient des bêtes magnifiques! Des lièvres géants aux oreilles longues et pointues, qui pouvaient se tenir debout sur leurs pattes arrière, et qu'alors ils étaient plus grands que les humains! Un matin, très tôt, avant la tournée des renards qui auraient pu s'emparer de mes proies, je chaussai mes raquettes et marchai dans les bois pour relever mes collets chez les pirous.

À chacun des deux premiers licous, je trouvai un lièvre gelé. Au troisième arrêt, un lièvre toujours vivant, ayant sans doute appris que devant la menace d'une bête plus féroce il fallait faire le mort, ne remuait pas. Mais il était tout chaud et ses yeux étaient grand ouverts. Je desserrai lentement l'étreinte qui l'emprisonnait et, libéré de son carcan, je le soulevai par les oreilles pour l'emmener à la maison, dans l'espoir que quelqu'un l'achèverait.

En cours de route, l'inconfort des raquettes et le poids des deux autres lièvres que je portais dans la main gauche m'obligèrent à faire une pause. Assis devant moi, mon lièvre râlait un peu et se soulevait doucement. « Toi, t'a pas envie de mourir! » lui dis-je. Comme si cette affirmation avait déclenché en lui un déclic guérisseur, il a pris de la vigueur et s'est mis à courir. Puis, se ravisant, il s'est arrêté tout net, s'est retourné vers moi et m'a regardée. Longtemps. Profondément. Ses yeux noirs rivés aux miens. Son regard était si expressif qu'un moment j'ai eu l'impression d'être en symbiose avec lui. De ressentir sa douleur. Son incrédulité et même… sa gratitude… J'ai crié : « Va-t'en! Va-t'en! Sauve-toi! » J'ai même prié le dieu des pirous! Alors, comme miraculé, il s'est mis à courir, jusqu'à disparaître entre les grands sapins et les épinettes vertes.

J'ai beaucoup pleuré. Puis j'ai retiré tous mes collets et tous mes pièges. Jamais plus je ne tuerais un être vivant. Je le lui ai promis. À lui et au dieu des pirous. Et je n'ai plus jamais armé un fusil ou tendu un collet. Ce lièvre a ouvert en moi une nouvelle conscience du vivant. Et l'absolue certitude de n'être qu'un mammifère parmi tant d'autres. Alors, pourquoi ?

La petite bête fragile et presque blanche en hiver avait causé un séisme dans ma conscience et dans mon cœur.

Et le choc demeure. Indélébile. Même très loin du pays des pirous.

Connaissez-vous cet homme ?

Automne 1972. «Connaissez-vous cet homme?» Celui qui venait de sonner à la porte brandissait devant moi l'insigne de la Gendarmerie royale du Canada. La photo qu'il me tendait montrait un jeune Japonais au crâne rasé. «Non», lui-dis-je. «Pourtant, on vous a vue avec lui», insista mon interlocuteur. Devant mon silence qu'il prit pour un refus de collaborer, il ajouta: «C'était l'année dernière.» Et soudain, malgré l'angoisse qui m'envahissait, je me suis souvenue d'une soirée où j'étais allée entendre Gilles Vigneault au Patriote, en compagnie d'un ami et d'un Japonais que cet ami avait connu à l'ambassade le jour même. «Qu'a-t-il fait?» demandai-je au policier. «Avec deux autres Japonais, il a attaqué à la mitraillette les passagers d'un vol d'Air France à l'aéroport de Tel-Aviv. Ils ont tiré au hasard sur les voyageurs qui attendaient leurs bagages. Ils en ont tué vingt-six et blessé soixante-douze. Après s'être fait hara-kiri, les autres terroristes sont morts, mais celui-ci, bien que blessé, a survécu. Dites-nous ce que vous savez de lui et pourquoi vous le fréquentiez.» Je tentais d'expliquer que je ne le connaissais pas, que je n'avais passé qu'une soirée en sa compagnie, et que tout ce que je savais de lui, c'est qu'il avait de beaux cheveux noirs et abondants, qu'il était gentil, jeune, sensible et attentif. Il m'avait même apporté un *obento*, sorte de petit panier contenant des bouchées de riz assaisonnées.

L'inspecteur m'interrompit: «Vous étiez bien au Japon en 1970?

— Oui, bien sûr.

— C'est là-bas que vous l'avez connu?

— Non. Je l'ai rencontré seulement cette fois où l'on m'a vue avec lui.»

Il ne me croyait pas et moi je comprenais que j'étais suivie depuis longtemps. Et qu'il me soupçonnait d'être le contact de ce terroriste au Canada. «Tentez de vous souvenir, mademoiselle, je reviendrai vous interroger plus tard.»

Dès qu'il eut tourné les talons, je m'affolai. Je commençai à me renseigner sur le massacre de l'aéroport de Tel-Aviv et sur ses auteurs. C'est alors que je découvris avec stupéfaction que ce terroriste avait, avec les mêmes compagnons, détourné vers la Corée du Nord l'avion que je devais prendre pour effectuer le trajet Osaka-Nagasaki en mars 1970. Ce jour-là, j'étais arrivée quelques minutes trop tard à l'aéroport d'Osaka, Robert ayant tardé à boucler sa valise. J'étais furieuse. Jusqu'au moment où, tentant de me trouver un autre vol dans cet aéroport très achalandé, je vis un attroupement se former devant les écrans. Le vol avait été détourné par des samouraïs !

C'était déjà une aventure en soi, mais l'idée que ce terroriste avait été une première fois sur ma route et que je l'avais retrouvé sans le savoir, à Montréal, m'apparaissait hautement improbable. Cela m'effrayait un peu, comme si le destin voulait absolument le mettre sur ma route.

Évidemment, je n'ai rien dit de tout cela aux policiers de la GRC. Je craignais qu'ils ne me croient pas et que ces circonstances troublantes les convainquent encore plus de mon affiliation avec lui.

La seule fois où j'ai osé en parler, c'était à un dîner à Rideau Hall. J'étais assise près de Miyuki Tanobe, une peintre d'origine japonaise. Quand j'ai terminé mon histoire, elle m'a dit : « J'ai suivi cela dans les journaux. Hier, justement, j'ai lu qu'il sera libéré d'un jour à l'autre… »

Je me suis tue à nouveau. Je songeais que le hasard insistant, qui avait placé cet homme sur ma route, échappait aux probabilités ordinaires autant que de tirer deux fois le gros lot… J'avoue que, depuis lors, j'ai tendance à me méfier des inconnus. Et, s'ils sont Japonais, à les scruter de près. Juste au cas où mon samouraï réapparaîtrait sous une nouvelle chevelure…

Un pur plaisir

Dans l'univers anglophone où je baignais à l'origine, mes premiers mots ont été : « Doodle, doodle. » Ils glissaient chauds et ronds dans ma bouche et je les répétais à cœur de journée. Tantôt je les enchaînais avec douceur « doodle, doodle, doodle, doodle », et je croyais ronronner comme mon petit chat. Tantôt ce mot désignait indistinctement « père », « mère », « faim » ou « soif ». Et le miracle s'accomplissait. C'était un mot passe-partout. Un mot sortilège.

Pourtant, au-delà de ce mot quasi providentiel, c'était surtout ce son engouffré dans ma gorge qui me ravissait. Je le babillais joyeusement ou l'expulsais avec rage. Le doux *respire* ou le grand *respire*. Tout était question d'air et d'intention. D'inspire et d'expire. Un bébé sait cela d'instinct. Il s'écoute gazouiller. Et je chantais ainsi pour moi seule.

Je n'ai jamais rien su du chant hormis cette habitude. Et, avec le temps, mes pieds qui s'ancraient dans le sol donnaient une force nouvelle à ma voix. Cette force venait de la terre. Elle montait en moi avec vigueur, dans une cage thoracique enfin totalement ouverte. Pour moi, chanter est un acte physique. Un acte jouissif. Il mêle l'émotion et le souffle. Il permet l'expression intégrale sans les sourdines ou les filtres qu'impose la société. Comme si la mélodie en excusait par avance les excès.

Si la scène fut pour moi difficile à apprivoiser, si au commencement je m'y rendais comme on va à l'échafaud, chanter fut toujours au contraire un pur plaisir.

Le choix

Le président d'une multinationale du disque m'avait invitée à une *garden-party* à son domicile de Toronto. Il n'y avait pas cinquante ou cent personnes, comme je l'avais imaginé, mais une dizaine seulement. De la main droite, il tournait la manivelle de la roue métallique sur laquelle le poulet était embroché. De l'autre, il promenait son verre de blanc dans un va-et-vient incessant tandis qu'il s'adressait à l'un ou à l'autre de ses convives. Quand je me tenais devant lui en lui tendant l'assiette dans laquelle il déposait les saucisses qu'il avait lui-même grillées, il m'inondait de compliments, qu'il soulignait d'un regard insistant. Plus le repas avançait, plus il me trouvait de qualités. La voix, l'allure, le style, tout y passait. « Tu feras une grande carrière, me dit-il, mais pour faire une grande carrière, il faut être gentille, très gentille… » Et je ne l'étais pas. J'ai attrapé mon sac et je suis rentrée à l'hôtel.

Quelques mois plus tard, mon ami Brian Ahern, qui venait d'obtenir un grand succès avec l'album d'Anne Murray, me proposa un contrat. Mais il me fallait chanter tout l'album en anglais ! Mais comment chanter en anglais l'âme d'un peuple que les Anglais avaient chassé et exilé ? Comment rendre les Acadiens fiers de leur langue en leur préférant la langue du conquérant ? Cette culture n'était pas transposable. Je l'aimais. Je lui suis restée fidèle. Et j'ai refusé d'enregistrer en anglais.

Il y a eu d'autres propositions de la sorte. Et j'ai réagi de la même manière. Même quand le producteur de Bette Midler, que je connaissais bien, m'a lui aussi proposé d'enregistrer en anglais. J'ai dit non. Cet entêtement, cette obstination à vouloir accomplir une mission dont personne ne m'avait chargée, relevait du pur idéalisme. Sans doute, mais cela s'inscrivait dans une époque qui chantait l'amour et la paix, dans un monde effervescent où tout semblait possible…

Mon premier album

Curieusement, je n'en ai jamais reçu un seul exemplaire! Et il ne figure pas dans ma discographie. En fait, il a été enregistré à mon insu par la CBC. La société canadienne a utilisé des enregistrements audio d'émissions auxquelles j'avais participé du côté anglophone, et, sans doute pour faire joli, elle y a ajouté des instruments et des cordes, des musiciens et des arrangements.

Une face de cet album était consacrée à Gene MacLellan, tandis que j'occupais l'autre entièrement. C'est au cours d'un voyage dans l'Ouest canadien qu'un admirateur, souhaitant le faire autographier, me le présenta. J'étais choquée! Comment avait-on pu faire cela? Lorsque, au retour, je m'en plaignis, on me dit qu'il s'agissait d'une question de promotion, pour Gene comme pour moi, et que je serais mieux avisée de m'en réjouir plutôt que de me sentir offensée. Il n'y eut ni contrat, ni paiement, ni droits, et après plus de quarante ans j'en attends toujours un exemplaire…

Et je n'ai plus jamais parlé de cet enregistrement, peut-être même a-t-il disparu de toutes les discothèques de la société d'État, qui sait? Et mon deuxième disque est devenu le premier.

Mais si *Avant d'être dépaysée* est devenu mon premier album «officiel», il est loin d'avoir été mon premier enregistrement, puisque, peu après celui que je partageai avec Gene MacLellan, il y eut l'album *Chansons d'Acadie*, produit par Radio-Canada International, et d'autres enregistrements qui figurent sur les albums de *Singalong Jubilee*.

J'ai donc appliqué à ma situation discographique la boutade de mon père, selon laquelle le premier million est trop difficile à gagner, et qu'il vaut mieux dans ces conditions commencer par le deuxième. Et *Avant d'être dépaysée* est devenu *de facto* mon premier album.

Columbia Records Company

Jacques Gagné, le directeur de la maison de disques Columbia à Montréal, avait compris ma démarche et accepté ma cause. J'étais enfin autorisée à chanter en français, et pas uniquement du folklore, mais aussi des chansons écrites pour moi ou par moi, qui me permettaient d'exprimer mon nationalisme acadien.

Ce premier opus officiel s'intitulait *Avant d'être dépaysée*. C'était le titre d'une chanson que Daniel Deschênes, mon pianiste à l'époque, avait écrite pour moi et qui disait :

Si je prends la peine de chanter
C'est pas pour vous dépayser
C'est vos violons c'est votre voix
Qui sont montés du fond de moi

Ces paroles exprimaient tout à fait mon sentiment. J'avais l'impression que de mes racines montait en moi la sève d'un printemps prêt à éclore pour tout un peuple. Et je chantais *On parlera de nous, some day* avec une confiance absolue.

C'est à ce moment que Jacques Gagné, ayant entendu parler de Lise Aubut dans le métier, et particulièrement par un homologue français qui l'avait rencontrée avec l'équipe de Barbara et de Serge Reggiani à Paris, la convoqua pour lui dire que Columbia venait de signer deux artistes francophones et qu'il souhaitait qu'elle puisse prendre en main la carrière au Canada de l'une d'entre elles. Il s'agissait de Catherine Lara, que Lise ne connaissait pas encore, et de moi, qu'elle n'avait encore jamais vue sur scène. M. Gagné l'invita à assister à une de mes séances d'enregistrement. Quand elle est arrivée, j'étais enfermée dans la cabine. Les lumières étaient tamisées. Elle est restée dans un coin de la régie, d'où je ne pouvais pas l'apercevoir. Coutumière de flashes fulgurants, qu'elle qualifiait de visions, elle me vit dès cet instant, non pas telle que j'étais, vêtue d'un jean et d'une chemise à carreaux, mais cheveux dénoués, costume blanc, ceinturon rouge, et juste au-dessus, en lettres brillantes, s'inscrivait : Olympia de Paris. C'est ce qui la décida à devenir mon imprésario.

De mon côté du studio, je continuais à poser ma voix sur les arrangements musicaux d'Yves Lapierre. Ils épousaient toutes les nuances de mes émotions. De la douceur à la révolte, du désarroi à l'espérance, tout en étant percutants et novateurs.

Le photographe choisi par la maison de disques fit le voyage jusqu'à Restigouche pour me prendre en photo, inconfortablement assise sur une pile de bûches qui attendaient l'hiver sous la fenêtre quadrillée de la grange…

C'était le temps de l'authenticité, même pour les maisons de disques.

Une rencontre déterminante

La première fois que j'avais aperçu Lise, c'était au Moncton High School, en 1967 ou 1968. À titre d'agent d'Eva, qui était la vedette de la soirée, elle avait accepté qu'il y ait une première partie à ce spectacle, à la condition expresse que celle-ci soit assurée par un homme. Le contrat a été signé, mais une fois sur place, l'organisateur lui a annoncé que pour la première partie, il avait fait appel à une jeune étudiante. Une fille! Elle ne voulait pas en entendre parler. Le ton montait. L'organisateur a commencé à l'amadouer en disant que cette pauvre étudiante venait de faire douze heures de train pour arriver jusqu'ici... et que... si la salle était remplie, c'était grâce à elle. «Très bien, dit-elle, furieuse. Trois ou quatre chansons devant le rideau, un micro, pas d'éclairage, pas d'accès aux loges, elle restera dans la salle!»

Tout l'après-midi, assise dans la salle, j'avais observé cette petite blonde sur la scène qui réglait les éclairages, s'assurait de la bonne position du piano, de l'emplacement de la guitare, de la qualité du son, de la teneur de la présentation, qui revoyait l'enchaînement des chansons avec André Gagnon venu pour accompagner Eva. Je me suis dis que la soirée serait un défi. Pour moi. Et pour Eva. Bien entendu, j'ai chanté devant le rideau. Un seul micro pour ma voix et ma guitare. Mais j'étais chez moi, en Acadie, et le public m'aimait et en redemandait. Je m'étais engagée à ne pas faire de rappels... Chanter après moi, dans ces conditions, s'est avéré un exercice périlleux.

Lise, tout occupée à distraire Eva pour qu'elle ne fasse pas d'esclandre en écoutant une femme en première partie, ne m'a ni vue, ni entendue, et mon nom n'a même pas été prononcé devant elle... Mais, moi, je m'en souvenais, et son attitude de l'époque, plutôt que de me révulser, avait au contraire soulevé mon admiration. On pouvait donc être petite et blonde et se tenir debout pour défendre ses convictions.

Une autre fois, elle m'avait engagée pour un festival à Baie-Saint-Paul. Incapable de se rendre au spectacle ce soir-là, elle m'avait fixé rendez-vous dans l'après-midi, à Québec, pour régler le cachet.

Comme je parlais très peu, la conversation avait été brève, mais, tandis que je lui signais un reçu, elle avait fait un peu de numérologie, puis m'avait dit : « Curieux… curieux… D'après mes chiffres, on dirait que vous êtes sculpteur… » Là, j'étais franchement un peu intriguée…

De son côté, au moment où parut le film *Les Acadiens de la dispersion*, elle s'est retrouvée, toujours accompagnant Eva, sur le plateau de l'émission *Aujourd'hui*, animée par Michelle Tisseyre. Cette dernière, qui venait d'assister à la projection du film à Moncton, lui a dit qu'il y avait dans celui-ci une chanteuse acadienne nommée Édith Butler, et que c'est de celle-ci qu'elle devrait songer à s'occuper.

La fois suivante, obéissant à son guide spirituel qui, souhaitant m'inviter à prendre un thé à la menthe, lui avait appris que j'étais de passage à Montréal et que je me trouvais à Radio-Canada, elle était arrivée dans le studio où j'enregistrais avec Nicolas Doclin les voix pour une émission de *Tournesol*, que nous venions de tourner en Louisiane. Sans hésiter, comme pour se délivrer au plus vite de cette mission encombrante, elle me transmit l'invitation de son guide. « Qu'est-ce que c'est que ça ! m'étais-je dit. Les gens de la ville sont vraiment bizarres ! » J'ai tout de suite pensé à un piège. Mais il n'en était rien. Chez Lise, il y avait plusieurs personnes, du thé à la menthe, une chaise berçante qui avait tendance à se mêler à la conversation en se mettant à bercer d'elle-même lorsqu'une idée lui plaisait, ou qui, au contraire, demeurerait ostensiblement immobile si la chose ne lui semblait pas pertinente, même si on tentait de la bouger ! Mais tout cela dans une atmosphère des plus sereines… Je n'en revenais pas !

Et voilà que, cette fois-ci, cinq ans après l'épisode du High School de Moncton et de la sortie des *Acadiens de la dispersion*, le destin nous remettait en présence. Pour la cinquième fois. Décidément, il insistait.

Nous étions le 19 janvier 1973. À l'extérieur du studio, le soleil était très chaud et la neige fondait. Dans les rues, des rigoles dégringolaient dans une sorte de printemps hâtif.

Et ma carrière et ma vie ont pris une direction inattendue…

AU COMMENCEMENT...

1. Paquetville, le magasin général de mon grand-père, la maison de pierres et la terre des Butler.

2. Mes parents, Johnny et Lauretta, en 1941.

3. Papa et moi à mon arrivée à Glace Bay, près de Sidney, en Nouvelle-Écosse.

4. Avec mes cousins et mes grands-parents paternels.

5. Chevauchant le tricycle de bois fabriqué par mon père.

6. Ma première rencontre avec un photographe.

1

1. Dès mes 3 ans, papa m'emmenait partout où il le pouvait.

2. En écolière sage.

3. Gardienne de toute ma fratrie : Bernice, Louise, Romain et Denis (dans mes bras).

4. Ma première communion.

5. Avec mon amie Élizabeth, l'incorrigible joueuse de tours.

6. Soirée de bricolage avec mon ami Herman, au grand plaisir de Louise et de Bernice.

MES APPRENTISSAGES

1. La chorale Notre-Dame d'Acadie dirigée par Sœur Lucienne. (Je suis à l'extrême droite de la 1re rangée.)

2. Le cheval qui s'effrayait d'une couleuvre…

3. Ma famille au grand complet: Papa, maman, Denis et moi sur le divan et, à partir de la gauche, Bernice, Louise et Romain.

4. Découvrant l'accordéon acheté par catalogue.

5. Enfin, le baccalauréat ès arts sur lequel reposaient tous mes espoirs…

1. Ma première émission de radio.

2. Au temps où chanter pieds nus était révolutionnaire.

3. Mariposa Folk Festival, Toronto, au milieu des années 1960.

4. Un des nombreux festivals folk des États-Unis, au début des années 1970.

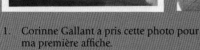

1. Corinne Gallant a pris cette photo pour ma première affiche.

2. Allez savoir pourquoi, le filet de pêche servait de décor dans la plupart des boîtes à chansons des années 1960 !

3. À l'université, on discutait sérieusement de musique et d'ethnologie sous l'œil attentif de Robert.

4. Au volant de ma MG Midget, j'arrive au Québec.

5. Chez Gabriel, une boîte à chansons de Caraquet, avec Jean-Pierre Ferland, Charlotte Cormier et les Nigogueux Rosemarie Landry et Jacques Léger à l'extrême droite.

5

1. Keith Spicer, commissaire aux langues officielles, m'écoute défendre la richesse de la langue acadienne.

2. Washington Folk Festival.

3. À la télévision de Radio-Canada, à Montréal, dans les années 1970.

4. Buffalo Folk Festival, 1973.

1973
buffalo
folk
festival

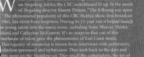

1. John Allan Cameron (ici en duo avec moi pour une émission de CFCF) m'avait rapporté des États-Unis cette guitare Martin douze cordes que j'utilise toujours.

2. Sur le plateau de la populaire émission de la CBC *Singalong Jubilee*, avec l'animateur Bill Langstroth et mon petit frère Denis.

3. Une pochette de disque qui m'est chère, parce qu'elle me rappelle l'atmosphère de partage musical et d'amitié qui régnait à *Singalong Jubilee*. En haut à gauche, Anne Murray ; à sa droite, Catherine McKinnon. À gauche, en bas, l'âme de l'émission, le guitariste aveugle Fred McKenna. Et moi, à droite, en bas.

4. Il y avait aussi, près de moi, le seul Noir de l'émission, qui, ironiquement, s'appelait Lorne White, et Karen Oxley dont la très belle voix nous soutenait dans nos interprétations.

5. Ma première tournée du Canada, de Vancouver à Terre-Neuve. Mon pianiste Daniel Deschênes, le tourneur Pierre Chartrand et le bassiste dont le nom m'échappe…

6. Retrouvailles et conversation confidence avec Anne Murray à Toronto en 1973.

AU JAPON

1. Le pavillon du Canada à l'Exposition universelle de 1970.
2. Le journal *Osaka Shinbun* tout écrit en kanji et la photo où je semble une géante parmi les Japonais de l'époque.
3. Entre mes spectacles, je chantais aussi pour les enfants japonais, tout étonnés de voir une fille si blanche.

AU RETOUR

1. Même en Louisiane, à l'émission *Chez Polycarp*, je me retrouvais sur un bateau, devant l'immanquable filet de pêche…

2. Peindre le poulailler, quelle détente !

3. Mon mariage à la chapelle de l'Université de Moncton, le 15 août 1970, jour de la fête des Acadiens.

4. Avec mon fiancé à Québec.

5. À Restigouche avec deux de mes quinze chiens.

6. Revêtue de mon équipement de plongée sous-marine, à la recherche des vestiges de navires engloutis.

DANS L'ÎLE CHARMANTE

Le seul lieu où je pouvais, quelques semaines par année, abandonner ma guitare, écrire mon journal de bord, sculpter des bonshommes à danser, ou me reposer avec Bogentil Minou, « le seul chat bilingue du Canada »…

DE NOUVELLES EXPÉRIENCES

L'AURORE

100 R. DE RICHELIEU PARIS 2ᵉ · 073.65.00-742.81.54 · FONDATEUR ROBERT LAZURICK

VENDREDI 24 OCTOBRE 1975 · N° 9.682 · 34ᵉ ANNÉE

1,20 FRANC

Une Acadienne à Paris : Edith Butler

1. Mes débuts à Paris en 1973.

2. En 1974, le débardeur aux couleurs du drapeau acadien devient mon costume de scène pour la Place des Arts.

3. En entrevue dans une radio de France, devant une discothèque remplie de microsillons contenant des trésors musicaux.

4. Ah ! Le club de balle de Paquetville ! Quelle fierté !

5. L'inauguration de TV5 en compagnie de Michel Drucker.

Quelle fête pour moi !

1. Le saxophone dont j'ai appris à jouer sous le pont de l'Alma.

2. Sur les bords de la Seine, lieu de prédilection des photographes.

3. Gabriel Deusse, le bonhomme à danser que j'avais sculpté dans l'île, a eu tellement de succès sur scène à Paris qu'un admirateur est venu lui offrir une compagne. Je l'ai baptisée « la p'tite Édith », tellement elle me ressemblait…

4. A l'Olympia, un accueil qui vous réchauffe le cœur.

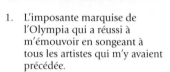

1. L'imposante marquise de l'Olympia qui a réussi à m'émouvoir en songeant à tous les artistes qui m'y avaient précédée.

2. J'avais moi-même fabriqué ce dulcimer, un instrument surtout utilisé dans les Appalaches.

3. Un autre soir de première à l'Olympia, entre Lise et Paulette Coquatrix.

4. Après une première à l'Olympia, dans ma loge avec Charles Aznavour, maman et Fred Mella des Compagnons de la chanson, qui m'offrit par la suite un grand livre de la première traduction française du poème de Longfellow, *Évangéline.*

5. D'autres chanteuses-auteurs-compositeurs venues m'y entendre : Diane Juster, Marie-Paule Belle et Catherine Lara.

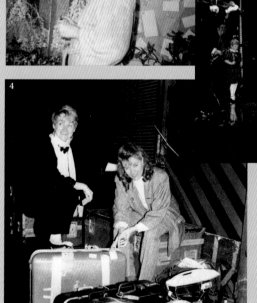

1. Lise et moi, n'en croyant pas nos yeux devant la dimension de l'affiche.

2. Dans la loge, qui n'avait pas encore été refaite à l'identique.

3. Fin de la première partie… YAHOO !

4. Décidément, j'avais le cœur bien gros de quitter l'Olympia après ma première série de récitals…

LA FÊTE À ÉDITH
(Francofolies de Montréal, 1993)

1. Aux harmonicas, Alain Lamontagne et moi tentant de rivaliser avec l'incomparable André Proulx au violon.

2. Un p'tit air de zydeco avec le Cajun Zachary Richard.

3. Un duo-duel folklore contre opéra, avec la soprano Rosemarie Landry, mon amie d'enfance.

1. Pour ma fête, Luc Plamondon a consenti à chanter sur scène avec moi *Ma mère chantait toujours.*

2. Avec Clémence DesRochers, toujours aussi drôle, on s'amuse ferme à interpréter *Vot'ti chien Madame.*

3. La troupe de cette fête exceptionnelle: Geneviève Paris, Alain Lamontagne, Clémence DesRochers, Luc Plamondon, moi, Rosemarie Landry et Zachary Richard.

DE BEAUX MOMENTS

1. Jacques Languirand et son chien près du mont Royal.
2. Un p'tit air d'harmonica pour faire swinguer Viola Léger au Pays de la Sagouine.
3. En toute complicité avec Roch Voisine.
4. Quel bonheur de partager la scène de Nuits d'Afrique avec la grande Sud-Africaine Lorraine Klaasen.

1. Salut, Québec! En 1978, Les Trois Francophonies d'Amérique. Un spectacle électrisant à en perdre le sommeil! Moi, Zachary Richard, Diane Dufresne et Yvon Deschamps.

2. Tendresse avec Jean-Louis Foulquier aux Francofolies de La Rochelle, en 1985.

3. Au cours d'une soirée réjouissante avec Diane Dufresne.

4. Antonine Maillet, mon professeur de littérature devenu le premier auteur canadien lauréat du prix Goncourt.

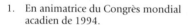

1. En animatrice du Congrès mondial acadien de 1994.

2. Une amitié indéfectible : Luc Plamondon à L'Européen en 2004.

3. Au théâtre, dans la pièce *Le Tintamarre* d'Antonine Maillet, avec, entre autres, Janine Sutto et Viola Léger.

4. La célébration des 25 ans de la télévision française de Radio-Canada, depuis le Colisée de Moncton en 1977.

5. En Louisiane, encore Chez Mulate's, où nous venions écouter de la musique et déguster les « chevrettes », des crevettes sauce piquante.

1. La marquise n'est pas sophistiquée, mais j'ai adoré chanter dans ce théâtre où j'avais l'impression d'être entourée par le public.

2. La photo-journaliste Christine Meyer a fixé sur pellicule le moment où la chanson *Marie Cassie*, grâce à des arrangements très inspirés de Catherine Lara, est passée du folklore au 3e millénaire.

3. Le beau Jean-François Beaudet, un surdoué de la guitare.

4. Avec ma bassiste-choriste devenue depuis la chanteuse Marie-Pierre Arthur

5. Tout de cuir vêtu, le Madelinot Félix Leblanc.

6. En coulisse, le très généreux Hugues Aufray, celui-là même qui, près de vingt ans plus tôt, m'avait prêté sa guitare pour mon premier Olympia.

21

1. Le timbre-poste canadien à mon effigie, émis en 2009.

2. Le gouverneur général Jules Léger me faisant Officier de l'Ordre du Canada en 1975.

3. Entourée de mes parents, je portais la toge distinctive de l'université Acadia pour recevoir mon premier doctorat honorifique en lettres.

4. Chez les Autochtones, entre André Joli-Cœur et le chef Noël St-Aubin, le jour où les Abénakis me nommèrent princesse Matawila, « Le Huard », ou « Celle qui se déplace avec grâce ».

5. Recevant de la gouverneure générale Michaëlle Jean le prix d'excellence des Arts de la scène en 2009.

1. Une conversation intense avec François et Danielle Mitterrand.

2. Serge Savard et moi, le jour où l'Université de Moncton nous décerna à chacun un doctorat honorifique. Le mien était en musique.

3. La gouverneur général Jeanne Sauvé m'a accueillie à Rideau Hall à quelques reprises.

4. Des prix fort décoratifs : Nellie Award, Félix, prix de la Jeune Chanson ; et ces médailles qui me rappellent celles qui ornaient l'uniforme de mon père à la fin de la guerre.

ET MAINTENANT...

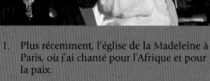

1. Plus récemment, l'église de la Madeleine à Paris, où j'ai chanté pour l'Afrique et pour la paix.

2. Mon retour sur disque après dix ans d'absence.

3. Le Mondial des Cultures de Drummondville célèbre mes 50 ans de carrière sur scène avec Wilfred LeBouthillier, Marie-Jo Thério, Maxime Landry, Jean-François Breau et Laurence Jalbert. Ici, avec Laurence Jalbert et Wilfred LeBouthillier.

Le plan

Au moment de mon association avec Lise, je chantais déjà depuis neuf ans, sans jamais avoir eu l'idée de faire carrière. Lorsqu'on me proposait de me produire quelque part, j'acceptais si j'avais envie d'y aller. Sinon, je refusais sans explication et je ne me posais pas de questions existentielles sur les motifs de ma décision. Je prenais les choses comme elles se présentaient. Et je vivais au jour le jour. Désormais, tout allait être différent. Mon imprésario avait une vision de ce que je devais accomplir. Et elle dressa un plan de carrière qu'elle nomma le Grand Plan. Celui-ci s'échelonnait sur une période de dix ans et se subdivisait en deux plans quinquennaux dont les objectifs étaient précis.

À compter de ce jour, je n'irais plus au gré du vent : les choix seraient fonction du but poursuivi. Le hasard seul devrait abandonner les commandes. Il serait remplacé par une intention bien arrêtée. Une volonté sans faille à maintenir le cap. J'ignore d'où Lise tirait sa vision et je ne savais pas si cette vision-là, déclinée dans un plan, se matérialiserait uniquement à force de travail et de persévérance ou bien, sous l'effet de ces éléments combinés, à ce que l'on appellerait aujourd'hui la « visualisation positive ». Ce qui est sûr, c'est que j'étais engagée sur une voie qui allait me permettre de faire connaître l'Acadie et sa culture comme on répand la bonne nouvelle, et que l'éparpillement allait céder le pas à une structure dynamique et proactive.

Au pays de mes ancêtres

Lorsqu'en septembre 1973, le DC-8 se posa en douceur sur le sol français, la première chose qui attira mon regard, ce furent des dizaines et des dizaines de lièvres semblant sortis de nulle part, courant à vive allure, telle une armée en déroute, et qui, dans leur débandade désordonnée, se répandaient de chaque côté du tarmac... Cette escorte fortuite en valait bien d'autres, et elle me plut.

Curieusement, avant d'atterrir, ce n'était pas à la France que je songeais, mais à mes ancêtres qui l'avaient quittée.

À Paris, mon hôtel était tout près de l'église Saint-Germain-des-Prés, ainsi nommée bien que les prés aient depuis longtemps disparu sous les bâtiments de pierres attachés les uns aux autres... Le jour, un monde fou déambulait sur les trottoirs, mais le soir, tard, rue Grégoire-de-Tours, j'entonnais à pleine voix les chansons du Moyen Âge que nous avions gardées en mémoire pendant si longtemps... *Marguerite au bord du bois* rentrait enfin chez elle. Et toutes les vieilles complaintes reprenaient vie, là où elles l'avaient quittée.

Quant à moi, j'avais des siècles d'histoire à rattraper.

L'adaptation ne fut pas facile. Les Parisiens me semblaient parler à une vitesse affolante ! Ils n'avaient pas le temps de m'expliquer les menus et lorsque, faisant un effort pour vaincre ma timidité, j'osais articuler pour commander mon repas, rien ne se passait. On aurait dit que je n'avais pas ouvert la bouche ! Le temps que je comprenne qu'il me faudrait parler plus haut, plus fort, avec une intonation montante au bout de mes phrases, je me suis souvent contentée du plat du jour, parce que les serveurs me le proposaient et que je n'avais qu'à répondre oui avec un hochement de tête complémentaire pour être enfin servie...

D'un côté ou de l'autre de la grande mare, le sens des mots avait pris parfois des directions différentes. Ainsi, un jour, à l'initiative de l'ambassadeur du Canada à Paris, je me retrouvai dans une réception au Ritz-Carlton. J'eus un choc. Les serveurs portaient perruques blanches, redingotes et broderies d'or. On aurait dit Louis XIV démultiplié ! Ils se baladaient à travers une foule très mondaine, portant haut des plateaux d'argent sur lesquels des coupes, des verres et des flûtes offraient un choix de vin et de champagne. Quand un de ces rois de circonstance me mit sous les yeux le précieux contenu de son plateau en me priant de choisir, je lui demandai en lui désignant un verre : « Y a-t-il de la boisson dedans ? » Il me répondit : « Bien évidemment, madame. » Et dans cet autre, lui demandai-je ? « Oui, madame. » Et ainsi de suite, pour chacun de verres de son plateau. Il me demanda alors : « Que souhaitez-vous, madame ?

— Je voudrais un verre sans boisson.

— Ah ! vous voulez un verre vide, madame ?

— Non, je veux un verre plein, sans boisson dedans. »

L'incompréhension montait en même temps que le ton entre nous. Heureusement, l'ambassadeur est venu à mon secours : « Madame souhaite un breuvage sans alcool. » Et le serveur, bien que soulagé, ne put s'empêcher de maugréer : « Ah ! Fallait l'dire, madame. »

Je me sentais un peu perdue et humiliée. Alors l'ambassadeur, que la chose amusait, constatant qu'on apportait maintenant sur des plateaux encore plus larges des cochonnets entiers, recouverts d'un glaçage blanc sur tout le corps et même sur la tête, mais qui gardaient pourtant l'œil noir et le museau rose, resta un moment près de moi pour m'initier à l'art, nouveau à l'époque, des cocktails dînatoires. « Vous devez tirer sur les bâtonnets », me dit-il en désignant la multitude de cure-dents dont le corps de l'animal était piqué. « Il faut prendre ce qui passe, ajouta-t-il d'un ton sibyllin. N'attendez pas de vous asseoir. En ce moment, on mange debout. Au gré des plats qui circulent… comme nous. C'est la mode. Que voulez-vous… » Comme si le mot « mode » à lui seul était un dictat de conduite indiscutable. Un code inviolable. C'était pour moi une aberration.

Quelques semaines plus tard, à Liège, en Belgique, je commandai depuis ma chambre d'hôtel un petit déjeuner. Une heure plus tard, comme mon repas n'était toujours pas arrivé, j'appelai la réception. Une dame à la voix aigrelette me répondit : « Pour les artistes, nous ne montons pas. Ils descendent ! » Et elle raccrocha. Et je me demandai si de ce côté de l'Atlantique, le fait de chanter faisait de moi une saltimbanque ou une paria. À Bruxelles, on me logeait à la

Pension Marie-Thérèse, où le bidet était accroché à la tête du lit et où la nuit la porte était fermée à clé, de l'extérieur, par Marie-Thérèse elle-même, qui par la suite lâchait les chiens dans les couloirs...

Il me semblait devoir tout réapprendre... Invitée à une émission de radio avec cinq autres artistes, dont Marie-Paule Belle, Serge Lama et les frères Jacques, j'ai attendu pendant les trois heures de diffusion que l'on me pose une question. Elle est venue à la toute fin : « Et vous, quel est votre nom, mademoiselle ? » « Édith Butler. » Eh bien, mademoiselle Butler, nous pourrons parler plus longuement une autre fois. Et l'émission prit fin. Sans que j'aie pu dire quoi que ce soit...

Dans ces premiers jours au pays de mes ancêtres, je ne voyais rien venir de cette relation extraordinaire qui allait naître entre nous. Il a fallu la scène pour que nous sachions l'un et l'autre que l'amour était au rendez-vous. L'émotion a elle aussi des racines profondes.

La porte d'en avant

Difficile aujourd'hui de s'imaginer ces temps pourtant si peu lointains, où l'Acadie n'osait porter son nom et où les Acadiens ne s'approchaient des Anglais qu'à titre de serviteurs. Ils étaient exclus et méfiants envers cet univers de riches prenant le thé et jouant au golf. Ils se rappelaient sans doute aussi ces moments terrifiants où on les avait délogés de force de ces terres qu'ils avaient défrichées, pour les envoyer paître en exil en ayant soin de séparer les familles, tant le mari de la femme que la mère de l'enfant, pour les déraciner à jamais, comme de la mauvaise herbe. Certains avaient réussi à se cacher dans les bois et avaient survécu, souvent grâce à l'aide providentielle des Indiens. D'autres, telle mon arrière-arrière-grand-mère, y ont été poursuivis, puis pendus et éventrés. Comment l'oublier? Comment, sous une apparence tranquille, ne pas ressentir cette douleur? Comment l'évoquer sans pleurer? Comment ne pas entendre, au fond de son cœur, gronder la colère?

J'avais choisi mon combat: ce ne serait pas celui du poing armé, mais celui de l'affirmation. Le choix de relever la tête et de me tenir debout. Le choix d'oser une identité, une appartenance à un pays, à un village qui n'apparaissait sur aucune carte ni sur aucune mappemonde. Ma seule violence se résumerait à la force d'être moi, persuadée que j'étais le portrait fidèle de tous les Acadiens, et que ma voix les exprimerait tous et chacun dans leurs désirs d'être entendus et de partager leur unique trésor collectif: une culture forte, vivante et dynamique. Une culture passée du folklore à la modernité sans perdre la mémoire.

Ce sont les Anglais qui les premiers ont réagi. Ils ont voulu entendre et ils se sont émus du sort de ce peuple dont le destin est si intimement lié à eux, mais qui, pour la plupart, l'ignoraient. Un soir, à Québec, au Petit Champlain, un anglophone est monté sur scène muni d'un énorme drapeau acadien qu'il a déployé devant moi. «Ce qu'on vous a pris, dit-il, j'aimerais vous le rendre.»

Richard Hatfield, alors Premier ministre du Nouveau-Brunswick, avait, quant à lui, eut l'idée de m'inviter pour un tour de chant à l'occasion d'une rencontre des gouverneurs de la Nouvelle-Angleterre et des premiers ministres de l'Est du Canada. L'événement avait lieu à Saint Andrews, sur la baie de Passamaquoddy, cadre somptueux près de la baie de Fundy, où les marées les plus hautes du monde atteignent cinquante cinq pieds deux fois par jour. C'est aussi le fief des loyalistes unis depuis 1863. Un véritable bastion orangiste.

Lorsque je suis descendue à l'hôtel Algonquin, encore très chic et non démocratisé à l'époque, l'attitude peu amène du personnel de la réception envers les francophones m'incita à réduire la tension qui régnait dans le hall en retirant la couverture qui dissimulait mon chat, espérant que ce magnifique tabby gris saurait les attendrir par la magnificence de son regard profond et vert comme le lac Louise. Hélas, on me dit encore plus sèchement que les animaux n'étaient pas admis à l'hôtel. « Mais, protestai-je, cet animal n'est pas un chat comme les autres. Il fait partie du spectacle.

— *What ?*

— Oui, oui, c'est le seul chat bilingue au Canada. Il peut même nommer les premiers ministres. Minou, minou, dis "Lé-ves-que, Lé-ves-que" », dis-je en détachant bien les syllabes pour que le chat les répète après moi.

Évidemment, le chat resta muet. Je tentai d'expliquer la chose par le fait que souvent, hors de la scène, il ne voulait pas performer. « Mais, ce soir, vous verrez, il sera parfait. » Ils étaient si décontenancés qu'ils me laissèrent monter avec lui dans la chambre.

Il y eut vers dix-neuf heures un dîner pour les gouverneurs et les premiers ministres. Mon tour de chant avait lieu entre le dessert et le café. J'avais décidé, malgré le contexte éminemment politique de la réunion, de maintenir mon tour de chant habituel et de ne rien changer à mes propos de revendication et d'affirmation nationale.

Au début, l'atmosphère était plutôt fraîche et René Lévesque, assis à une table à l'arrière, discutait ferme avec des homologues anglophones. Peu à peu, le silence se fit et M. Lévesque vint s'asseoir au premier rang, à une table juste devant moi. Les anglophones se turent aussi. À la fin, ils se sont tous levés pour une longue ovation. J'ai compris que pour que nous existions, il fallait continuer à chanter pour que l'oreille des politiques se tende enfin vers nous.

Pourtant, ce qui m'a bouleversée par-dessus tout dans cette soirée, ce sont les mots de présentation de Richard Hatfield, si précis et si évocateurs de notre histoire.

«Mes amis, voici la première Acadienne à entrer ici par la porte d'en avant.»

Un album introuvable

Au mitan des années 70, CBS France, devenue Sony depuis, était une maison de disques prestigieuse. Elle disposait, sous la gouverne de Robert Toutan et d'Evelyne Langeais, d'une super équipe de promotion. Dès l'annonce de la parution en France de mon premier album, *Avant d'être dépaysée*, on me voyait à la télé, on m'entendait à la radio et on parlait de moi dans les médias écrits. Si bien que mes spectacles au Centre culturel Canadien, qui devaient être des représentations assez confidentielles, donnèrent lieu à une sorte de foire d'empoigne: lorsque la salle fut remplie à pleine capacité, on ouvrit une seconde salle où l'on pouvait assister au spectacle via un circuit fermé de télévision. Malgré l'ajout de cette autre salle, il y avait encore foule à l'extérieur. C'était évidemment le résultat d'une promotion efficace et de grande qualité, dans un univers médiatique beaucoup moins diversifié qu'il ne l'est aujourd'hui. Un univers où la chanson française avait ses lettres de noblesse.

Pour contingenter le public, mon ami Claude, habitué à la foule pour avoir accompagné Jean Marais et d'autres acteurs, s'était posté à l'entrée du centre culturel. Grand, corpulent et jovial, il dégageait tout à la fois fermeté et bonhomie. Puisqu'il s'en tenait à la règle du premier arrivé premier servi, il était respecté. Même ceux qui rouspétaient plus haut que les autres, il avait l'habileté de leur faire accepter la situation. C'était en fait un débordement tout à fait imprévu. Il ne fit qu'une seule exception, pour Françoise Mallet-Joris, un écrivain que je ne connaissais pas encore personnellement, mais elle était très connue et occupait à l'académie Goncourt le siège qui avait été auparavant celui de Colette. Nous étions en France et ce genre de notoriété équivaut à un laissez-passer de la part des autorités autant que d'une acceptation de préséance de la part du public.

Ces quelques spectacles furent électrisants de chaleur humaine. Un accueil inespéré. Pour paraphraser le général de Gaulle, disons que nous nous étions compris.

À la fin du mois, au moment de repartir, je suis allée remercier l'équipe de promotion de CBS et j'ai demandé comment se comportait l'album. Après une heure de recherches, on découvrit que, classé de manière improbable et perdu dans une forêt de numéros, il ne s'était jamais rendu dans les bacs ! Toute cette promotion et ce travail étaient un coup d'épée dans l'eau pour un album introuvable. Et il fallut tout recommencer à zéro.

Le charisme

« Tu as beaucoup de charisme », me dit Lise après un spectacle. « Du charisme ? Qu'est-ce que c'est ? » lui demandai-je. Interloquée que je n'entende rien ni à l'aura ni au magnétisme, elle me dit que, plutôt que de tenter de me l'expliquer, elle allait me le montrer. Elle sortit du bureau, se dirigea à la Place des Arts et se procura deux billets pour un concert de Maria Callas.

Je savais que Lise aimait beaucoup Maria Callas, depuis le jour où, à neuf ans, elle l'avait entendue, par le truchement de la radio, faire ses débuts au MET. Mais moi, quel rapport avec Maria Callas ? Je maugréai et en mon for intérieur je trouvai l'entreprise totalement déplacée. « Tu l'aimeras, me dit-elle, et probablement qu'à la fin de son récital, tu l'ovationneras toi aussi. » « J'te dis qu'elle a besoin d'être bonne pour me faire lever de mon siège », dis-je avec mauvaise humeur.

Le soir du concert, nous étions assises au bord de l'allée, dans l'avant-dernière rangée de la salle Wilfrid-Pelletier. Au milieu de la scène, il n'y avait qu'un immense Steinway noir. Aucun jeu de lumières. Sur le parquet de bois blond de la scène, une tache un peu plus blanche. C'est tout. « Mon Dieu ! Que la soirée sera longue ! » me dis-je. Un pianiste en queue-de-pie vint prendre place sur le tabouret noir. C'était le moment où dans la salle les chuchotements s'atténuent pour laisser place aux raclements de gorge et aux petites toux embarrassées.

Dans le silence qui suivit, Maria Callas surgit de la coulisse. Sous l'attraction irrésistible de je ne sais quelle force invisible, j'étais debout ! Puis toute la salle, qui elle devait savoir pourquoi, se leva à son tour. Teint pâle, cheveux noirs, longue robe rouge, la diva s'est avancée et s'est mise à chanter. J'étais médusée, fascinée comme un papillon devant la lumière !

Maintenant, je l'écoutais. Ses chants m'apprivoisaient. Puccini m'atteignait en plein cœur. Sa musique me bouleversait. Durant l'ovation finale, j'étais debout et je pleurais. Et je ne savais pas si c'était de douleur ou de joie. Mon enthousiasme était à son comble, j'étais euphorique !

Au sortir de la salle, je savais ce qu'était le charisme. J'avais vu de mes yeux sa clarté étincelante et subi de plein fouet son attrait séduisant.

Cette soirée, je la revis à volonté. Elle appartient à mes images d'éternité.

L'Acadie s'marie

Mon premier album « officiel », *Avant d'être dépaysée*, avait connu tout à la fois un succès d'estime et un succès auprès du public. Le deuxième disque est venu un an tout juste après le premier. Jacques Gagné, le directeur de Columbia à Montréal, satisfait du résultat du premier album, mais pas encore prêt à m'appeler « madame », comme il le faisait pour Monique Leyrac ou pour les grandes stars de passage, mais hésitant de plus en plus à me tutoyer, avait confié à Lise la réalisation de ce second opus.

Alors que le premier décrivait nos douleurs à travers *Nos Hommes ont mis la voile*, *Les Berceaux* ou *On parlera de nous some day*, celui-ci changeait de paradigmes.

L'Acadie, timide et bafouée, devenait une Acadie d'ouverture et d'espoir :

> *Ç'a pris si longtemps pour se r'greyer de pays,*
> *Deux cents ans c'est pas d'hier.*
> *Je l'ai promis à mon père*
> *Que je te chanterai :*
> *L'Acadie s'marie*
> *…*
> *On s'est rebâti de maison*
> *Bien plus grand, bien plus beau.*
> *Chez nous ont du bon temps,*
> *Tous les enfants sont hauts,*
> *Nos terres se rendent à l'eau,*
> *On a resemé de nouveau,*
> *On a retrouvé les clefs,*
> *De l'église de Grand-Pré.*

Cette victoire sur les éléments, j'avais envie de la célébrer. *Mais je m'en vais demain* et *Je t'ai retrouvé* exprimaient ces états d'âme. J'étais passé de la nostalgie à la vie. Comme l'Acadie que je chantais.

Au début de mon expérience discographique montréalaise, j'habitais Cantley, dans la Gatineau, au bout d'un escarpement qui surplombait la rivière des Outaouais. La cadence soutenue de mes apparitions à la télévision et à la radio exigea bientôt que je me rapproche du centre de l'action. Mon rythme de vie s'accélérait. Ma vie changeait. Mais ma sauvagerie continuait à me faire préférer la campagne à la ville. Une amie me proposa alors de me prêter une ferme inhabitée dont le terrain servait à héberger une antenne de transmission de la télévision, à Saint-Constant, à quelques kilomètres à peine de Montréal. Cette maison isolée et sans chauffage devint mon pied-à-terre. J'y débarquai au mois de janvier. La neige s'engouffrait sous la porte et, pour obtenir un peu de chaleur le matin, je devais poser les pieds sur le panneau ouvert d'un poêle à bois. Cette rusticité ne me déplaisait pas mais, après quelques mois, un peu plus acclimatée à l'idée de vivre en ville, j'emménageai dans un quartier déjà très ethnique à l'époque, avenue Van Horne à Montréal. Il semblait que l'Acadie ne faisait pas partie des nations qui y étaient représentées. Ainsi, quand je voulus y louer une voiture, on me la refusa. Prétexte : on ne loue pas de voitures aux chanteuses. « Et si c'était Ginette Reno ? » demandai-je. « Eh bien, me répondit-on, on ferait une exception. » Je m'emportai. Ce préjugé envers les artistes, voulant qu'ils ne soient pas solvables, m'attaquait de front. J'étais empourprée de colère. J'élevai la voix. Je défiai mon interlocuteur en lançant toutes mes cartes de crédit, l'une après l'autre, avec force, sur le comptoir qui s'interposait entre lui et moi. Rien n'y fit. Il rageait. M'éclaboussait de son mépris. Mais il ne bronchait pas. Et ne me regardait pas. Furieuse, je sortis en claquant la porte. Quelques mètres plus loin, alors que je marchais pour rentrer chez moi, l'homme sortit de sa boutique, me rattrapa et m'asséna un rude coup de poing au milieu du dos. Je tombai face contre terre.

Décidément, il y aurait encore beaucoup à accomplir avant que Jacques Gagné, considérant que j'aurais enfin gagné mes épaulettes, puisse m'appeler « madame »...

Un cadeau inattendu

Il devait être un peu plus de minuit. Dans la ville quasi endormie, à proximité de la camionnette, Lise et moi, vêtues de gros pulls de laine, placardions les murs de mes affiches pour annoncer deux représentations à la Place des Arts. C'est alors que le critique artistique d'un journal s'approcha. «Ah, oui, fit-il d'un ton songeur, Édith Butler... J'aime beaucoup. Mais c'est la première fois que je vois une équipe de jeunes filles s'atteler à un boulot pareil... Coller des affiches en pleine nuit...» Il fila son chemin sans m'avoir reconnue.

Évidemment, nous n'avions pas les moyens de payer des afficheurs. Nous n'avions d'ailleurs les moyens de presque rien, lorsque Lise décida de louer la Place des Arts pour deux soirs. Selon elle, c'était la seule chose à faire. Nous étions à Montréal et les propriétaires de la boîte à chansons Le Patriote, ardents souverainistes et un brin chauvins, refusaient obstinément de m'engager. Ils avaient dit à Lise, qui n'avait de cesse de les solliciter: «Avec un nom anglais et un accent à couper au couteau, elle n'a aucune chance.» Que faire, alors? Courber la tête? Baisser les bras? Ce n'était pas son style. Ni le mien. Alors, nous nous étions engagées dans cette production et il fallait assurer. On faisait tout. L'affichage, la promo, les négos, la mise en scène... tout. Le pari était énorme. En cas d'échec, on perdait tout. Mais on n'y pensait pas vraiment, trop occupées à prendre les multiples décisions qui s'imposaient.

En tout premier lieu, ce spectacle devait me ressembler tout à fait. Pas de décor, pas d'artifices. Je garderais la tenue de scène que j'avais adoptée depuis quelques années: chemisier de soie blanche, pantalon de jersey bleu à pattes d'éléphant, bottes beiges, débardeur tricoté aux couleurs de l'Acadie: bleu, blanc, rouge, l'étoile jaune posée à la fois dans le bleu et sur mon cœur. Ce costume n'était pas plus sophistiqué que je ne l'étais moi-même, mais il était une partie intégrante de mon message d'affirmation nationale: nous autres, Acadiens, nous existons, nous sommes vivants, et si je prends la peine de chanter, c'est pour que vous le sachiez. Pour que vous nous entendiez.

En première partie du programme, nous avions fait appel au violoniste Jean Carignan, accompagné de l'excellent Gilles Losier, pianiste partiellement aveugle, spécialiste de la tradition et puriste musical. Jean Carignan, lui, était un véritable virtuose du violon et de la gigue. Musicien exceptionnel, il avait déjà été arrêté jusqu'à douze fois dans une même journée pour avoir joué du violon dans les rues. Il devait cependant conduire un taxi pour survivre et, n'ayant pleinement confiance qu'en son instrument, c'est à l'intérieur de celui-ci qu'il cachait son argent enroulé en liasses de cent dollars...

Quant à moi, en plus de ma guitare, une Martin douze cordes que John Allan Cameron m'avait procurée aux États-Unis, cinq musiciens m'accompagnaient. Ma seule fantaisie pour ces grands soirs était mon vieil harmonium, que pour l'occasion nous avions fait monter sur des rails. Au début de la seconde partie, une lampe à l'huile allumée sur un de ses montants, nous glissions, l'harmonium et moi, sur ces fameux rails qui nous menaient du côté cour de la scène. Une simple lumière blanche en douche, je chantais une chanson très vieille et très douce, et puis, comme l'organiste de mon village le faisait les jours de fête à la sortie de la messe, je jouais un reel sur cet instrument à vent et à volets. Ce serait presque comme chez moi. Une sorte d'effet d'éternité lorsque tous les temps sont conjugués au présent.

À chaque jour, on s'enquerrait de la billetterie. Et les ventes continuaient d'augmenter. On croisait les doigts. Aux soirs prévus des représentations, la salle était comble ! Le public venu au rendez-vous était enthousiaste et chaleureux. Il en voulait encore et encore. Et le lendemain, les critiques semblaient avoir apprécié le spectacle autant que lui.

Devant ce coup de force, les gars du Patriote, comme on les appelait familièrement, retinrent mes services pour un mois, divisé en deux périodes de quinze jours. Ma joie consistait à choisir, pour assurer mes premières parties, des artistes forts, dont le style et la musique me plaisaient particulièrement ! Au début, ce fut l'harmoniciste, podorythmiste et poète Alain Lamontagne. Pour la seconde série, j'ai choisi un francophone de l'extérieur du Québec. Il était jeune, beau, timide et talentueux : il s'appelait Daniel Lavoie. Il chantait *J'ai quitté mon île* et cela m'émouvait profondément.

Après la dernière représentation, au moment de régler le cachet, Yves Blais et Percival Broomfield, qui n'avaient d'abord pas cru en mon étoile, me déclarèrent cette fois qu'ils avaient tellement gagné d'argent avec moi qu'ils se sentaient gênés de ne m'offrir que le cachet prévu au contrat. Et ils y ajoutèrent dix mille dollars ! Rubis sur l'ongle. Une fortune pour l'époque. Aucun autre organisateur, par la suite, n'a fait preuve d'une telle générosité envers moi. Après cela, j'ai chanté très souvent au Patriote. Je ne signais même plus de contrat. C'était parole contre parole. Et il ne fut plus jamais question entre nous ni de mon nom anglais ni de mon accent... qui n'avait pourtant pas changé...

Un article dévastateur

Le festival de Spa, en Belgique, a vu défiler tous les espoirs de la chanson française ainsi que ses vedettes confirmées. Les Yves Duteil, Marie-Paule Belle, Catherine Lara, Robert Charlebois et Alain Souchon sont tous passés par là. En 1977, c'était mon tour. On m'a offert de partager la soirée de clôture avec Serge Reggiani. C'était pour moi un honneur et une joie.

À Paris, le Centre culturel Canadien avait mis ses locaux à ma disposition pour préparer mon spectacle. J'étais en pleine répétition lorsqu'un journaliste de la Presse Canadienne sollicita une entrevue pour parler de l'événement. Nous nous sommes attablés devant une bière blonde au café d'en face. Après avoir parlé du festival et de mon cheminement artistique, sa dernière question était : « Que ressent-on lorsqu'on appartient à une minorité linguistique ? » J'ai expliqué ce que j'avais vécu en Acadie avant que la province ne devienne bilingue en 1970. L'impossibilité d'être servi dans sa langue et l'obligation de s'exprimer dans celle de l'autre. Rien qu'une expérience personnelle, vécue au Nouveau-Brunswick.

Quarante-huit heures plus tard, le téléphone de l'hôtel a résonné dix-sept fois en provenance du Québec. Une page entière du *Journal de Montréal* m'était consacrée : « Violente sortie à Paris de l'Acadienne Édith Butler contre le Parti québécois. » *L'Évangéline* et d'autres journaux ont titré tantôt « Édith Butler parle du problème des minorités au Canada », tantôt « Selon Édith Butler, le Parti québécois trahit l'idéologie québécoise » ! J'étais sidérée ! Jamais je n'avais parlé de cela. On me prêtait des propos ! Était-ce possible ? Était-ce concevable ? Pouvait-il exister un détournement de la parole ? Jusqu'à ce jour, je croyais en l'honnêteté, en la probité des journalistes.

Il devait bien y avoir une explication. Pour l'obtenir, Lise téléphona une dizaine de fois à l'auteur de ce papier pour qu'il vienne s'expliquer à l'hôtel.

Lorsqu'il est arrivé, il était plus de deux heures du matin. Il avait bu. Et il titubait. On lui a demandé pourquoi il avait écrit cela, sachant pertinemment que c'était faux. Sa réponse, aussi chambranlante que lui-même, fut : « Vous apprendrez, mesdemoiselles, que dans mon métier la vérité est sans intérêt. Ce qui compte, c'est la sensation. » Lise lui retira ses lunettes avant de le gifler. Le reste de la nuit, j'ai écrit un démenti et l'ai expédié par télégramme.

Le lendemain matin, je me suis rendue à Spa. J'étais complètement bouleversée ! Au point où, malgré l'ovation et la critique du journal *La Gauche*, qualifiant notre spectacle, à Reggiani et à moi, de soirée d'apothéose où j'apparaissais comme une révélation – « le Gilles Vigneault de la chanson acadienne », « possédant un rayonnement jubilatoire » –, rien de cette soirée exceptionnelle et de ce que l'on en disait ne pouvait effacer la douleur et l'humiliation d'avoir été le jouet d'un journaliste sans scrupule et de son article dévastateur.

Au retour, lorsque l'épisode fut décanté et mis en contexte, il n'en a plus été question. Mais il avait réveillé en moi une méfiance héréditaire.

L'entrepreneuriat

Lise était aussi l'imprésario de mon amie Angèle. À ce titre, elle orientait Angèle vers l'écriture de chansons. Elle était convaincue de son talent et persuadée que c'est ce chemin qu'elle devait emprunter. Depuis des mois, elles se voyaient pratiquement chaque jour et travaillaient de longues heures à préciser la pensée d'Angèle, à revoir les textes écrits la veille, et surtout à assurer une direction artistique à ce talent, afin que l'œuvre achevée soit cohérente...

Lorsque Angèle Arseneault eut suffisamment de bonnes chansons, Lise se munit d'une maquette et entreprit une tournée des maisons de disques. Malgré son enthousiasme et l'originalité du matériel d'Angèle, aucune d'elles ne voulut y croire. C'est à ce moment que Lise décida de s'engager sur un chemin très peu fréquenté à l'époque et de fonder elle-même une maison de disques.

Aucun banquier ne voulant miser sur l'entreprise, nous en sommes devenues les actionnaires, avec Angèle et quelques amis. L'investissement était minime et les ressources, limitées. Tout le monde devait mettre la main à la pâte. J'étais chargée de la comptabilité, de la tenue de livres et du dessin des logos, tandis qu'Angèle répondait au téléphone et assurait le secrétariat. Lise gérait les projets, rédigeait les contrats, s'occupait de la distribution, du marketing, de la promotion et de la direction artistique.

C'était une époque propice à la création. Une époque d'ouverture. Même si les femmes étaient encore peu nombreuses dans le monde des affaires et que leur avancement reposait parfois sur des critères que les féministes auraient fustigés. Ainsi, lorsque Lise rencontra des représentantes de la chambre de commerce section féminine, les conseils qui lui furent prodigués se résumaient à ceci : de vingt à quarante ans, soyez belle ; de quarante à soixante, soyez intelligente ; et par la suite... ayez du charme !

Notre petite société s'appelait SPPS, Société de Production et de Programmation de Spectacles. Comme nous n'avions pas de moyens, tout se faisait à partir du bureau de Lise, une sorte de cagibi aux murs gris, tout juste assez spacieux pour contenir un bureau, une armoire, un téléphone et trois chaises. Mais il y avait des affiches et de l'enthousiasme. C'est en fin de journée que nous tenions nos réunions de production, qui étaient de fait des séances de remue-méninges. À chaque jour, une nouvelle idée surgissait, laquelle était aussitôt mise à exécution. Bien vite, pourtant, il fallut nous rendre à l'évidence : pour être crédible, notre boîte avait besoin d'une locomotive, c'est-à-dire d'avoir parmi ses artistes quelqu'un de connu. Mes deux premiers albums ayant été très bien accueillis, on décida que je pourrais jouer ce rôle. Mais il y avait un hic de taille : j'étais sous contrat avec Columbia Records (Sony). Une entente impossible à rompre avant terme. Toute autre personne que Lise aurait alors cherché ailleurs, mais cela ne lui vint même pas à l'esprit. Elle se dit plutôt que ce qui est impossible aux créatures ne l'est peut-être pas pour Dieu, et elle s'adressa directement au grand patron à New York. Elle plaida et mit dans la balance le poids minuscule de ce que je représentais pour sa multinationale, alors que pour notre petite société, c'était une question de survie. J'ignore le ton et les mots qu'elle a utilisés, mais le fait est qu'il a accepté !

J'étais donc libre ! Cette victoire marquait un tournant décisif. À compter de ce jour, il fallait penser à tout par nous-mêmes et prendre tous les risques. Nous produirions disques et spectacles. Sans aide et sans apport extérieur. Je faisais mes premiers pas dans l'entrepreneuriat. Avec une certaine inconscience, sans doute, des embûches à venir.

Mais, fort heureusement, je tenais de mon père l'idée qu'il est bon de s'appartenir et doux d'être maître chez soi.

La table d'écriture

Dans une pièce sans porte et sans rideaux, un vieux piano Heintz-man, droit et sonore, était adossé au seul mur plein de la pièce. La plupart du temps, il me servait à exprimer mes états d'âme. Dans mes moments les plus heureux, se glissaient sous mes doigts les vieux airs que ma mère elle-même jouait en ces instants-là. Un peu de ragtime, un peu de Scott Joplin, l'inaltérable *Vie en rose* d'Édith Piaf et quelques autres mélodies s'étaient logés en moi depuis l'enfance. Qu'y a-t-il de plus fort que la musique pour exprimer la joie ? Pour la faire s'épanouir et rejaillir alentour, afin que chacun puisse y participer ? Pour la tristesse ou la nostalgie, des mélodies, les miennes cette fois, surgissaient d'elles-mêmes, spontanément, comme si mes doigts sur les touches d'ivoire étaient attentifs aux impulsions de mon cœur et les exprimaient sans que j'aie besoin de recourir aux mots parfois si difficiles à dénicher quand il s'agit de décrire, après l'avoir débusquée, une émotion qui garde farouchement pour elle la gamme secrète de ses agitations intérieures.

Tout près de mon piano droit, une nappe d'un rouge vif recouvrait une table ronde. C'était une époque où j'habitais rue Crescent, en plein cœur de Montréal. Cette rue était une des destinations préférées de mes amis et chacun s'arrêtait en passant, pour me saluer ou pour s'accorder une petite halte. Pour éviter d'interrompre le travail de création par toutes ces visites impromptues, Lise avait eu l'idée de faire participer tous ceux qui débarquaient à l'improviste. On leur offrait une chaise autour de la table, on les munissait de papier et de crayons, et chacun pouvait contribuer en partageant ses idées sur l'œuvre en chantier. On avait nommé cette façon de faire la « table d'écriture ». Impossible de s'y asseoir sans apporter une ligne ou une idée. Bien sûr, ces idées étaient parfois abandonnées lorsqu'il fallait produire une version définitive, mais l'exercice était enrichissant.

Certains ne prirent place qu'une seule fois autour de la table, alors que d'autres revinrent à quelques reprises, histoire sans doute de partager l'état de créativité qui y prévalait. Ceux qui aimaient revenir étaient des créateurs ou des comédiens, ces étonnants porteurs de parole dont l'émotion était capable d'amplifier, de nuancer, d'incarner une pensée qui jusque-là n'habitait que les mots... À quelques reprises, j'ai refait cette expérience. Quelquefois avec des auteurs étrangers qui nous obligeaient à préciser une idée qui nous paraissait évidente de prime bord. Chacune des cultures a ses expressions propres dont le sens échappe à ceux qui n'en font pas partie. Quand on dit à un Français «ton chien est mort» et qu'il répond, étonné, «mais je n'ai pas de chien», ou quand on lui dit que quelqu'un «s'habille comme la chienne à Jacques» et qu'il veut savoir qui est Jacques et de quelle chienne il s'agit, ou quand on dit qu'«on ne niaise pas avec la *puck*» et qu'il nous dévisage avec une telle expression d'incompréhension qu'il nous donne l'impression que cette fois ce n'est plus du français, mais du chinois qu'on prononce à son oreille incrédule, on comprend à quel point l'exercice peut être utile à créer des ponts, pour éviter de se buter aux écueils du sens des mots qui ont suivi, d'un côté et de l'autre de la grande mare, une évolution différente qui en a modifié la signification.

Cette table d'écriture, capable d'enrichir la pensée et son expression, n'a jamais pu être étendue à la création musicale. Entre le compositeur et son instrument s'établit très souvent une relation si intime, si secrète, que toute tentative d'y participer est aussi difficile à gérer que l'harmonie dans un triangle amoureux.

Le renoncement

Le plus grand chagrin de ma vie a été de devoir renoncer à la maternité. Au début de mon union avec Robert, il se trouvait trop jeune pour une telle responsabilité. Et nous avons différé le projet à un moment plus propice.

Cinq ans après mon mariage, les tournées devenaient de plus en plus nombreuses. Il n'y avait plus de temps de repos ni même de possibilité pour moi de m'arrêter sans remettre ma carrière en question.

De son côté, Robert continuait à plonger à Chypre, en Amérique du Sud, dans le Grand Nord, partout où il était possible de débusquer les vestiges d'anciens naufrages qui enrichiraient le patrimoine de l'humanité et approfondiraient sa connaissance du passé. Il y avait désormais trop d'air, trop d'eau, trop de pays, trop de scènes, trop de bateaux et trop de distance entre nous. Et nous avons divorcé.

Et je ne crois pas que cela ait changé quoi que ce soit à l'amour, au respect et à l'amitié que nous nous portions. Seulement, Robert a pu refaire sa vie. Et, comme il était prêt à cela désormais, de cette nouvelle union naquirent deux enfants magnifiques.

Salut, Québec !

Cinq heures du matin. L'aube fait apparaître la silhouette massive du Château Frontenac. La terrasse Dufferin est déserte. Il n'y a personne à cette heure matinale. Sauf Lise et moi. Nous venons de vivre un moment d'une rare puissance. Nous marchons pour tenter de faire redescendre l'adrénaline. Tout à coup, à l'autre extrémité de la terrasse Dufferin, deux promeneurs se dirigent vers nous : Diane Dufresne et Bobby. Eux aussi incapables d'aller dormir. Nous étions survoltés. Comme si l'énergie dégagée par l'immense foule nous avait propulsés dans une dimension où le sommeil n'existait plus.

On venait de célébrer le 370e anniversaire de la ville de Québec. Plus de cent mille personnes étaient au rendez-vous. Diane Dufresne et moi avions partagé la scène avec Zachary Richard. Nous représentions les trois francophonies de Nord-Amérique. Il y avait pour l'époque, nous étions en 1978, des moyens énormes : écrans géants dans le public, trois orchestres sur scène et une animation confiée à Yvon Deschamps. La foule était joyeuse, attentive, fébrile, enthousiaste. Entre nos chansons en solo, nous faisions des duos. Je chantais tantôt avec Diane et tantôt avec Zachary, et par moments nous chantions tous les trois ensemble. L'énergie sur scène atteignait un paroxysme d'intensité. La marée humaine, devant nous, nous portait par sa chaleur et son enthousiasme.

Des dignitaires étaient venus de partout pour l'occasion. Il fallait célébrer avec éclat la plus vieille ville française en Amérique. Le scripteur de ce spectacle grandiose, diffusé en direct à la télévision de Radio-Canada, avait écrit une phrase de bienvenue signifiant que les Acadiens pouvaient désormais se considérer comme des Québécois. J'étais outrée ! Sachant que cette phrase allait blesser les Acadiens, j'ai attendu que le spectacle commence pour commettre mon acte de rébellion. Et j'ai changé la phrase pour : « De l'Acadie, plus vieille colonie française en Amérique, salut, Québec ! » Rendant ainsi à l'Acadie sa juste place dans l'histoire. C'était dit avec tellement de force et de passion que René Lévesque, alors Premier ministre, au cours du dîner qui suivit, m'invita à prendre place près de lui et me dit : « Je ne voudrais jamais que vous soyez contre moi... »

Ce sont ces émotions qui ne nous quittaient plus. La fièvre et l'exaltation nous habitaient encore, et nos allées et venues incessantes sur la terrasse, même après que le soleil eut éclairé Lévis, ne suffisaient pas à atténuer l'agitation qui nous bouleversait. À grandes enjambées et à vive allure, nous avons déambulé à travers toutes les rues du Vieux-Québec. Malgré le jour qui envahissait tout, notre randonnée progressa dans le temps, jusqu'au moment où le jour eut atteint sa plénitude, et nous, la zone frontière qui sépare l'euphorie de la fatigue. Alors, chacun a regagné son hôtel.

Quelques heures plus tard, dans la limousine, j'étais assise entre le ministre français de la Culture et le Premier ministre du Québec. Nous nous rendions au parlement, où les artistes du spectacle devaient être reçus officiellement. Coincée entre le Québec et la France, j'étais sous bonne escorte. Et je ne risquais pas, si bien entourée, de faire une nouvelle entorse à la diplomatie... L'Acadie était muselée pour la journée. Mais la fête fut splendide ! Salut, Québec !

Avis de recherche

À mon arrivée au Québec au milieu des années soixante, je ne rencontrais pratiquement jamais d'Acadiens. Ceux qui étaient là depuis longtemps n'en soufflaient mot et les nouveaux arrivés s'adressaient à moi en anglais. Quand j'en demandais la raison, on me répondait qu'ils craignaient que l'on se moque de leur accent... Puis, peu à peu, en découvrant les régions de Nicolet, de Joliette et de Yamaska, et la Montérégie, que traverse la rivière L'Acadie, j'ai réalisé que beaucoup de ceux qui avaient fui la déportation ou qui étaient revenus d'exil s'étaient établis un peu partout au Québec, où ils avaient pris racine. Je croisais des Landry, des Thériault, des Arsenault, des Vigneault, des Leblanc, des Pellerin et des Léger (qu'il faut prononcer «Légère») à la grandeur du territoire. Mais savaient-ils seulement qu'ils étaient Acadiens? Connaissaient-ils leur ascendance, ou se taisaient-ils sciemment?

Sachant que les Acadiens avaient souvent une progéniture nombreuse, et comptant les générations depuis la déportation, je me disais que le Québec devait être riche d'au moins un million d'Acadiens! Et je lançais un avis de recherche dans toutes les émissions de télévision et de radio auxquelles je participais, au milieu des années soixante-dix. Au début, cela paraissait insensé et provoquait l'hilarité. On attribuait ma présomption à un excès d'enthousiasme.

J'étais si fière de ma culture qu'après mes spectacles, il y avait de plus en plus de gens qui venaient me saluer et qui osaient enfin me dire qu'ils étaient Acadiens eux aussi, et qui me parlaient de leurs ancêtres. Leur nombre allait grandissant, d'année en année. Puis, en 1977, le prodigieux gala télévisé marquant les 25 ans de la télévision française de Radio-Canada me permit, en direct, de Vancouver à Terre-Neuve, depuis le Colisée de Moncton, de faire entendre mon message d'un océan à l'autre. La réception du public à la suite de mon interprétation du *Grain de mil*, chanson phare de notre appartenance, donna lieu à une acclamation si soutenue qu'elle devint une clameur et retint plus longtemps que prévu les caméras sur cet aréna en pleine euphorie. Puis je cédai l'antenne à Gilles Vigneault. Et le public en liesse apprit que le chantre national du Québec était lui aussi un Acadien !

Voilà que l'Acadie était reconnue ! Voilà que je pouvais enfin la chanter sans que l'on me demande où elle se trouvait ou si elle existait encore. Des deux côtés de l'océan, plusieurs commencèrent à rêver de la découvrir. J'étais comblée ! En guise de célébration, j'enregistrai un cinquième album sur le thème d'*Asteur qu'on est là*.

On y retrouvait *Mon Arcadie*, sur des paroles de Luc Plamondon ; un très beau texte de Jacqueline Lemay, *Le fil de la rivière* ; et mon premier arrangement de cette chanson traditionnelle que je n'ai eu de cesse de transformer depuis : *Marie Cassie*. Il y avait aussi un texte de Lise qui exprimait ma lutte constante pour faire connaître l'Acadie, *J'ai porté ton chant*.

> *J'ai porté ton chant*
> *Comme un oiseau blessé*
> *J'ai gravé ton nom*
> *Au feu de mes chansons*
> *Je t'ai vue inconnue*
> *Et je t'ai aimée*
> *Au creux de mes deux mains*
> *L'oiseau s'est réfugié*
> *Mon Acadie blessée,*
> *Mon Acadie brimée*
> *N'aies pas peur, n'aies pas peur*
> *Le jour va se lever*

J'y chantais aussi *Le soleil se lève*, qui eut pu être mon leitmotiv :

> *Le soleil se lève tous les matins*
> *qu'il fasse beau ou bien chagrin*
> *Le soleil se lève tous les matins*
> *Moi j'me lève pour les miens*

Et, pour la première fois, *Paquetville*, écrite avec Lise Aubut pour le centième anniversaire de mon village. Cette chanson racontait ce que ce village au nom de ville m'avait apporté, et ne devait être chantée qu'à cette unique occasion. Mais le public s'en était immédiatement emparé et la réclamait. Alors, je l'ai enregistrée. Avec le recul, il est difficile de s'imaginer que cette musique énergique et quasi endiablée avait au départ un tempo tellement plus lent que l'arrangement musical nécessitait un grand orchestre avec cordes, et même la participation d'une harpe!

Le thème de l'album, *Asteur qu'on est là*, était tout à la fois une sorte d'hymne à la survivance et un clin d'œil complice à tous ceux qui désormais nous accueillaient avec tant de chaleur:

On n'est pas d'ceux qui pleurent
Assis sur leurs malheurs
On est de ceux qui pensent
Qu'il leur reste une chance
Asteur qu'on est là
Qu'on vous tombe dans les bras
Asteur qu'on est là
Faut bien vivre avec ça!

J'étais heureuse. J'affirmais dans la joie. L'album fut un succès et les spectacles sur scène s'enchaînaient à un rythme effréné. Quelques mois plus tard, de l'autre côté de l'océan, on décernait le prix Goncourt à Antonine Maillet pour *Pélagie la Charrette*, cette épopée qui raconte la longue marche du peuple acadien pour revenir dans cette Acadie dont il avait été chassé.

Cette même année 1979, Marcel Léger, le fondateur de la firme de sondages Léger Marketing, Acadien lui aussi, m'apprit qu'on avait, depuis mon premier avis de recherche, recensé plus d'un million et demi de Québécois d'origine acadienne. Et que ce n'était qu'un début! Rassurés de n'être plus isolés, les Acadiens se montraient au grand jour! J'avais gagné mon pari. Et bien davantage: un million et demi, et probablement un autre million à venir, et cela, uniquement dans «la Belle Province»! Sans compter ceux de l'Ouest canadien, des Charentes, du Poitou et des provinces Maritimes, de la Louisiane, du nord-est des États-Unis et même d'Amérique du Sud et d'Haïti! Quelle joie!

L'Acadie est vivante parce que les Acadiens existent, où qu'ils soient. L'Acadie, c'est une ascendance et une culture. Et cela ne peut pas être enfermé dans les limites d'une frontière. Heureusement d'ailleurs, parce que, démographiquement, l'Acadie pourrait bien se retrouver au Québec, où se trouvent davantage d'Acadiens que dans l'ensemble des provinces Maritimes... Mais... chut ! Cela pourrait paraître sacrilège à ceux qui n'ont jamais tenté de rapailler toutes les brebis de notre espèce...

Le chant des sirènes

Qui saurait résister aux chants des sirènes? À moins d'être sourd à la douceur envoûtante de leurs sonorités particulières, ou bien Ulysse attaché au mât de son navire... Je ne sais pas. D'autant que, jusqu'ici, personne de notre équipe ne les avait entendues. Sans doute encore trop près du rivage, nous ne songions qu'à créer.

Constatant que le premier album d'Angèle n'obtenait qu'un succès mitigé, Lise se demanda ce qui n'allait pas. Sa réflexion la mena à penser que les orchestrations trop standard ne correspondaient pas pleinement à sa personnalité. Ne lui conféraient pas d'identité particulière. Pour résoudre cette difficulté, elle me demanda d'écrire les arrangements de l'album qui allait suivre. Je n'avais encore jamais osé m'aventurer dans ce domaine, même pour mes propres chansons. En fait, je n'y avais même pas songé. Mais à compter de ce moment, je me suis mise au défi de trouver pour Angèle un habillement sonore en harmonie avec ses origines et son caractère jovial.

Je passais des nuits entières, casque d'écoute sur les oreilles, à m'amuser à illustrer musicalement les chansons. En studio, à l'exception du piano dont Angèle jouait elle-même, de la basse, de la batterie et de la guitare, je jouais tous les autres instruments. Tout ce qui pouvait apporter de la saveur et du relief. Je chantais la partie de la voix d'opéra et participait aux chœurs avec Jacqueline Lemay et Angèle. Pour tout le mixage, il n'y avait plus que l'ingénieur, Lise et moi en studio. Nous avions très peu d'argent, raison pour laquelle nous faisions tout nous-mêmes. Même la conception de la pochette. Quant à Angèle, Lise l'avait relookée en la faisant teindre en blond et porter des lunettes. Quelque chose de l'austérité de la brune qu'elle était disparaissait ainsi pour laisser place à une figure débonnaire et sympathique.

L'album s'intitulait *Libre* et connut un succès quasi instantané. De *Moi j'mange* à *De temps en temps moi j'ai les bleus*, en passant par *Je veux toute toute toute la vivre ma vie*, les *hits* s'enchaînaient. Un jour vint où nous ne suffisions plus à la tâche. L'équipe s'élargit en accueillant une secrétaire et un chargé de promotion. La première fois où celui-ci mit les pieds dans le bureau, il dit : «Vous n'avez pas peur d'introduire un loup dans la bergerie?» Nous avons ri. Ce ne pouvait être qu'une plaisanterie. Les sous commencèrent à entrer en même temps que les frais augmentaient. La promo se payait au pourcentage et la secrétaire en salaire.

La vente de disques explosait. Et même si le nombre d'unités payées par notre distributeur ne correspondait pas aux chiffres de vente faramineux colportés par la légende urbaine, tout à l'euphorie du succès nous n'avons pas songé à nous en inquiéter... Puis, un jour, Angèle, considérant qu'elle n'avait plus besoin de nous désormais, quitta le navire. Le lendemain, elle n'était plus là. Ni le responsable de la promo. Ni la secrétaire. Nous étions seules, Lise et moi. La pièce étriquée qui nous servait de bureau nous semblait tout à coup bien grande. Et le mystère de ces départs ne s'est jamais éclairci dans nos esprits.

C'était l'époque où la distribution de disques au Québec était une sorte de Far West. Des rumeurs commençaient à courir sur le fait que les retours de disques étaient plus importants que les quantités mises en marché. Il y avait une boutade que les producteurs de disques répétaient à l'envi : «Tu *shippes* gold et ça revient platine!» Quand il fallut se rendre à l'évidence qu'un système de pressage parallèle existait bel et bien, et que nous en faisions les frais, avec beaucoup d'autres, nous avons quitté ce distributeur pour nous engager avec une toute nouvelle société de distribution, où la plupart des artistes floués avaient trouvé refuge.

Cette société disposait de bureaux prestigieux au sein du siège social d'une grande compagnie d'assurances censée financer la nouvelle entreprise. Un chef d'orchestre réputé, que nous connaissions bien, en avait été nommé président. Le nouveau distributeur exigeait, de tous les artistes et producteurs qui avaient signé avec lui, qu'une grande quantité de disques lui soit livrée, dans le but d'inonder le marché de leurs produits pour la vente desquels il promettait une promotion massive. C'était exaltant.

Six semaines plus tard, au cours d'un dîner chez le chef d'orchestre-président, celui-ci reçut un coup de fil anonyme lui annonçant que les deux individus propriétaires de cette nouvelle distribution s'apprêtaient à s'enfuir avec la caisse... Ils avaient empoché l'argent et personne, à ma connaissance, n'a vu la couleur d'un seul sou vaillant...

Puis, les fonctionnaires du ministère du Revenu ont réclamé les taxes d'accise sur tous les disques vendus, pour lesquels nous n'avions rien reçu... Et cela, tant pour le nouveau distributeur que pour l'ancien, ce qui eut pour effet de finir de vider les caisses.

Quant à Angèle, nous lui avons donné tout ce que nous avions produit ensemble, les bandes maîtresses de ses albums, les éditions de ses chansons, les affiches, les photos et le reste. Qui avait rendu audible à son oreille le chant des sirènes? Le succès, sans doute, et ceux qui souhaitent le détourner à leur profit... Pour moi, il n'a jamais été perceptible. Pour tout dire, j'ai le mal de mer... et les sirènes ne s'aventurent pas au milieu des forêts.

Le pif

Rien d'inattendu n'aurait dû advenir ce jour-là. Tout devait m'être familier dans ce village reconstitué, près de Caraquet. Les terres, les champs, les maisons anciennes, les faucheurs de blé, les tisseuses de lin, les pétrisseuses de pain, les soupières de fer suspendues au-dessus du feu, les berceuses craquant sous le poids des grand-mères, les enfants jouant à la marelle, la charrue tirée par des chevaux et même le conteur sous les traits goguenards de Ti-Toine Landry.

Tout. Absolument tout m'était connu. Même le scénario écrit par Lise pour le réseau CBC, à la demande de Ralph Waugh. *Acadia proud and alive* retraçait l'histoire acadienne en l'incarnant dans le présent et en l'invitant dans l'avenir. Cette émission spéciale d'une heure contribuerait à faire mieux connaître l'Acadie et les Acadiens aux anglophones du Canada.

C'était un jour de soleil. Il faisait chaud au village historique acadien et je profitais d'une pause dans le tournage pour aller entendre les musiciens qui jouaient sous le porche d'une grange. L'accordéoniste, vêtu d'un pantalon à bretelles et d'une chemise blanche, avait le teint rougeaud sous son chapeau noir. Mais, surtout, il avait au milieu de la face un appendice nasal proéminent qui me rappelait quelqu'un.

Flairant inconsciemment une piste, je m'approchai de lui. Ce nez! Ce nez était celui de mon père! Et de la majorité des Butler de ma famille! Je lui demandai qui il était. C'était un LeBouthillier. Était-ce possible que Butler et LeBouthillier partagent le même nez? Ou bien…

Par ce nez à nez entre LeBouthillier et Butler, le doute s'est immiscé dans mon esprit. Et des recherches approfondies m'ont conduite de nouveau à la Pointe à Alexandre, chez l'accueillante Luce Mallet. C'est en remontant jusqu'à elle que j'ai débusqué mon arrière-grand-père, tapi depuis longtemps sous un pseudonyme dont la consonance était plus favorable au commerce. Depuis, je sais que John Butler cachait Jean LeBouthillier.

Pour moi, l'hérédité ne trompe pas. Elle nous mène, pour ainsi dire, par le bout du nez…

La ville

J'ai mis beaucoup de temps à apprivoiser la ville. Tout m'y semblait hostile. J'avais l'habitude de la forêt et de la mer, où rien ne presse jamais, sauf les vraies urgences que créent les éléments quand ils se déchaînent... Le vent qui soulève les flots et fait tanguer et chavirer les goélettes ou le feu qui dévore les forêts dans des crépitements démesurés. Dans ces moments où il fallait se surpasser, on savait se mobiliser et agir avec célérité. Mais, autrement, chacun allait son pas, prenait le temps de s'arrêter pour s'enquérir de la santé du voisin ou vaquer à ses propres affaires qui ne prenaient jamais le pas sur la vie.

Alors, la ville, avec son peuplement d'inconnus qui ne saluaient pas, ne souriaient presque jamais et ne s'arrêtaient pas, m'effrayait. Je ne m'y aventurais que lorsqu'il le fallait. Mais peu à peu le métier requérait que j'y vive de plus en plus souvent.

Le rythme rapide et la circulation incessante avait de quoi étourdir une fille qui n'avait connu dans son village qu'un seul arrêt obligatoire... En plus, cet unique stop était toute une affaire! Devait-on s'y immobiliser même s'il n'y avait personne en vue? Et quand survenait quelqu'un d'autre, il fallait encore décider lequel des deux véhicules avait préséance pour poursuivre sa route! Quand il s'agissait d'attelages, au moins les occupants pouvaient-ils se saluer, ou s'invectiver, ou crier *giddy up!* pour que la bête s'engage tête première sur le chemin laissé libre par le conducteur trop lent à réagir. Mais, en ville, il n'y avait depuis longtemps que des véhicules motorisés, une signalisation compliquée et des embûches inattendues.

La légende veut que l'un de nos voisins, s'étant aventuré jusqu'à Québec, se soit retrouvé en pleine heure de pointe prisonnier d'un carrefour giratoire! Il serait devenu fou à force de tourner à l'intérieur de ce rond-point dont il n'arrivait pas à s'échapper... Le tintamarre de klaxons tonitruants et les automobilistes impatients qui le doublaient sur sa droite l'obligeaient à tournoyer dans ce cercle tel un cheval de bois dans un carrousel de cirque. Et les nerfs du pauvre homme, habitués à plus de quiétude, défaillirent. Sa mésaventure marqua les esprits.

En ville, j'étais une étrangère. Je n'y avais aucun repère. J'y faisais escale entre les tournées. Et ces escales étaient brèves. Juste le temps parfois d'y changer mes valises…

Rue Crescent, le soir, j'observais des filles de joie au regard triste déambuler dans la rue, un petit sac à main brinqueballant au bout d'une chaîne de métal, tandis que dans un monde parallèle des rats grassouillets grouillaient à petits pas rapides entre les rangées de poubelles des restaurants chics. Le vrombissement des moteurs rendait inaudible le chant des oiseaux. Et l'odeur d'essence et de diesel me rendait l'air irrespirable. J'étouffais.

En 1980, au moment où le Québec annonça la tenue d'un premier référendum, beaucoup de gens ont fui. Le prix des maisons a chuté. Et j'ai pu emménager à Outremont, sur le chemin de la Côte-Sainte-Catherine, dans une grande maison victorienne adossée à la montagne. Grâce à elle, je pouvais bricoler à loisir, construire des instruments, composer de la musique sans me soucier de déranger qui que ce soit. Deux immenses sapins et une allée d'arbres devant mes fenêtres la rendaient silencieuse. Le chant des oiseaux et l'odeur des lilas arrivaient enfin jusqu'à moi. J'y ai mis des chats, des fleurs, une âme. C'était mon arche de Noé.

J'appris à y vivre. Le mont Royal était si près que je pouvais chaque jour me promener dans ses bois. Mais, pendant longtemps, quand je redescendais de la montagne, je retrouvais ma sauvagerie primitive.

Pas question pour moi de magasiner. Pour que je puisse me procurer des vêtements, il fallait que mon imprésario convainque les propriétaires de boutique de fermer leurs portes ou de les rouvrir après la journée pour que je consente à y mettre les pieds. Seule avec les vendeurs, je choisissais tout ce dont je pourrais avoir besoin. Cet approvisionnement complété, je ne remettais plus les pieds dans un magasin pour le reste de l'année.

La fille des bois que je suis supporte mal la forêt de ciment, de briques et de béton qu'est la ville.

Je me suis toujours demandé si de marcher sur le ciment plutôt que de fouler la terre me coupait de mes racines au point de me dénaturer…

J'ai apprivoisé la ville sans jamais m'en faire une amie…

Hitler et les virus

Ses cheveux noirs coiffés à plat, sa moustache noire taillée au carré, son regard noir indéchiffré, tout en lui m'effrayait. Une fine raie blanche séparait sa coiffure en deux hémisphères, tandis qu'une ligne plus mince encore traçait, au milieu des poils drus qui ornaient sa lèvre supérieure, une sorte de frontière entre des mondes parallèles. Je l'appelais Hitler. Il menait toutes ses guerres en ayant recours à un arsenal complet d'antibiotiques. Hitler était mon médecin.

Après le cent vingt-cinquième spectacle en un peu plus de deux cents jours, et d'incessants voyages d'un côté et de l'autre de l'océan, la grippe s'agrippa à moi et ne me lâcha plus. C'est alors qu'Hitler commença à me nourrir de tous ces précieux et vaillants combattants dont les noms se terminaient invariablement en *ine*, de la pénicilline à la tétracycline. Je poursuivais ma tournée. Et rechutais sans cesse. Chaque fois, Hitler récidivait avec une nouvelle ordonnance. À la deux centième représentation, une ambulance m'attendait dehors. On m'hospitalisa. J'étais exténuée.

Je renonçai aux spectacles et regagnai ma maison d'Outremont pour me reposer. Au rez-de-chaussée, j'avais aménagé un studio où se trouvait ma pléiade d'instruments. C'est ce qui me permit d'écrire la musique d'un film de Fernando Arrabal, *L'Odyssée de la Pacific*, mettant en vedette Mickey Rooney. Je travaillais seule dans mon studio pour composer et enregistrer la musique. Quand il fallut la synchroniser à l'image, je me suis rendue à Paris pour retrouver Arrabal dans les studios de cinéma de Boulogne-Billancourt. J'étais fascinée par l'écran gigantesque devant lequel Arrabal arpentait la pièce de long en large en donnant ses instructions. À treize heures, je déjeunais avec lui à la cantine parmi les acteurs et les techniciens qui le saluaient avec déférence. Peu à peu, l'œuvre prenait forme sous mes yeux.

L'univers d'Arrabal, déjà considéré comme un surdoué dès l'âge de dix ans, était rempli de symboles. Poète prolifique, écrivain doué, révolutionnaire courageux, cinéaste engagé, il avait écrit et réalisé *Viva la Muerte*, *J'irai comme un cheval fou* et *L'arbre de Guernica*.

Ce passionné d'échecs me reçut un jour chez lui. Quand il ne narrait pas un tournoi de grands maîtres, il parlait de poésie, de lumière et d'art avec enthousiasme, verve et bonne humeur. Il était centré en lui-même plus que sur lui-même. Profondément original, il avait ses propres codes. C'est ainsi qu'à la tombée du jour, il se saisit d'un couteau avec lequel il trancha et sépara un pain en petites parties pour me les offrir, une à une, avec un peu de vin, tel un officiant à la grand-messe. Cette étrange communion aux allures de dernière Cène me déconcertait.

Mon étonnement grandit encore lorsque je remarquai qu'il avait accroché, sur chacun des murs qui l'entouraient, un grand nombre des tableaux dont il était chaque fois le seul et l'unique sujet, héros déchiré au centre de scènes totalement surréalistes. J'ignorais qu'il était à l'origine de plusieurs toiles dont il dessinait le croquis et le faisait reproduire à l'huile. Fils de peintre, ami d'Andy Warhol et proche du groupe d'André Breton, son génie multiple créait malgré lui une distance, une sorte de frontière invisible, à la fine pointe de démarcation entre l'imaginaire et l'excentricité qu'elle engendre parfois. J'étais à la fois captivée et intimidée devant ce phénomène. Je constatais qu'Arrabal était hors gabarit et que je n'étais pas rompue à l'univers singulier des géants. J'en reste éblouie. À tout le moins, je dirais que c'était une visite inoubliable !

Pendant mon séjour, Marie-Paule Belle, qui connaissait un énorme succès avec *La Parisienne*, *Café Renard*, *L'âme à la vague* et le *Trans Europ Express*, me proposa de participer à une émission du *Grand Échiquier* de Jacques Chancel qui lui était consacrée. Ce passage eut un effet immédiat. Il me valut surtout une invitation au Printemps de Bourges, un prestigieux festival de musique, pour l'année suivante. À ce moment, je ne me doutais pas que mon spectacle à Bourges serait pour moi un véritable tremplin. Qu'il me propulserait dans des salles beaucoup plus grandes et que j'y ferais la connaissance de François Mitterrand, qui viendrait tout juste d'accéder à la présidence de la République.

Voilà donc que le combat perdu par Hitler contre les microbes qui m'épuisaient m'a permis de respirer à nouveau l'air de Paris, complètement détendue cette fois, n'ayant ni à performer, ni à me soucier de la musique du film préalablement enregistrée à Montréal, ni même de m'inquiéter de mon premier passage au *Grand Échiquier*, émission dont je ne connaissais pas l'importance et où je chantais uniquement parce que Marie-Paule m'y avait invitée, et pour le plaisir de participer à cet hommage préparé pour elle, croyant qu'il n'aurait aucune conséquence sur mon avenir.

J'acquérais enfin un peu de désinvolture. Et je m'acclimatais aux rues étroites de Saint-Germain-des-Prés, à l'air léger, aux salutations tonitruantes des garçons de café, au fracas des verres et des couverts dans le brouhaha animé des restos vers treize heures, aux piétons innombrables et pressés qui déambulaient sur les Champs-Élysées.

Cette année-là, la France souriait. Et moi aussi. Je n'avais plus peur. Pas même de Hitler...

Ah ! Public exubérant !

Lorsque Jacques Erwan et Gérard Violette, qui m'avaient vue et entendue au Printemps de Bourges, confirmèrent mon engagement au Théâtre de la Ville de Paris, l'émotion qui m'envahit à l'idée que j'allais tenir l'affiche de l'ancien théâtre de Sarah Bernhardt était telle que je me mis à lire tout ce qui concernait cette grande comédienne. Je voulais la connaître, mettre mes pas dans les siens, sentir l'air qu'elle avait respiré, parcourir toutes les coulisses et les loges afin que son esprit m'imprègne.

Quelle chance inespérée pour la fille de Paquetville que de se retrouver dans le sillage, même lointain, de cette artiste fabuleuse ! Je me suis intéressée à tout ce qui la concernait. Et, ô merveille, j'ai appris que mon idole avait même possédé une propriété à Belle-Île-en-Mer, une île bretonne où bien des Acadiens avaient trouvé refuge au retour d'exil ! Du coup, elle me devenait comme une lointaine parente que je retrouvais au-delà des mers. Il me semblait que tout concourrait à me faire croire que de chanter au Théâtre de la Ville n'était pas un simple engagement dans mon parcours artistique, mais un acte du destin lui-même !

Chaque jour j'approfondissais ma connaissance de Sarah Bernhardt. Entre les répétitions, la promotion et les dîners, je visitais les quais, les musées, les antiquaires ; je scrutais ses allées et venues dans la France du début du siècle où j'espérais trouver... qui sait ? L'essence de son art. Ou bien m'assurer de sa bienveillance et de sa complicité au moment d'entrer en scène.

Or, la veille de la première du spectacle, j'ai été réveillée au beau milieu de la nuit par l'intrusion dans un rêve-vision d'Édith Piaf, à laquelle je n'avais pas songé un instant. Nous nous trouvions toutes les deux sur un plateau de télévision. Je l'écoutais chanter. Elle se tenait debout, minuscule au milieu d'une petite élévation ronde et blanche, enrobée de la lumière enveloppante d'un projecteur de poursuite. Quand est venu mon tour et que je me suis approchée de la petite estrade qui la portait, elle a pris ma tête entre ses mains et m'a dédié sa chanson par ces quelques mots : « Pour Édith qui, comme moi, chante l'Amour. » C'était un moment si intense, si lumineux que je me suis sentie envahie d'une foi et d'une certitude profondes. Ce n'était pas à un spectacle qu'était conviée l'artiste en moi, mais bien à un rendez-vous d'amour.

Désormais je savais que je n'avais rien à craindre de cette première, et que ce n'était pas l'admirable savoir artistique de Sarah Bernhardt qui m'accompagnerait. Je ne devais pas non plus rechercher son élan théâtral, mais simplement puiser à ma propre source, à ma propre nature. Celle qui disait qui j'étais et qui nous étions, et l'amour qui m'animait et qui, à travers moi, me semblait-il, rendait tous les Acadiens présents sur scène. Nous étions tous là, bien vivants. Les ancêtres, les aînés, les jeunes, les exilés, les bafoués autant que les musiciens, les conteurs, les chanteurs, les pêcheurs. Tous vivants. Tous debout. En plein cœur de Paris. La tête haute à chanter notre histoire. À donner des nouvelles. À effacer des siècles d'absence. Des siècles de silence. À admirer Isabeau se promener au bord de l'eau depuis le Moyen Âge… À travers ma voix, laisser monter tous les chants, qu'ils soient anciens ou frais du jour, pourvu qu'ils expriment tout un peuple venu dire et clamer à travers moi son existence si longtemps logée à l'enseigne de l'oubli.

Le soir de la première, dans ce bel amphithéâtre de mille places, tous les fauteuils étaient occupés. Et, bien que la direction du théâtre m'ait demandé de retirer de mon tour de chant la *Complainte de la blanche biche*, parce que tous ceux qui l'avaient chantée avant moi avaient reçu qui des huées, qui des tomates, je l'ai maintenue au programme. Le pari était risqué. La *Complainte de la blanche biche* étant la très longue et tragique histoire d'une jeune fille dont le frère était un roi chasseur, tandis qu'elle-même, la nuit venue, se changeait en biche. Un soir, au retour de la chasse, il cria pour qu'elle vienne partager le festin, et elle répondit qu'elle était première à table, servie dans les plats des convives. Renaud alors se leva et s'enfonça un couteau dans la poitrine. L'allégorie fantastique se terminait en un suicide dramatique. La chanson durait en plus cinq minutes et demie ! Mais je n'arrivais pas à me résoudre à renoncer à cette mélopée moyenâgeuse. Nous l'avions si précieusement conservée, avec toute sa richesse mélodique et ses ornementations vocales, qu'il me semblait qu'elle était une part de nous-mêmes...

Je l'ai donc chantée *a capella*, debout, côté cour, sous un rayon de lumière blanche. La légende médiévale a eu droit à toutes ses trilles et ses fioritures, sans oublier les trémolos d'une émotion qui me transcendait. Lorsque la lumière est revenue, le roi Renaud s'était enfoncé une épée dans le cœur. La salle était debout et les ovations fusaient. Quand je suis sortie de scène avec interdiction d'y retourner pour un rappel, ayant atteint la limite d'une heure imposée à ces récitals, le public refusait de quitter la salle et scandait mon nom. Jeanne, l'attachée de presse, que ces débordements d'horaire exaspéraient, pestait en s'exclamant : « Ah ! Public exubérant ! » Comme si cela pouvait être un reproche !

Pour toutes les représentations qui ont suivi, il m'a fallu retirer deux titres à mon tour de chant pour laisser place à quelques rappels. Mais j'avoue que cette première série de spectacles au Théâtre de la Ville a été un moment si intense, si émouvant, que je puis dire qu'il fait désormais partie de mes images d'éternité, tant il est en parfaite adéquation avec la mission que je m'étais octroyée. La messagère avait livré le message. L'artiste n'avait fait aucun compromis. Et je pouvais, dès vingt heures, sortir dîner sous l'effet grisant de l'euphorie.

Barbe-Bleue

Mon album *Je m'appelle Édith* venait de remporter le Grand Prix du disque de l'Académie Charles Cros. Je tenais à nouveau l'affiche du Théâtre de la Ville de Paris pour trois semaines consécutives. J'adorais cette formule : une heure de spectacle, puis, place au théâtre ! La promotion, cette fois, était plus exigeante. Dans mes rares moments de liberté, j'étais poursuivie par un admirateur qui se disait de la noblesse et voulait épouser la « princesse d'Acadie ». Il avait même réussi, grâce à la fascination que l'aristocratie exerçait sur les Français, à se faire introduire dans la cour intérieure de l'hôtel et à venir s'asseoir à la table où je prenais tranquillement le thé. Sans ambages, il me déclara ses sentiments et fit sa grande demande en me parlant de son château, de ses donjons et de la vie idyllique qui nous y attendait... Plutôt que de répondre, je l'interrogeai et lui demandai pourquoi il n'était pas marié déjà. Les yeux soudain exorbités, il me dit : « J'ai eu quatre épouses, mademoiselle ! Elles ont toujours fui après la nuit de noces... »

Cet homme étrange, par ailleurs de belle apparence, commençait à me faire peur. J'avais peut-être devant moi un nouveau Barbe-Bleue, qui sait ? Prétextant que mon métier ne me permettait pas de me fixer dans un château, si beau soit-il, avant plusieurs années, je refusai sa proposition en y mettant les formes. Vexé, ce curieux zigoto se leva d'un bond, esquissa un baisemain, tourna les talons et disparut. Je croyais bien l'avoir évincé avec diplomatie en le retournant à ses châteaux, d'où il ne réapparaîtrait plus...

Mais il avait la persévérance des obsessifs et il surgissait à tout moment, comme venu de nulle part. La dernière fois que je l'ai vu, il avait déjoué toute la sécurité du théâtre, emprunté l'ascenseur, et s'était caché à l'intérieur de ma loge. Quand je suis arrivée, deux heures avant la représentation, il était là, dressé devant moi tel un géant menaçant. Au début, il ne fit encore une fois que me demander d'unir nos destins. Mais puisque je n'avais nullement l'intention d'acquiescer à cette proposition insolite, je le priai de se retirer. Il refusa. Hors de lui. À l'évidence, ce Barbe-Bleue était fou !

Quatre hommes ont été nécessaires pour maîtriser ce cinglé et l'expulser de la loge et du théâtre. Durant cette période de ma vie, je n'osais plus me promener seule ni entrer dans ma loge sans être accompagnée. Quand la frayeur s'est dissipée, il m'arrivait de songer que de m'écouter chanter d'anciennes complaintes évoquant l'histoire tragique de Marguerite et de son frère Renaud, ou les tribulations d'un roi d'Angleterre honni par les Français, avait peut-être fait dérailler l'esprit déjà dérangé de Barbe-Bleue...

Tribulations et jour de fête

Toutes les répétitions terminées, les valises bouclées, les vols réservés, j'allais quitter le lendemain pour une nouvelle série de récitals au Théâtre de la Ville de Paris. Cette fois, j'y tiendrais l'affiche trois semaines d'affilée. C'est ce moment que choisit mon directeur musical pour appeler Lise et lui poser cet ultimatum : « Doublez le cachet de chacun des musiciens, sinon nous ne viendrons pas. » Imperturbable, et sachant ce qu'elle encourait en cédant à ce chantage, elle dit simplement : « Alors, vous ne venez pas. » Et elle raccrocha. La décision était irrévocable.

Une minute plus tard, elle se mit en quête de musiciens de l'autre côté de l'océan. C'est ce qui me valut, en foulant le sol français, de rencontrer les merveilleux frères Perathoner. Serge, en plus d'être un pianiste doué, était un excellent arrangeur. Il capta immédiatement mon style. Le soir de la première, on aurait pu croire que nous jouions ensemble depuis très longtemps. J'avais le sentiment qu'il respirait en même temps que moi. Et pas un instant je n'ai regretté, musicalement, ceux qui ont fait défection. Côté humain, pourtant, le coup avait été rude.

Quelques jours après la première, une pluie torrentielle s'est abattue sur Paris. Toute cette accumulation d'eau s'est frayé un chemin dans le plafond du théâtre, où elle s'est nichée dans une sorte de grande poche dont nous ne soupçonnions pas l'existence. On aurait dit qu'elle avait choisi le moment le plus théâtral pour éclater, juste au dessus de ma tête, pendant que j'interprétais *Le grain de mil*, *a capella*. Sous cette douche d'eau et de poussière mêlées, bien que trempée et à demi étouffée, je continuais de chanter. Côté spectateurs, toutes ces gouttelettes d'eau et ces particules de poussière sous les rayons lumineux étaient, paraît-il, du meilleur effet. La chanson terminée, entre deux accès de toux, ne sachant pas s'il n'y avait eu que moi que cette subite inondation avait submergée, j'ai demandé au public : « Y mouille-t'y, vous autres ? » Ce qui déclencha un tonnerre d'applaudissements, sans que je sache s'il s'adressait à la valeureuse chanteuse qui poursuivait son spectacle malgré tout, ou au responsable de la lumière et de ces spectaculaires effets spéciaux...

Dans la même semaine, Diane Dufresne vint assister au spectacle. Elle était accompagnée de Jean-Michel Boris, le directeur de l'Olympia. La représentation terminée, elle attendit pour me voir que j'aie achevé l'interminable séance de signatures. Puis elle m'annonça que Jean-Michel Boris était emballé et qu'il me proposerait l'Olympia. Qui plus est, pour s'assurer que je ne repartirais pas sans signer cet important contrat, elle organisa un déjeuner dans l'appartement qu'elle occupait à Paris. Elle y convia aussi Jean-Michel Boris et nous servit un Himalaya de cuisses de grenouille. Il y en avait tant que je me disais qu'elle avait dû ratisser un étang au grand complet! Et c'est en dégustant ce mets très fin qu'il fut convenu et conclu que, deux ans plus tard, ma place serait à l'Olympia! Voilà qu'une *frog* discutait de son avenir en avalant ses congénères! Cette pensée cocasse me traversa l'esprit à la vitesse de l'éclair. L'instant d'après, j'avais le cœur à la fête en songeant à la grande générosité de Diane. La confiance et le respect que cette artiste étonnante et surdouée manifestait pour mon travail m'encouragèrent à accepter ce nouveau défi. Diane Dufresne occupera toujours une place privilégiée dans mon Olympe personnel.

Du sur mesure

Souvent, je travaillais seule dans le studio chez moi. Je composais énormément de mélodies en espérant que quelqu'un finirait par y mettre des paroles. Or, en cette année qui précédait mon premier passage à l'Olympia de Paris, Françoise Mallet-Joris est venue me visiter. Chaque jour, elle s'enfermait dans la bibliothèque et consacrait un moment à ses propres écrits, puis elle écrivait des paroles sur mes musiques. J'incitais Lise à en faire autant. Son bureau étant jonché de documents et de contrats, d'appels à retourner et d'inévitables factures, elle prit sa plume et du papier et s'installa dans le couloir. Entre ce couloir et le bureau, je ne sais même pas si elle prenait le temps de dormir! Devant cette *workaholic* en puissance, Françoise a écrit *Surmenés Anonymes* :

> *Allô, allô, surmenés anonymes*
> *Please, aidez-moi, je sens que je déprime*
> *Je suis droguée, intoxiquée*
> *Je ne peux plus m'arrêter de travailler...*

Il ne semble pas que le message ait porté fruit et Lise a persévéré dans sa folle cadence. Mais, pour moi, ce qui était exceptionnel, c'est qu'enfin mes mélodies devenaient des chansons, sans que j'aie besoin d'attendre une éternité. Françoise et Lise ont chacune écrit quatre titres pour mon album. Et c'était du « sur mesure ». Ça collait sur mes musiques.

Au sous-sol, je n'étais plus seule non plus. Mon studio s'était transformé en salle de répétition. Mégo, Denis Farmer, André Proulx, Jean-Marie Benoît, Pierre Niquette, Michel Dion et Paul Picard venaient travailler avec moi. Dans ces années où le rock'n'roll était à la mode, on s'en donnait à cœur joie! Si quelques chansons comme *La Complainte de Marie-Madeleine*, *Feu Vert* ou *Oh cher, veux-tu venir danser ?* pouvaient s'inscrire dans une certaine continuité de mon répertoire, il en était autrement pour *Assez d'béton*. Les musiciens étaient jeunes, enthousiastes et aussi énergiques que moi, ce qui nous encourageait tous à pousser un peu plus loin le rythme et les sonorités. Et les synthés se sont déchaînés. Ils sont devenus cuivres. Saccadés. Secs. Soulignaient les phrases musicales tantôt avec douceur, tantôt avec brutalité. Nous faisions de la recherche pour pousser plus loin certaines chansons traditionnelles, comme *L'Escaouette*.

Cet album, dont le titre phare était *Un million de fois je t'aime*, est sorti simultanément au Québec et en France. Certains titres ont été de réelles locomotives. Mais j'ai dû mettre une sourdine à celles de mes musiques qui s'étaient emballées au point de ne plus du tout me ressembler. J'ai compris que la chanteuse que je suis avait besoin de sur mesure et que la musicienne en moi, pour ne pas en être frustrée, devait accepter le fait qu'on ne change pas une image sous prétexte d'évolution...

L'harmoniciste

Dans une tournée américaine, juste avant mon premier Olympia, j'avais mis au programme quelques nouvelles chansons très rock'n'roll, dont *Le vendeur de chars*, un texte de Clémence DesRochers que j'avais mis en musique. L'histoire racontait la fin tragique de ce vendeur toujours dans l'urgence et ne sachant pas s'arrêter, qui, une nuit, en traversant le parc La Vérendrye, n'a pas vu l'orignal traverser la route devant lui. Pour illustrer l'histoire de ce vendeur obsessif et exténué, j'avais voulu une rythmique nerveuse, saccadée, où grinçaient les guitares électriques, tandis que la basse, la batterie et les claviers se déchaînaient jusqu'à un arrêt brutal au son d'une sirène d'ambulance, lorsque le vendeur se retrouvait dans le décor, blessé à mort. Pour donner encore plus d'emphase à cette finale, l'éclairage s'éteignait abruptement. Après cette montée dramatique et cette chute brutale dans un noir absolu, le public s'est muré dans un silence glacial. Pas un son. Pas un applaudissement. Une salle totalement muette. Stupéfaite !

Le public, sans doute déconcerté par tant de violence de ma part, ne se départit pas de son mutisme. J'étais décontenancée. Que se passait-il ? Après quelques instants de malaise de part et d'autre, André Proulx, mon violoniste de l'époque, décida de faire diversion en jouant quelques mesures du classique *Orange Blossom Special*. Impulsivement, j'ai saisi mon harmonica. Et nous avons improvisé un duo sur tous les modes du parcours d'un train. La lenteur, l'accélération, la vitesse de plus en plus grande. Nous nous répondions par des phrases musicales inattendues. Il fallait nuancer, attaquer, souffler, réagir. André est un virtuose du violon et je m'époumonais à lui donner la réplique. Il ne fallait ni hésitation ni faiblesse. Ce duo devint une sorte de duel musical. Qui du violon ou de l'harmonica aurait le dernier mot ? Ce défi devint un plaisir. La performance fut suivie d'une ovation. *Le petit train de Bouctouche* venait de naître. Sur scène. Devant public.

Tout le temps que dura mon association avec André, ce numéro fit partie de mes spectacles. Et j'abandonnai le *heavy rock* pour les contrées musicales plus douces, dont l'énergie me correspondait sans doute davantage. L'harmonica cessa d'être un instrument que j'utilisais avec timidité, uniquement pour le *folk song*. Il devint pour moi l'expression du blues et de la performance. L'harmonica n'est habité que par le souffle. Et c'est la résonnance à travers lui de la pulsion de vie qui m'a séduite. Je devins harmoniciste en cette soirée où la musicienne remporta la bataille perdue par la chanteuse.

Le champ de Bertin ou l'art en bouteille

Les périodes consacrées à la promotion s'étiraient en longueur, me semblait-il. Un mois, deux mois, parfois plus. À Paris, elles me paraissaient interminables. Entre les entrevues, les rencontres avec les journalistes et les apparitions à la télé, il y avait beaucoup de temps libre, d'espace inoccupé, sans que je puisse rentrer chez moi. La nostalgie menaçait ma quiétude.

Combien de fois, au musée d'Orsay, ai-je déambulé parmi les impressionnistes? Ou arpenté les magnifiques salles du Louvre? La fréquentation des chefs-d'œuvre m'était seule secourable quand le ciel de Paris virait au gris. Les musées étaient mon refuge.

Puis un jour, quelqu'un m'offrit un volume magnifique consacré à l'histoire du vin. Je ne buvais pas de vin et ma connaissance se limitait à les distinguer par leur couleur. Rouge ou blanc. À la première pluie qui me garda à l'intérieur de ma chambre d'hôtel, je commençai en toute innocence à lire ce bouquin qui allait transformer mes séjours en moments de fête.

J'y traversai d'abord la Bourgogne à travers ses cépages. C'était le pays de Colette et des *Vrilles de la vigne*. Le pays de Bertin, aussi, dont le champ jouxtait ceux de l'abbaye de Bèze. Et de ces moines qui lui offrirent des vignes qu'il planta dans son champ. Et le vin qu'il en tira était exceptionnel, un grand cru. Le champ de Bertin devint le Chambertin; et, puisque l'origine des ceps était le clos de Bèze, le Chambertin Clos de Bèze. Cette histoire me parlait. Je connaissais les champs et les clos, et Bertin aurait pu être mon voisin. Mais qu'avait donc de spécial un grand cru?

Mon hôtel était tout près de chez Vignon. J'y courus. Lorsque j'annonçai que je voulais un Chambertin Clos de Bèze, la dame qui me servait a écarquillé les yeux et appelé le sommelier. «Madame souhaite un Chambertin Clos de Bèze», dit-elle d'un air méfiant. «Quelle année?» me demanda l'homme debout devant moi. «La meilleure », lui répondis-je, ignorant tout autant l'importance du millésime que le prix des grands vins.

Lorsque le sommelier remonta de la cave, il tenait la bouteille des deux mains. Puis il m'inonda de conseils. La dame au comptoir dit tout haut qu'elle allait m'encaisser en me jetant presque à la figure le montant quasi exorbitant de mon achat. Ce jour-là, le prix n'avait pas d'importance pour moi : j'allais avoir quarante ans et c'était ma première bouteille de vin...

Une fois dans ma chambre, j'ai suivi à la lettre les consignes de l'œnologue. J'ai ouvert la bouteille et je l'ai regardée respirer une heure ou deux avant de verser un peu de vin dans un verre translucide afin d'admirer la robe et la longueur de la jambe de mon Chambertin. Puis j'ai humé ce nectar à plusieurs reprises pour tenter d'en distinguer chacun des arômes. Quand enfin j'ai osé porter le verre à mes lèvres, il y a eu comme un coup de foudre ! Le vin était le résultat de l'Art et de l'Histoire. C'était de l'Art en bouteille ! Comme dans l'art pictural, il y avait des chefs-d'œuvre et des croûtes. C'est là que le déclic s'est produit. J'ai appris à le humer, à le goûter, à le siroter, à l'avaler, à le sentir glisser en moi si profondément qu'il semblait atteindre mes viscères. J'y ai reconnu les côtés ensoleillés et les côtés sombres, les années d'exception et les années de pluie, quand le côté humide, mouillé, vient perturber en les diluant ses attributs distinctifs.

Si je n'appréciais pas la piquette anonyme, connue par moi sous les simples appellations de « rouge » ou « blanc », je me suis découvert une passion pour le vin dont on pouvait connaître l'histoire et la goûter. Laisser ses papilles s'imprégner des parfums de la terre, des arômes de bois, de cuir, d'herbes, d'épices ou de fruits... Je pouvais boire jusqu'à la lie ces vins que je n'avais pas appris à décanter.

Une grande bouteille excite les papilles bien avant de réchauffer le corps et le cœur. C'est le palais qui fait office de goûteur. Avec un peu d'entraînement, il devient vite apte à la reconnaissance subtile des saveurs.

Chaque jour j'ai poursuivi ma lecture. Et chaque jour il y a eu une histoire que j'ai voulu goûter et savourer. L'œnologue de chez Vignon, devant mon enthousiasme, se plaisait à présent à me conseiller. Me guidant parfois vers des histoires moins fascinantes, mais vers de meilleurs vins. Il m'enseigna aussi les rudiments de la manière de choisir des mets pour accompagner mes choix. Cette idée lui était venue parce qu'un jour j'avais choisi un grand vin de Margaux pour avaler un sandwich jambon-beurre. Cela l'avait horrifié ! C'était un crime !

Au cours d'une émission de télévision qui précédait mon premier Olympia, il fut question de vin. J'admis que je le préférais aux fleurs coupées, si belles soient-elles. Et le soir de la première, je reçus un nombre impressionnant de grands crus de Bourgogne et du Bordelais. Il y en eut suffisamment pour tout le mois, et trois autres séjours. J'en ai rapporté une trentaine de bouteilles, à raison de quatre par voyage. Je les ai mises dans la cave en attendant une occasion exceptionnelle pour les ouvrir. Celle-ci se faisant attendre, et plusieurs vins n'étaient plus buvables lorsque je me suis enfin décidée à les ouvrir. Ces bouteilles ont fini dans un bœuf bourguignon, qu'elles soient de Bourgogne ou de Bordeaux.

Désormais, je n'attends plus une bien subjective occasion exceptionnelle pour ouvrir un grand vin, mais tout simplement le moment où il est prêt à boire. Cela me semble de sa part un consentement tacite à la plénitude de la fête des sens qui va suivre.

La survitaminée

L'année de ma première série de spectacles à l'Olympia de Paris, il faisait tellement froid que les oiseaux mouraient gelés et restaient suspendus, accrochés, roides, aux fils électriques. Par la fenêtre de l'appartement de mon ami Luc Plamondon, j'observais les clochards descendre dans les bouches d'égout. Dans le métro, on servait de la soupe. La France était figée dans un interminable hiver polaire. C'est durant cette sorte d'ère glaciaire que ma mère décida de quitter, seule, son Acadie, et de voyager jusqu'à Paris. En dépit de sa part de sang indien qui d'ordinaire la prémunissait contre le froid, cette fois, elle devait porter son manteau de fourrure, comme une pelisse, peau contre peau. Lise croyait davantage aux vertus du calvados. Et moi, je luttais de toutes mes forces pour ne pas me laisser transir par une température si basse et une humidité si pénétrante qu'elles semblaient se liguer pour absorber mon énergie.

De plus, je m'épuisais en spectacles, en entrevues et en apparitions à la télé, où j'ai participé à presque toutes les émissions, y compris celle de Stéphane Collaro, où l'on m'avait plantée dans un décor de cabane en bois rond, au milieu d'un sketch où tous les participants tentaient, pour l'occasion, de prendre l'accent acadien, en plus de porter la chemise à carreaux !

Fatiguée, je m'inquiétais pour mon spectacle, bien que, avant que je quitte le Québec, Gilles Vigneault m'ait rassurée en me disant : « Tu es aussi grande que moi, alors si ça ne va pas, tu n'auras qu'à faire trois grandes enjambées côté cour ou jardin, comme tu voudras, pour sortir de scène. »

Mais pour l'heure, j'avais grand besoin d'être requinquée. Des amis, champions sportifs de haut niveau, m'ont alors suggéré le remède qui les remettait d'aplomb avant les épreuves. Je ne me suis pas préoccupée de savoir ce que c'était et j'ai accepté les injections quotidiennes.

À ce régime, l'après-midi de la générale à l'Olympia, non seulement avais-je recouvré mon énergie habituelle, mais elle était décuplée ! J'aurais pu grimper dans les rideaux ! J'ai joué un accord et ma guitare s'est brisée sous la force de mes doigts… Mon bon Samaritain a été Hugues Aufray, qui m'a prêté la sienne.

Quelques heures plus tard, c'était la première. Je n'étais pas encore à la moitié de mon récital que le talon d'une de mes chaussures céda sous ma fougue retrouvée. J'étais au début de la chanson *Hale*, une sorte de mélopée pour rythmer le dur labeur, ce qui me permettait de me balancer d'un pied sur l'autre dans un mouvement qui entraînait tout le corps et camouflait mon inconfort. Mais j'étais soudain dotée d'une telle puissance que j'ai pu poursuivre le spectacle en compensant le talon perdu en me tenant sur le bout du pied, telle une ballerine faisant une pointe à cloche-pied.

Le spectacle tout entier se déroulait dans une ambiance survoltée. En coulisse, Paulette Coquatrix pleurait. «C'est gagné», dit-elle. L'arrière-scène a été rapidement envahie par une cohorte d'artistes, de célébrités et de médias. Tandis qu'on me réclamait et me cherchait dans ma loge, j'étais restée dans la coulisse à ramasser un à un les outils qu'un technicien plus âgé avait échappés. Il me semblait que d'aider cet homme était de la première urgence. Pour le reste, j'avais donné le meilleur de moi-même. Que pouvais-je offrir d'autre?

Le lendemain, les journaux titraient: La survitaminée. Ils n'auraient pu si bien dire… Ce n'est que vingt ans plus tard, lorsqu'on a commencé à parler de dopage chez les sportifs, que j'ai commencé à comprendre la nature des substances qui ont probablement coulé dans mes veines à mon insu.

Malgré l'air glacial au dehors, l'euphorie s'est poursuivie pour chacun des spectacles. Et, le soir de la dernière, une curieuse odeur de cuisson a envahi toute la scène. Les techniciens du lieu, qui, m'avait-on dit, étaient d'ordinaire peu coopératifs, avaient pour moi rouvert au sous-sol une ancienne cuisine. Ils s'étaient remis aux fourneaux et m'avaient préparé eux-mêmes des spaghettis sauce tomate, comme ils l'avaient fait jadis pour Édith Piaf et Jacques Brel. C'était le plus beau compliment que j'avais jamais reçu. Et ça, c'était inespéré… même pour une survitaminée!

Les soirs de dernières

À la scène, une tradition tenace veut que le dernier soir d'une série de représentations, des membres de l'équipe, pour blaguer, se jouent des tours. Ainsi, à la dernière de ma première série de spectacles à l'Olympia de Paris, les techniciens ont-il décidé de remplir la scène de fumée. Je ne voyais plus rien. Aucun musicien. Aucun rideau. Plus de micro. Seulement des nuages épais que rien ne semblait pouvoir disperser. La scène avait disparu, tout comme le bout de mes pieds. Une boucane inouïe dans laquelle je me démenais, les bras en éventail virant comme des moulins, pour me frayer un passage et tenter d'atteindre un pied de micro qui m'eût servi de repère, si seulement j'avais pu l'attraper ! J'ai dû remercier tout le monde à travers ce brouillard qui m'embrumait l'esprit. Dans mon affolement, craignant de commettre un impair en oubliant quelqu'un, j'ai même remercié le chien de Patricia Coquatrix qui traînait en coulisse ! Quand la brume s'est un peu dissipée, mon pianiste avait laissé la place à Marie-Paule Belle qui faisait swinguer *Paquetville* en y intercalant les sonorités de *La Parisienne*, au plus grand amusement des spectateurs !

D'autres fois, on a caché le petit bonhomme à danser que j'utilise dans les spectacles ou l'un des instruments avec lesquels je m'accompagne. Rien de bien méchant. Surtout que le public sait qu'un soir de dernière, bien des choses imprévues peuvent se produire. Ce sont des facéties qui ne cherchent qu'à faire rire et qui, en général, y parviennent.

Alors, lorsque Marie-Paule Belle traversa l'océan à son tour pour venir donner une série de récitals à Montréal, je me suis souvenue du tour qu'elle m'avait joué à Paris, et, à titre de revanche, et dans l'espoir de l'amuser, j'ai voulu souligner sa dernière en m'habillant de vêtements noirs tachés de sang, tenue qui selon moi pouvait être celle d'un vampire et qui devait la faire rire. Assise à son piano, elle venait d'attaquer la chanson *Nosferatu*, l'histoire d'un vampire, moment que j'attendais, dissimulée dans les coulisses. Soudain, j'ouvris les rideaux au centre de la scène, passai ma tête de vampire improvisé dans l'ouverture et lançai en direction de Marie-Paule une chauve-souris de caoutchouc, grise et d'aspect gluant. Elle poussa un cri d'effroi et s'engouffra illico sous le piano, d'où il n'était plus possible de la faire sortir. J'avais beau crier « C'est moi, Marie-Paule, n'aie pas peur, sors de là, c'est une blague ! » rien n'y faisait. Le public, qui m'avait reconnue à mon accent, était hilare. Mais Marie-Paule était tellement effrayée que j'ai dû quitter la scène pour qu'elle consente à sortir, tremblante, de son refuge, et à poursuivre son tour de chant.

À mon grand désarroi, je lui ai causé une telle frayeur que j'ai craint un instant qu'elle soit victime d'un malaise… Et c'est moi qui ai eu peur ! Depuis, je ménage mes effets et laisse à d'autres le soin d'inventer des plaisanteries plus fines pour les soirs de dernières…

Un capteur viscéral

Un petit capteur viscéral, une sorte d'alarme biologique, déclenche parfois chez moi des paniques incontrôlables. Sur le coup, je ne sais jamais de quoi il s'agit. Tout ce que je sais, c'est que quelque chose est en train de se produire. Il m'avertit clairement sans doute, mais ma pensée rationnelle n'arrive pas à saisir de quoi il s'agit. Et pourtant, ce signal inaudible ne se déclenche jamais sans raison.

Ainsi, un jour de relâche à Paris, je décidai d'aller faire le tour des boutiques au rond-point des Champs-Élysées. Et, puisque rien ne pressait, de m'asseoir au café et de flâner un peu, quand brusquement cet avertisseur intérieur se déclencha avec une force inouïe. Je réglai l'addition en état de panique. Il fallait que je sorte de là à tout prix. Dans mon affolement, je ne retrouvais plus ma voiture dans le parking souterrain. Et l'angoisse m'étreignait. J'avais le sentiment d'un danger terrible et imminent. Lorsque, à bout de souffle, j'ai retrouvé la voiture, je suis sortie le plus rapidement possible de ce parking qui me semblait tout à coup un inquiétant trou de béton dans lequel j'étais emmurée. Je n'avais pas atteint les premiers feux de signalisation qu'un bruit énorme retentit. Peu après, des sirènes se mirent à hurler de partout! Une bombe avait explosé. Elle avait été posée juste à côté du café où je traînaillais!... Il y eut deux morts et vingt-neuf blessés.

Parfois, le signal se métamorphose. Ce n'est plus la panique, mais une sorte de geyser que j'entends geindre, puis sourdre du fond de moi en propulsant avec force des larmes chaudes, jaillissantes et incompressibles. Dans ces moments-là, je sais qu'un chagrin approche. C'est comme ça qu'après un spectacle dans une jolie ville de France, je me suis effondrée, comme engloutie sous un trop-plein de pleurs. Une peine d'origine inconnue qui ne me quittait plus. Le lendemain, une amie à qui je racontais ma douleur m'a dit: «Appelle ta mère, ça te fera du bien.» J'ai appelé ma mère. Elle pleurait. Je lui ai demandé pourquoi elle pleurait. Elle m'a dit: «Parce que tu pleures.» En réalité, c'est ma grand-mère Louise qui nous avait quittés... juste au moment où j'étais sortie de scène... à des milliers de kilomètres de distance!

Peut-être sommes-nous comme les champignons reliés les uns aux autres par d'inextricables réseaux de communication souterrains. Sans doute cette impulsion, qu'un être vivant doit à sa nature, est-elle un don, une sorte de legs héréditaire, l'instinct qui prévient l'animal du danger pour lui permettre de survivre. Mais c'est aussi cet instinct indéfectible qui s'éveille, s'anime et me guide quand j'entre sur ce territoire qui autrement m'effraierait : la scène !

La brisure

Qui sait combien j'ai pleuré lorsqu'on m'a proposé d'enregistrer la partie festive de mon spectacle sous une thématique de party? La même intuition qui m'avait permis d'échapper au péril de la bombe me disait de ne pas céder à la pression conjuguée du producteur, de l'attachée de presse et de mon imprésario. Tous les efforts que j'avais jusqu'ici consentis pour livrer un message cohérent destiné à faire connaître ma culture seraient, je le sentais, dévoyés et noyés sous l'image d'une fille de party, populaire meneuse de revue qui n'avait rien à voir avec l'être solitaire et sauvage que j'étais. Cette image, qui se superposerait à ce que j'étais profondément, m'horripilait. Mais je n'ai pas eu le choix. Les événements ont eu préséance sur mes états d'âme.

Jusque-là, j'avais tenté d'exprimer un peuple, de le rendre fier de ce qu'il était et de le faire connaître à tous. Je chantais la richesse de sa tradition, de ses complaintes conservées et transmises depuis le Moyen Âge, de ses folklores rythmés qui l'avaient accompagné par gros temps, et je disais sa réalité présente, depuis *Avant d'être dépaysée*, en passant par *L'Acadie s'marie*, *On parlera de nous some day*, *Nos hommes ont mis la voile*, *Asteur qu'on est là*, *La Complainte de Marie-Madeleine*, *Hymne à l'espoir*, et même *Paquetville* qui à l'origine avait un tempo modéré, un accompagnement à la harpe et parlait de survivance…

Le passage de la chanteuse engagée à *Vot' ti-chien madame*, des jeans à la veste à paillettes, de la mélopée au reel carré, a été douloureux. Mais, puisqu'il le fallait, je l'ai fait.

Mais pourquoi le fallait-il? Parce que tous les projets que nous développions au Québec, au Canada, en Europe et aux États-Unis n'étaient financés que par notre propre petite structure de disques et de spectacles. Celle-ci n'avait pas les reins assez solides pour s'engager dans la production d'un nouvel album moins d'un an après la sortie de *Un million de fois je t'aime*, dont nous faisions toujours la promotion. De plus, les arguments du producteur Gilbert Morin, de mon attachée de presse Francine Chaloult et de Lise elle-même étaient difficiles à réfuter : à l'époque, une trop longue absence sur disque m'aurait fait sombrer dans l'oubli en même temps que mon message... Et le projet que l'on me présentait devait être en grande partie extrait de mon matériel de scène.

J'ai rendu les armes et suis entrée en studio. En cours de route, beaucoup de choses qui n'appartenaient pas à mon répertoire s'y sont ajoutées. À l'automne de 1985, *Le Party d'Édith* était mis en marché. Le lendemain de la première télé qui a suivi, l'album était disque d'or. Il devint platine. Puis, double platine.

Et l'image de la fille de party a supplanté celle de la chanteuse engagée. Mon intuition ne m'avait pas trompée... Il y aurait désormais une dichotomie profonde entre moi-même – je continuerais à écrire, à prendre partie, à parler de l'Acadie, d'écologie – et la perception que l'on aurait de moi.

Cette brisure-là, que j'ai vue comme une fêlure dans mon intégrité, m'a longtemps torturée.

Le retentissement

Le succès du *Party d'Édith* fut immédiat. Chaque jour, un appel de Gilbert Morin, le producteur, m'annonçait les ventes mirobolantes de la veille. Les demandes d'entrevues, d'émissions de télé et de spectacles fusaient de partout !

Pourtant, quand la promotion de l'album a débuté à l'automne de 1985, j'avais déjà, depuis le 1ᵉʳ janvier, fait une série de récitals à l'Olympia de Paris, refait la Place des Arts de Montréal, le Palais Montcalm à Québec, le Centre des Arts à Ottawa, une tournée en Bretagne, une autre en Normandie, puis chanté à Charlesbourg, La Pocatière, Rivière-du-Loup, Rimouski, Edmundston, Trois-Rivières, Victoriaville, Montréal-Nord, Saint-Jean, Ville-Saint-Laurent, Valleyfield, Halifax, Moncton, Frédéricton, Woodstock, Tracadie, Bathurst, Campbellton, Saint-Jean de Terre-Neuve, Saint-Georges-de-Beauce, Val-d'Or, Madawaska (Maine), Mégantic, aux Francofolies de La Rochelle, à Sainte-Agathe, Chatham, l'île d'Orléans, chanté pour le président Reagan à Québec, fait une immense tournée de promotion en France, de *L'Académie des neuf* à Michel Drucker, en passant par Europe 1, *La Chance aux chansons* et toutes les grandes émissions de l'époque. J'avais aussi chanté à Limoges, Épinay, Mulhouse, Mantes-la-Jolie, Joué-lès-Tours, Saint-Ouen-l'Aumône, Châtellerault, Caen, Vendôme, Cherbourg, Le Mans, Niort, Brest, Saint-Malo, Béziers, Avignon, Genève, Grenoble, Rouen, Le Havre et Toronto. Tout ça avant *Le Party*, et en quelques mois.

Il n'y avait aucun moyen pour moi de décélérer. Bien au contraire ! Je faisais toutes les émissions de télé possibles et, presque tous les soirs avant Noël, je faisais des signatures dans les centres commerciaux ! Pas un instant de repos. Les ventes grimpaient, mais ma thyroïde regimbait.

La machine s'était emballée et il n'y avait plus moyen de l'arrêter. Il fallait la nourrir. Mon médecin croyait à tort que je courais ainsi pour devenir la femme la plus riche du cimetière ! C'était bien mal connaître l'univers du disque québécois, dont les ventes se traduisaient peu en espèces sonnantes et trébuchantes dans l'escarcelle de l'Artiste... Mais j'avais donné ma parole et je la respectais.

L'année avait débuté dans le froid à Paris et se terminait au Québec sous la neige. Entre les deux, des spectacles, de la route, beaucoup de route, et une promotion effrénée. Il y avait de la frénésie dans l'air. Un rythme de vie en accéléré. J'avais des valises toutes prêtes, parce que entre deux départs je n'avais parfois même pas le temps de les défaire et de les refaire. Je tenais le coup par la grâce des témoignages d'amour que me prodiguait le public et d'un régime alimentaire que j'avais découvert en écoutant certains joueurs de hockey dire qu'ils se nourrissaient de pâtes avant un match. Évidemment, la sauce était proscrite, mais, ingurgitées deux heures avant une performance, elles me procuraient une énergie telle que les Français voyaient en moi un « brise-glace », une « tornade », voire un « typhon » !

Mais, deux heures après le spectacle, quand l'adrénaline redescendait de son envolée vertigineuse, je sombrais, comme une pierre que l'on jette à la mer.

Sous les ponts de Paris

Un an après mon premier passage à l'Olympia, où les critiques m'avaient qualifiée de «survitaminée», je m'apprêtais à remonter sur les planches de ce mythique music-hall. Pour une seconde série de récitals. Le soleil d'avril réchauffait timidement Paris. Les entrevues et les apparitions à la télé se multipliaient, mais…

Que peut-on faire, six jours avant le début d'une série de représentations à l'Olympia, lorsqu'on constate qu'il faudrait ajouter une couleur musicale, en l'occurrence un saxophone, à la finale d'une chanson, mais que le budget ne le permet pas ? La seule solution possible consiste à trouver un saxophone et à en jouer soi-même. Je partis donc à la recherche de l'instrument dans les échoppes où l'on vendait pour pas cher des objets usagés. C'est ainsi que dans une boutique poussiéreuse, au milieu d'un bric-à-brac, j'aperçus, enchâssé entre un fauteuil Louis XV et une guitare abîmée, un saxophone ténor rutilant, engoncé dans le velours bleu nuit d'un étui grand ouvert.

Une découverte inespérée qui me réjouit tellement fort que j'oubliai du coup que je ne savais pas jouer de cet instrument que je touchais pour la première fois ! Mon trésor sous le bras, je rentrai à l'hôtel. D'habitude, j'apprivoise facilement les instruments de musique, comme si nous appartenions à une même famille. Alors, je nettoyai à l'alcool le bec, l'anche et les clés. Curieux, me disais-je, que ce cuivre appartienne à la famille des bois… Puis j'attaquai sans plus tarder mon apprentissage en soufflant, en poussant, en tirant à m'époumoner, sans rien produire d'autre que des couacs percutants. Au bout de dix minutes de ces infructueux essais, la direction de l'hôtel se plaignit et je dus remiser le rebelle.

Le lendemain matin, mon ami Daniel Amadou m'enseigna les rudiments de l'instrument au cours d'une rencontre d'une heure. Et puis, comme l'hôtel ne tolérait pas l'intrusion sonore de mon saxophone, je me rendis à pied sous le pont de l'Alma pour pratiquer à l'aise. Tous les jours, entre les interviews et les émissions de télé et de radio, destinés à promouvoir le spectacle, je revenais travailler sous ce pont des plus tolérants pour les dissonances et les canards.

Au cinquième jour, Lise, épuisée par trois mois de travail acharné, s'était remise à faire des orgelets et portait un œil de pirate. Assise sur la boîte vide de mon saxophone, cette éborgnée penchée sur un lecteur de cassettes faisait jouer et rejouer la bande pour qu'à force de répétition je puisse dompter ce saxo et lui extraire la mélodie finale de mon spectacle. Quand tout à coup un cliquetis aigrelet et répétitif me fit croire que mon instrument se déglinguait et perdait toutes ses précieuses clés. Au moment de les ramasser sur le sol, je constatai que ce n'était pas l'instrument qui se défaisait sous mes doigts, mais des pièces de monnaie qu'on nous lançait depuis le pont de l'Alma ! D'en haut, les badauds nous observaient. Moi et mon saxo, Lise et son bandeau.

Avaient-ils apprécié la mélodie qui montait vers eux ?

À la veille de la première, mieux valait croire que c'était de bon augure plutôt que de souffrir à l'idée que ces flâneurs n'aient aperçu que deux clochardes traînant leur infortune sous les ponts de Paris.

Le verbe

Au début, outre les chansons, pas un son ne sortait de ma bouche. Pas même « merci » ! Puis, grâce aux *folk festivals*, j'ai appris à donner le titre de l'œuvre et à la situer dans le temps. J'étais si timide que ces quelques paroles prononcées du bout des lèvres relevaient pour moi de l'exploit pur et simple ! Puis, petit à petit, j'ai amadoué quelques mots. Avec eux, j'ai voulu raconter l'histoire et la culture acadiennes. Et le verbe a fini par soutenir ma pensée.

Un peu avant mon premier passage au Théâtre de la Ville de Paris, je me suis mise à raconter. À raconter par exemple les exploits de Giovanni da Verrazzano visitant nos côtes bien avant Jacques Cartier, et se retrouvant devant une telle abondance de gibiers et de poissons qu'il nomma mon pays l'Arcadie, en souvenir de ce lieu mythique où coulaient à profusion le lait et le miel. Et je racontais l'histoire des autochtones, contemporains de Verrazzano, qui appelaient tout simplement cette terre « Cadi », mot qui dans leur langue signifiait « campement ». Ce sont ces dernières appellations qui perdurent aujourd'hui encore dans les noms de Tracadie ou de Shubenacadie. Je me plaisais aussi à rappeler l'histoire de Champlain dont le bateau s'est retrouvé coincé dans un banc de morues, ou créant, après sa première année désastreuse passée sur l'île Sainte-Croix, où les marins mouraient du scorbut, l'Ordre du Bon Temps. Et la déportation. Et l'Exil. Et la vie en exil. Puis la richesse culturelle et l'espoir. L'histoire d'un peuple bafoué, mais resté fier et debout.

Je racontais ces histoires en guise de présentation à mes chansons. Mes spectacles, depuis *Asteur qu'on est là*, ont toujours été bâtis sur un canevas historique ou ethnologique. Toutefois, malgré la véracité historique, les images et les exagérations typiques des Acadiens, qui émaillent mon langage, ont souvent, avec le temps, fait ressembler mes présentations à des monologues humoristiques. Parfois même interactifs. L'esprit de mon père commençait à s'incarner en moi. Sa verve venait hanter mes présentations. À prendre forme sous des facettes inattendues qui m'étonnaient. C'est sur scène que je suis donc véritablement devenue la fille à Johnny. Mais le verbe est action. Et le verbe est agir. Et mes spectacles, au début si intimes et si timides, sont devenus de véritables célébrations. Et ma parole est sortie de son exil intérieur. Qu'est donc le verbe, sinon la vie ?

La tournée des extrêmes (1987)

Tout était prêt pour une énième tournée en France. Les valises, les guitares, les banjos, dulcimers et autres boîtes à bing bang qui me suivaient partout à l'époque. Lise et moi partions une journée avant les musiciens, histoire de faire une apparition à l'émission *Champs-Élysées* animée par Michel Drucker. La limousine, supposée nous mener à l'aéroport de Mirabel, n'arrivait pas. Les instructions transmises au chauffeur par sa société avaient inversé la commande et il nous attendait à l'aéroport! Ce malentendu dissipé, on nous a envoyé une autre voiture. Très nerveux, le chauffeur ne semblait entendre ni le français ni l'anglais. En plus, il se perdait dans la ville. Lise a alors tenté de lui indiquer le chemin à force de gestes. De plus en plus nerveux, dès qu'il eut enfin repéré la sortie de l'autoroute il se mit à filer à toute allure, zigzaguant entre les voitures, comme s'il conduisait une mini Austin ou une Lada! La limousine était très allongée et nous, nous ballottions à l'arrière, d'un côté puis de l'autre. J'avais très peur. Lise l'enjoignait de se calmer et de ralentir. Rien n'y fit. Il n'écoutait pas et poursuivait sa course folle. Enfin, voici la sortie de Mirabel. Il s'y engage. Au même instant, une odeur de brûlé parvient jusqu'à nous et la fumée monte dans l'habitacle, et puis des flammes percent le capot. Quand il immobilise sa voiture sur le bord de la route, on ne voit déjà plus rien à l'intérieur. Un mouchoir sur la bouche pour se protéger de la fumée, il sort et nous laisse derrière, les portes verrouillées. Je parvins à les ouvrir en jouant avec le mécanisme. Une fois dehors, je regardais le chauffeur hébété, se tenant à distance respectueuse de l'engin qui pouvait éclater. J'ai ouvert le coffre et sorti les valises et mes instruments de musique. Le chauffeur ne bougeait toujours pas. On apercevait de loin l'aérogare. Mais comment arriver à prendre cet avion? Alors Lise se mit au centre de la route et le camion qui la trouva sous le rayonnement de ses phares s'arrêta. Elle se hissa dans la cabine et demanda au chauffeur de la conduire directement au comptoir d'Air France. Comment leur a-t-elle expliqué la chose, je ne sais pas, mais on a retardé le départ d'une quinzaine de minutes pour permettre à un taxi de venir me chercher avec tous mes bagages. Peu après, confortablement assise à l'étage supérieur de l'avion, buvant à petites gorgées le champagne que l'hôtesse venait de m'offrir, je me comptais chanceuse d'avoir échappé tant à l'incendie qu'à ce chauffeur de limousine détraqué ou perdu. L'envolée était agréable et, tout compte fait, puisqu'il n'y avait pas eu de dommage irréparable, l'histoire de la limousine m'apparaissait maintenant comme un simple incident de parcours et je m'endormis.

Le surlendemain, les musiciens arrivaient à leur tour. Je devais les rejoindre à l'aéroport et nous devions partir illico pour la Normandie. Au comptoir de la société de location de véhicules, où les nôtres – une camionnette et une voiture – étaient réservés depuis longtemps, il n'y avait qu'une seule personne, qui n'était au courant de rien. Elle me conseille de revenir «après le pont». Le pont? Ah! J'avais oublié ces longs congés de quatre jours, dont les Français sont spécialistes! Quand il y a le pont, il n'y a plus personne. Et, ma foi, des ponts, il y en a beaucoup. Donc, il y a le pont, et conséquemment pas de voiture ni de camionnette pour nous. Et, bien sûr, pas moyen de parler avec qui que ce soit! Nous sommes au désarroi. Lise appelle des amis qui mettent leur superbe voiture à la disposition des musiciens et une deux-chevaux, qu'ils ont réussi à dégotter quelque part, à la nôtre, mon pianiste, Lise et moi. Dehors, il pleut à boire debout. La grosse cylindrée des musiciens prend son élan et disparaît dans la nature. Une heure plus tard, nous tirons de l'arrière dans la deux-chevaux, quand soudain, de lente, elle devient poussive, puis s'arrête brusquement. C'est la panne! Après qu'un garagiste indépendant, qui ne fait pas le pont, nous a remorqués jusqu'à son garage, nous décidons d'aller manger. À dix minutes à pied, il y a un très joli restaurant. Une maison de pierres avec de beaux volets noirs grand ouverts. Le décor, à la fois champêtre et romantique, nous attire. Mais lorsque nous tentons de gravir les marches, deux énormes dobermans sautent par la fenêtre et nous pourchassent! Complètement effrayés, nous courons nous réfugier quelque part. Les chiens, leur travail accompli, s'en retournent d'où ils sont venus, sans nous avoir attaqués. Seulement, à quinze heures le resto est fermé et les bêtes sont de garde. On se replie donc vers un petit bistro au coin de la rue.

«Bonjour, monsieur, nous aimerions manger.

— On ne mange pas à cette heure-ci, madame!

— Mais il y a plein de gens qui mangent, là et là…

— Ils ne mangent pas, madame, ils cassent la croûte!

— Dans ce cas, pourrions-nous casser la croûte nous aussi?»

— Bien évidemment, madame. Suivez-moi.»

Après cet arrêt restauration, l'organisateur est venu nous chercher dans une petite voiture de tôle, sans aucune finition intérieure. Mon pianiste, un anglophone, me glisse à l'oreille, en observant le plafond de la voiture: «Est-ce le résultat de soixante années d'ingéniosité française?» La guerre de Cent Ans a beau être terminée depuis des siècles, il en restera toujours quelque chose… Nous rions malgré toutes nos difficultés, jusqu'à ce que la voiture de l'organisateur commence à zigzaguer sous la poussée du vent. Mon anglophone me dit en aparté, pour me consoler: «Ce pourrait être pire, il pourrait y avoir un ouragan…»

Arrivés à Flers, on se rend tout de suite à la salle de spectacle. Il est déjà dix-huit heures et le spectacle est prévu pour vingt heures. Je descends dans ma loge, qui est un peu humide, et je ferme la porte. Sur scène, les musiciens installent leurs instruments pour la balance de son, et soudain, paf! Le courant électrique n'est pas le même que chez nous et les claviers sautent! Le temps de se procurer d'autres instruments chez des amis de l'organisateur, le technicien crie mon nom dans l'espoir au moins d'équilibrer ma voix avant le début du spectacle. Moi, je suis enfermée dans ma loge et incapable d'en sortir. Il faut l'ouvrir de l'extérieur et personne ne sait que je suis à l'intérieur. On me cherche. Et quand enfin on me trouve, je grelotte de froid, percluse par l'humidité qui suintait sur les murs! Dix-neuf heures trente, les musiciens ont trouvé des claviers de remplacement. Malgré la fatigue et le décalage horaire, toute l'équipe se donne à fond. La foule participe avec enthousiasme. L'énergie est au maximum. Le spectacle est dynamisant. Mais nous devons rentrer à Paris le soir même. Pas question d'assister au dîner qui suit la représentation. Lise et moi partons les premières dans notre deux-chevaux raccommodée. Il vente. Pas normalement. Il vente à écorner les bœufs! Lorsque les arbres ont commencé à tomber au milieu de la route et qu'il a fallu descendre dans la tranchée pour les contourner, Lise, qui conduisait, s'est mise à avoir peur. Elle avait peine à garder la voiture sur la route. C'était comme conduire un bateau sur une mer houleuse. J'ai allumé la radio et nous avons appris que nous étions dans un ouragan d'une rare violence. Au moment de traverser un pont suspendu, qui m'apparaissait extrêmement long, il m'a semblé que Lise, à bout de nerfs et d'énergie, pleurait. Je feignais d'être brave pour lui donner du courage. Elle disait : « Je crois que la voiture va s'envoler ! » Je répondais : « Tu t'inquiéteras quand tu verras une vache se promener en l'air ! »

De toute façon, même si les vaches s'étaient envolées, Lise ne les aurait pas vues, tellement la nuit était noire ! Il n'y avait pas d'électricité sur la route et quand il y avait un village, il était plongé dans le noir total, tous les volets clos. Trois heures après le départ, il y a eu enfin une petite lueur : un immense camion était arrêté au bord de la route. Lise s'est immobilisée derrière lui. Lorsque nous avons voulu descendre de voiture, le vent était si fort que nous ne pouvions pas ouvrir les portières. Le chauffeur, lui, a réussi à sauter de sa cabine, juste le temps de nous faire signe de le suivre. Nous nous sentions protégées par ce mastodonte qui avançait lentement dans la nuit. Quand il a quitté l'autoroute, l'aube s'était levée depuis longtemps. Nous sommes entrées dans Paris à huit heures du matin, sous une averse de tuiles qui se détachaient des toits.

Deux heures plus tard, une rencontre avec des journalistes était prévue dans une sorte de salon ouvert, dans le hall de l'hôtel. C'est à ce moment que la voix chantante de la réceptionniste a retenti dans les haut-parleurs : « Monsieur Charasse demande madame Aubut au téléphone ! » À ces mots, les Français présents, tant le personnel que les journalistes, se sont mis à nous observer d'un œil inquisiteur, tandis que Lise croyait toujours qu'il s'agissait d'une des facéties de Marcel Béliveau pour m'emberlificoter dans un loufoque *Surprise sur prise*. Depuis des mois, nous recevions des appels de cet homme que nous ne connaissions pas, qui nous disait que « Monsieur le Président de la République souhaiterait vous convier à dîner ».

Un jour, il avait même réussi à nous joindre dans la voiture, entre Ottawa et Montréal, pour nous dire que Monsieur le Président de la

République devait bientôt se rendre en Argentine et que, lors de ses déplacements, un service téléphonique de neuf lignes voyageait avec lui pour les cas d'urgence, et il insistait pour que nous notions quelques-uns de ces numéros, pour lui téléphoner là-bas. Si nous avons bien inscrit les numéros, bien sûr nous ne les avons pas utilisés. Nous nous disions que l'imagination de Marcel Béliveau était vraiment très délirante, et nous nous félicitions de ne pas tomber dans un tel piège. Mais, ce matin-là, comment pouvait-il savoir que nous étions descendues dans cet hôtel? Il réitéra l'invitation à dîner du président. Je lui dis que nous n'étions libres que le 25 octobre. «Mais c'est un dimanche!» s'exclama-t-il, comme si le dimanche annihilait toute possibilité. «Laissez-moi vous rappeler», dit-il. Dix minutes plus tard, la sonnerie retentit de nouveau et notre mystérieux interlocuteur nous annonça que «Monsieur le Président de la République» était d'accord. On inscrivit ce dîner à l'agenda, bien que persuadées qu'il s'agissait d'une blague.

Le lendemain matin, avant de repartir en tournée, on reçut un carton officiel sur lequel était incrusté l'emblème de la présidence... Pas le temps de s'attarder sur notre méprise, il fallait reprendre la route. Des environs de Paris, en passant par le centre de la France, la Normandie et la Bretagne. Tous les jours, des heures de route, de la promo et un spectacle. Après la représentation du 24 octobre, nous avons roulé de nuit afin de déposer les musiciens à Roissy le 25 en matinée. Ils rentraient à Montréal. J'étais exténuée. De retour à l'hôtel, je me suis endormie. À dix-neuf heures, Lise a frappé à la porte pour me rappeler notre rendez-vous. J'étais fatiguée et je préférais dormir. De toute façon, lui ai-je dit, il y aura certainement des centaines de personnes, des discours... Quelle importance, que je sois là ou pas? Elle a fini par me persuader en me disant que le président avait fait beaucoup d'efforts pour me contacter et que je devais m'y rendre, ne serait-ce que pour un petit moment. De toutes ces semaines de tournée, nous n'avions pas eu une seconde pour faire les magasins. J'ai donc passé un vêtement noir et or destiné à la promotion; et Lise n'avait qu'un pantalon pied-de-poule, un chandail à col roulé et un veston rouge. C'est ainsi que nous sommes arrivées une demi-heure à l'avance devant les portes du palais, croyant qu'il nous faudrait garer la voiture très loin de là. Mais, à la vue de notre carton, les gendarmes ont ouvert les portes et une sorte de cylindre métallique, qui bloquait l'entrée, s'est enfoncé dans le sol. Nous sommes donc entrées dans la cour de l'Élysée, où il n'y avait personne! Même pas une autre voiture! Un homme ganté de blanc a surgi d'une porte latérale pour nous demander nos passeports.

«Nous sommes un peu en avance, pourrions-nous attendre quelque part?

— Monsieur le Président vous attend déjà. Suivez-moi.

— Où allons-nous? ai-je demandé.

— Dans les appartements privés, madame.»

Après avoir marché un moment à sa suite, nous avons gravi l'escalier qui menait à ces appartements. Lorsque notre guide a appuyé sur la sonnette, c'est le président lui-même qui est venu nous ouvrir. Vêtu d'un costume d'intérieur gris à col Mao, il s'est exclamé: «Édith! Chère amie!» Ce qui a eu pour effet de provoquer les aboiements répétés du chien de Madame. J'étais déjà à l'intérieur avec lui et Mme Mitterrand quand Lise, qui a une frousse bleue des chiens, a refermé brutalement la porte pour se mettre à l'abri. Le président a rouvert la porte et a demandé: «Qu'y a-t-il?» Lise a répondu «j'ai peur» et elle a refermé la porte. Le président l'a rouverte encore. «De quoi?

— Du chien!»

Et elle a refermé la porte. Il l'a rouverte.

«Elle est gentille.

— Mais j'ai peur quand même», a dit Lise en claquant la porte.

Cette bataille par porte interposée a duré jusqu'à ce que, morte de rire, je dise à Mme Mitterrand que, président ou pas, Lise n'entrerait jamais en présence de la chienne. Elle s'est alors résolue à enfermer l'animal dans une autre pièce et Lise a pu entrer. Nous n'étions que tous les quatre! Nous devisions depuis un moment au sujet de l'Acadie, lorsque le maître d'hôtel a demandé ce que chacun souhaitait boire. J'accompagnais le président dans son choix d'un jus de tomates, mais Lise a demandé un St-Raphaël. Ce n'était manifestement pas le style de la maison, puisque le maître d'hôtel est revenu une demi-heure plus tard, en s'excusant d'avoir dû remplacer le

St-Raphaël par un verre de sauternes. Lise s'obstinait à appeler le président « Monsieur Mitterrand » et à converser avec lui comme s'il s'agissait d'un égal. Je ne sais plus combien de volumes de lui elle avait lu, mais, lorsqu'il lui a reproché de n'en avoir lu que quelques-uns, alors qu'il en avait publié seize, elle a rétorqué qu'elle était tout de même certaine d'être au-dessus de la moyenne française. Il a acquiescé en riant. Puis il a expliqué le projet de la pyramide du Louvre, son axe précis en regard de celui de La Défense. Ils étaient agenouillés près d'une table basse. Quand ils sont revenus s'asseoir, le président sur le divan et Lise sur une chaise, elle lui a confié qu'au-delà de ses écrits, ce qui l'avait le plus touchée chez lui, c'est cette journée où, chez la gouverneure générale à Ottawa, on lui avait donné une pelle pour jeter un peu de terre sur un arbre qu'on venait de planter, et qu'après l'avoir fait, il avait réclamé un seau d'eau. « Pour qu'il vive, avait-il dit, il lui faut de l'eau. » Le président avait lui-même arrosé l'arbre, puis il avait tassé la terre en une sorte de petit monticule, pour que cette jeune pousse ait toutes ses chances.

« Savez-vous, dit-il, que je songe à me représenter pour un second mandat ?

— Vous le remporterez, dit Lise.

— Comment cela ?

— Voulez-vous que je vous dise ce que les Français pensent de vous ? »

Elle le lui a dit. Très étonné, le président a demandé : « Comment savez-vous tout cela ?

— Parce que nous venons de faire une tournée dans un grand nombre de villes, que dans chaque ville les salles ont plus de mille places, et qu'après les spectacles les Français nous parlent de politique sans se douter le moins du monde que je pourrais vous rapporter leurs propos.

— Mais pourquoi personne de mon entourage ne me dit cela ?

— Parce que vous êtes le roi. »

Le président était stupéfait. Mais sa confiance grandissait. Quand je lui ai dit que, chez nous, on appelait les francophones les *frogs*, il m'a dit : « Savez-vous qu'à la télévision on me représente en grenouille ? » Et il s'est mis à imiter la marionnette le portraiturant dans *Le Bébête show*, puis il m'a demandé s'il avait l'air d'une grenouille. Gênée, j'ai protesté: «Non! Non!» Mais, effectivement, les muscles de son visage ainsi contractés conféraient à sa physionomie une parenté avec la grenouille! Vers vingt-deux heures, il a demandé si nous aurions objection à ce que quelques personnes se joignent à nous pour le dîner. C'était évidemment une formule de politesse, puisque, un peu plus tard, Christine Gouze-Rénal et Roger Hanin sont arrivés, puis Jack Lang et sa fille, le frère du président, Robert Mitterrand, et Joseph, un autre ami proche. Au moment de passer à table, le président a établi son plan à voix haute: «Édith, chère amie, à ma droite. Lise, à ma gauche.» Paniquant soudain à cette perspective, Lise a voulu offrir sa place à Mme Gouze-Rénal, mais il en avait décidé autrement et il a répété: «Lise, à ma gauche.» Et elle a obtempéré.

Ce qui m'a d'emblée frappée autour de cette table, c'est que chacun accordait ses choix à ceux du président. S'il buvait une petite gorgée de vin, les convives faisaient de même. Je me suis aussi conformée à cette règle, tandis que Lise, qui appréciait fort le Gruaud Larose 1971, le buvait avec délectation. Didier, le maître d'hôtel qui se tenait debout derrière elle, la resservait dès que son verre était sur le point de se retrouver vide. Moi, je m'obstinais avec le président, qui considérait que nos morues appartenaient à la France, qui pouvait donc les pêcher sans restriction avec ses bateaux-usines, et moi je soutenais qu'elles étaient nôtres, qu'elles appartenaient à notre continent et à nous qui étions là depuis le début, et aussi que leur surpêche menaçait l'espèce. Danielle Mitterrand, quant à elle, se rappelait un fort mauvais souvenir du voyage qu'elle avait fait au Canada pour défendre les phoques, et la réaction brutale de Pierre Elliott Trudeau qui l'avait rudoyée d'un propos très inconvenant. M. Mitterrand, son frère et moi, pour conférer une note moins acrimonieuse à ce repas, avons chanté à table pour comparer les versions d'anciennes chansons que nous connaissions tous les trois. Certaines étaient demeurées inchangées après quatre cents ans de voyage!

Une grande complicité s'était établie entre Lise et le président, qui échangeaient des commentaires à voix basse. Passé minuit, il s'est penché à son oreille et lui a murmuré: «Savez-vous que, lorsque vous êtes entrées ici ce soir, j'avais soixante-dix ans, et que j'en ai maintenant soixante et onze?» Là-dessus, Lise n'a fait ni une ni deux et m'a dit: «C'est l'anniversaire de monsieur Mitterrand, chante-lui une chanson comme on le ferait chez nous.» Et j'ai entonné: «Mon cher François, c'est à tour...» – mais, remarquant l'œil interloqué de Danielle Mitterrand, je me suis reprise tout de suite: «Cher président, c'est votre tour...» Mais la gêne m'a fait changer les paroles, et au lieu de chanter «c'est votre tour de vous laisser parler d'amour», j'ai chanté «c'est votre tour de vous laisser faire l'amour...». Aussitôt le président a demandé à Lise: «Mais, dites-moi, vous qui me dites toujours la vérité, vous ne chantez pas vraiment cela au Québec?» Lise, tout à son Gruaud Larose, n'avait pas remarqué mon impair, et elle lui a répondu: «Mais oui, bien sûr, c'est une chanson de Gilles Vigneault, et tout le monde la chante!» Sur quoi il s'est exclamé: «Ah! Tout de même, ces Québécois, quel tempérament!» Le repas était succulent. Lise le dit au président, qui avait lui-même conçu le menu en pensant à moi. Lorsqu'il a proposé que nous passions au salon pour le café, tout le monde s'est levé. Sauf Lise. «Vous n'avez pas terminé?» lui a-t-il demandé. «Non, et c'est tellement bon!» a-t-elle répondu avec emphase. «Didier, faites resservir tout le monde!» a ordonné le président.

Après cet élan de gourmandise forcée, tout le monde s'est dirigé au salon. «Didier, faites appeler ma chienne, a dit le président.

— Vous oubliez que j'ai très peur, a dit Lise.

— Ne vous inquiétez pas, je vous protégerai».

Il a fait asseoir Lise près de lui, sur un divan en angles. Le combat qu'il avait mené avec elle pour qu'elle consente à entrer dans les appartements privés ne lui avait sans doute pas permis de mesurer l'énormité de sa crainte. Et le labrador, cette fois, s'est dirigé tout droit sur Lise, voulant faire la fête. C'est alors qu'elle s'est agrippée au président pour le coucher sur elle, sur le divan. Mme Mitterrand avait les yeux exorbités! Le labrador tentait de lécher les cheveux de Lise, seule chose qui restait d'elle, tout le reste de son corps se trouvant sous le président, lequel s'étouffait de rire.

Une heure plus tard, il lui a proposé de lui faire l'honneur de descendre le grand escalier à son bras. Lise lui a dit qu'elle ne trouvait pas cela très excitant. «Mais que trouveriez-vous excitant?

« — J'aimerais aller voir ce qui se trouve derrière les portes, là-bas.

— Mais, a-t-il protesté un peu, ce sont des appartements secrets.

— Eh bien, ça, c'est excitant. »

Je ne suis pas certaine que ce mot, « excitant », avait le même sens pour ces deux-là, mais le président a dit : « Alors, soit ! » Et c'est ainsi que notre petit groupe, accompagné du labrador, s'est dirigé en cohorte vers les appartements de l'impératrice Eugénie. Lise voulait tout voir. Le président a lui-même soulevé le panneau de bois qui couvrait la baignoire, pour qu'elle puisse l'admirer de plus près.

La visite terminée, alors que nous reprenions nos manteaux et causions dans le hall, le président et Lise avaient disparu. Il lui avait demandé : « Avez-vous vu les illuminations de l'Élysée ? » Comme elle avait répondu par la négative, il avait dit : « Didier, faites allumer ! » Et ils se sont promenés, bras dessus, bras dessous, pour une visite guidée et commentée par le président. À leur retour, tout le monde a pu prendre congé. Nous sommes parties les dernières. Il ne restait plus que notre voiture dans la cour. Le président nous a raccompagnées, en disant qu'il nous réinviterait.

Quand nous sommes rentrées à l'hôtel, il était très tard dans la nuit. Il ne nous restait plus que le temps de faire nos bagages. Quelques heures plus tard, dans l'avion qui nous ramenait à Montréal, nous ne pouvions nous empêcher de souhaiter une accalmie. Un chauffeur fou, une limousine en flammes, un ouragan meurtrier et un dîner privé au palais de l'Élysée sont *a priori* des événements qui, même isolés, sont hautement improbables. Cette fois, ils s'étaient tous produits en un seul mois. Comme s'ils s'étaient conjugués pour nous offrir un condensé d'émotions dont l'intensité atteignait chaque fois un paroxysme. Les montagnes russes de l'inattendu. Elles nous ont fait vivre le meilleur et le pire. D'un bout à l'autre, ce fut la tournée des extrêmes.

Un mauvais jour

La dépression contre laquelle mon père et ma grand-mère ont dû mener un dur combat, m'a toujours eu un peu à l'œil... Cette fragilité atavique refait surface dans des périodes plus difficiles. Un hiver particulièrement rude, où le ciel me semblait toujours un peu noir et bas, elle avait fourbi ses meilleures armes et tenait mon moral en joue. Voulant vaincre cette adversaire oppressante, je décidai d'aller marcher. Le boulevard Saint-Laurent, bourdonnant de vie et bordé de boutiques, me sembla un excellent choix pour distraire mon esprit assiégé par des pensées obscures.

Au sortir d'une boutique, où je venais de me procurer une tuque originale, un camion recula rapidement et me heurta. La violence du choc me projeta sur le capot d'une voiture garée. Une dame qui passait par là, afin de s'assurer que j'étais bien vivante, me demanda mon nom. Sans lever le visage, à plat sur la voiture, je répondis : « Édith Butler. » Croyant sans doute que j'étais sonnée, elle dit : « Non, non, votre nom à vous. » « Édith Butler... » La troisième fois, je tournai la tête pour la regarder. Et elle s'enfuit ! Puis l'ambulance arriva, toutes sirènes hurlantes. On m'attacha à la civière et on m'engouffra dans le véhicule. « Quel est votre nom, madame ? » demanda l'ambulancier. « Édith Butler. » Alors il me dévisagea et dit : « Je déteste vos chansons, je les hayis, je les hayis ! » « Détachez-moi ! criai-je. Détachez-moi, je veux sortir d'ici ! » Mais il ne fit pas un geste et l'ambulance me conduisit aux urgences d'un hôpital.

Allongée sur la civière, j'entendais l'infirmière hurler mon nom au micro chaque fois qu'on devait me diriger vers un lieu d'examen. Et, chaque fois, tous les patients, les blessés, les éclopés et leurs escortes me dévisageaient. « Arrêtez de crier mon nom », suppliai-je enfin. Et c'est ainsi que, pour le reste de la journée, je devins la « civière 4 », et qu'en ce mauvais jour je perdis ma tuque en tentant de ne pas perdre la tête.

Un merle

Après une période de déprime et de solitude, je me suis installée avec mes musiciens et mon équipe dans les studios de Morin-Heights. Dans la maison attenante, la cuisinière, une Noire au style «Aunt Jemina», habituée à toutes les excentricités pour avoir vu défiler dans ce lieu les groupes les plus prestigieux de la musique rock, ne pouvait s'empêcher de toiser Lise avec méfiance. Peut-être parce qu'elle interrompait dix fois le repas pour exposer une idée nouvelle ou tout simplement parce qu'elle dansait en tournoyant dans la pièce pour faire passer un mal de ventre, elle la trouvait plus «flyée» que Keith Richards…

Dans cette atmosphère un peu surréaliste, j'observais, juste à l'extérieur des larges baies vitrées du studio, un jeune merle esseulé, la tête renfrognée dans son plumage, les ailes sagement rabattues contre sa gorge rouge. Il avait froid. Chaque jour, je tentais de l'approcher. Mais il s'envolait aussitôt. Ma joie en faisait tout autant… Je sentais que le monde d'avant les années quatre-vingt disparaissait, comme emporté par une immense débâcle. Tout bougeait. Devenait instable. Même les saisons en seraient perturbées. Et c'était affolant.

J'écrivis alors avec Lise deux chansons qui traduisaient mes préoccupations environnementales : *Matawila* et *Comme un Béluga*. Matawila, le huard, c'est le nom que les Abénakis m'ont octroyé, en même temps que le titre de princesse. C'est à cette part autochtone de moi-même, plus près de la nature, que la terre lançait un cri de détresse :

C'est la terre qui te parle
Matawila
J'ai une colère qui gronde
N'entends-tu pas ?
…

Je veux que tu me répondes
Dis-moi pourquoi ?
Tous mes glaciers qui fondent
Mes déserts qui s'inondent

Le chaud, le froid se confondent
Ne sens-tu pas
Ma vie s'enfuir comme l'éclair ?
Donne-moi de l'eau, donne-moi de l'air !
…

Ne sommes-nous plus solidaires ?
Pourquoi ce chaos dans ma chair ?
Je sens que je m'essouffle
Ne vois-tu pas
Des vents mauvais qui soufflent ?
…

Je pleure des pluies amères
Violences dans mes viscères
…

Pour calmer ma colère
Entends ma voix, entends ma voix !

Mais il n'y avait pas que des préoccupations climatiques. Le monde craquait de partout. C'est au moment précis de la chute du mur de Berlin que j'écrivis durant la nuit *Drôle d'hiver*.

Le mur est tombé ce soir
Est-ce un brin d'espoir ?
Quel est ton visage, liberté
Comment te retrouver ?
C'est un millénaire qui s'achève
Sur les années Gorbatchev
Drôle d'hiver, drôle d'univers.

À l'aube, quand nous avons posé stylos et guitare, le merle s'était perché sur la branche d'un arbre toujours vert. Je suis sortie. Mais il a fui.

Non seulement le monde changeait-il, mais la technologie évoluait à un rythme effarant. Les techniciens avaient peine à suivre. Ils cherchaient, tâtonnaient pendant des heures, se perdaient dans les multiples possibles des consoles paramétriques… Et j'attendais.

Le mixage a été repris trois fois. Quand enfin chacun a été satisfait de l'ouvrage, j'ai quitté les hauteurs de Morin en souhaitant que mon merle en fasse autant...

Quand l'heure fut venue de lancer l'album, le 9 avril 1990, la communication prit aussi une autre tournure.

Michel Lemieux réalisa mon premier et unique vidéoclip: *Drôle d'hiver*. Ironiquement, seul un canard dans son duvet aurait pu affronter le froid polaire qui s'infiltrait par tous les pores de l'édifice vétuste, où avait lieu le tournage... Heureusement, il y avait le génie créatif de Michel qui, avec des moyens plus que modestes, réussit à inventer tout un univers. La représentation quasi superposée d'éléments constituant une allégorie, comme une suite de métaphores présageant des métamorphoses à venir.

Nicolas Carbone, chargé de la promotion, avait beau défendre ce disque avec toute sa passion, le formatage radio avait déjà débuté et il se heurtait sans cesse à cette hérésie voulant que je n'aie pas l'«image radio»... Je mis longtemps à décoder cette contorsion du langage, signifiant que, pour certaines stations, à l'instar d'autres chanteuses de mon âge, j'avais atteint ma date de péremption radiophonique. Quant aux autres radios, n'arrivant pas à concevoir que l'on puisse faire tourner à l'année une chanson dont le titre contient le mot «hiver», elles exigèrent que l'on change celui-ci pour *Drôle d'univers*. Les directeurs musicaux intervenaient désormais dans un champ qui jusque-là était l'apanage des artistes: le choix du titre, la durée de l'œuvre, et parfois même son arrangement musical. Ainsi, pendant plusieurs années, on ne faisait plus tourner les musiques qui commençaient à la guitare sèche.

J'eus l'impression d'un vertige soudain. Une sorte de spirale temporelle qui m'entraînait à mon insu dans un insondable labyrinthe. Où étais-je? Que se passait-il? Le choc était brutal et cruel. Mes repères s'évanouissaient dans une sorte de nuit inattendue au cours de laquelle le monde avait changé.

Dans le bouleversement des climats, des frontières, des technologies et des idéaux, un autre monde naissait dans la douleur. Et, dans celui-ci, même les merles pouvaient s'égarer...

Un lancement qui swingue !

Mes nombreux voyages en Louisiane, chez les descendants de nos ancêtres déportés, m'avaient fait découvrir des musiques traditionnelles influencées par les esclaves noirs. L'une d'elles s'intitule *Chère bébé créole*.

> *Tu m'abandonnes, malheureuse*
> *Tu m'abandonnes pour toujours*
> *Malheureuse ! Aïe yaïe yaïe !*
> *Chère, après m'en aller*
> *C'est pour mourir*
> *Dis bye bye chère maman*
> *Fais pas ça avec ton nèg'*
> *Tu vas l'faire mourir pour toujours…*

Je l'ai entendue grésiller sur un vieil enregistrement qui avait d'abord été gravé sur un rouleau de cire. C'était une sorte de lamentation scandée par les battements du cœur. À ce moment-là, j'ai eu envie de réunir sur un même album les musiques de l'Acadie du Sud et de l'Acadie du Nord. Pour faire pendant à ce *Chère bébé créole*, j'ai choisi *La Perdriole*. Il en existe de très nombreuses versions, mais je ne me souviens pas d'avoir entendu sur disque la version que je connaissais. C'est une de ces chansons énumératives qui, chantées devant un public, deviennent rapidement interactives. Étrange juxtaposition de la douleur et de la joie entre ces deux titres.

Coexister en un même lieu, bien que celui-ci ne soit qu'un petit palet circulaire de métal, était pour moi une façon de mettre fin à l'exil. Même s'agissant de simples vibrations sonores sur un enregistrement numérique, cela me semblait une manière de nous réunir, de rapatrier nos familles dispersées.

Et pour évacuer le chagrin que certains Acadiens m'avaient causé en décrétant que tous ceux qui résidaient hors de l'Acadie n'étaient désormais plus des Acadiens, j'ai composé et enregistré sur cet album la chanson *Quand je reviendrai à Caraquet*.

Quand je reviendrai à Caraquet
Je veux que ce soit jour de fête
Qu'on hisse très haut tous nos drapeaux
Qu'on fasse naviguer nos bateaux
Qu'il fasse chaud et surtout très beau
Comme il fait dans mes souvenirs
Je veux revenir si tu m'aimes encore…

C'est aussi à cette époque que j'ai commencé à chanter quelques chansons de Bruce Daigrepont et que j'ai rencontré Sabin Jacques, un prestidigitateur de l'accordéon. Je venais de recevoir moi-même un accordéon tout neuf, qu'un luthier cajun avait fabriqué à mon intention. Ce serait donc cet instrument qui servirait de lien entre les deux Acadie, celle du Nord et celle du Sud.

Toutes les autres musiques de l'album étaient rythmées. Ce disque, intitulé *Ça Swingue!*, parut en 1992.

Mon attachée de presse Francine Chaloult avait eu l'idée, pour rester dans la thématique, de faire le lancement au New Orleans, une très grande salle de Montréal aménagée en cabaret et décorée façon Nouvelle-Orléans. Il y avait une scène assez vaste et une mezzanine. Depuis celle-ci, les sept musiciens, sur un air d'accordéon qui portait la signature de l'album, descendaient à la queue leu leu le grand escalier, suivis des choristes et de moi fermant la marche en saluant l'auditoire d'un geste large, que le chapeau de paille rapporté de La Nouvelle-Orléans rendait plus généreux encore.

L'ambiance s'est installée avant même que le spectacle commence. Dans la salle, public et médias confondus célébraient ces retrouvailles musicales en se délectant de mets caractéristiques de chacune des deux Acadie.

Devant l'intérêt suscité par cette musique souvent festive et le dépaysement que procurait l'atmosphère du lieu, je fus invitée à reprendre le spectacle dès le lendemain. Et, de jour en jour, l'engouement ne se démentant pas, les représentations se succédèrent. Cette expérience toujours renouvelée me ravissait.

S'il existait un record, dans *Le Livre Guinness*, pour la durée des lancements d'album, il y a fort à parier que celui de *Ça Swingue*, qui perdura deux mois, y trouverait une place de choix.

Incursion dans
un monde parallèle

Ni eau, ni électricité, ni travail rémunéré. Des conditions de vie primitives. Le campement d'hiver des Algonquins, au milieu de la forêt laurentienne, est constitué de quelques rangées de cabanes d'une seule pièce chacune, qu'occupent parfois dix ou douze personnes. Pas de fondations ni d'isolation pour l'hiver. Parfois, la glace se forme dans les couches des bébés et leur inflige d'intimes brûlures. Ici, les planches à laver sont encore d'actualité. La misère engendrant la misère, chacun, ou presque, a été victime d'agressions sexuelles, voire de viol. L'alcool est omniprésent. Ils boivent presque tous, hommes, femmes et enfants. Du premier au dixième jour du mois, le chèque du bien-être social; et du vingtième au dernier jour, celui des allocations familiales. Du dix au vingt, ils sont sobres. Aujourd'hui, nous sommes le 12 juin 1993. On a choisi cette période d'abstinence pour la présentation de mon spectacle. En guise de scène, les hommes ont apporté des arbres presque entiers qu'ils ont recouverts d'une plateforme de bois. Pour l'occasion, une génératrice louée alimente le système de sonorisation et quelques lampes. Ils sont des centaines, assis devant moi, à même le sol ou sur des chaises pliantes. Ils écoutent, ils réagissent, ils dansent. Même ceux qui ne connaissent que la langue algonquine. Une sorte de communion s'établit entre nous. Après le spectacle, les musiciens reprennent la route, seuls. Je reste. On installe pour moi un matelas sur le plancher à l'étage du dispensaire. La nuit, j'entends l'infirmière répondre aux coups frappés à la porte par des femmes victimes de violence conjugale. Quelques heures plus tard, la chaleur envahit la pièce sans rideaux et me chasse de mon grabat de fortune.

Les autochtones me font l'honneur de m'emmener à leur campement d'été. Je demande combien de temps il faudra pour y arriver. L'un d'eux me répond vingt minutes. C'est le début de la journée et je ne connais pas encore leur sens de l'humour… Notre destination est l'île Victoria. Au bord du lac, des quantités incroyables de sangsues nagent en tous sens. On s'embarque à bord d'une chaloupe d'aluminium. L'infirmière est aussi du voyage. Jimmy, l'Indien instruit, dont les yeux brillent de malice, prend place à l'avant. Au bout d'une demi-heure, on coupe le moteur et sort les avirons : après le remous, voici les rapides ! Aïe ! Il faut les descendre ! Il font glisser la chaloupe et la dirigent avec souplesse. Ouf ! L'eau redevient calme. Mais quelques kilomètres plus loin, on accoste. Pour éviter de tomber dans les chutes, il faut portager. Sortir la chaloupe de l'eau, la soulever et la porter au-dessus de nos têtes dans un étroit sentier au milieu des bois. On doit gravir une butte qui monte à pic et redescend abruptement. L'embarcation et son moteur sont lourds. Les Indiens s'amusent de me voir forcer ainsi. Quand on peut enfin remettre la chaloupe à l'eau, on navigue jusqu'à ce que le soleil soit très haut. Alors, on aborde à nouveau. Si on veut manger, on doit pêcher. Mais ils n'ont pas de canne à pêche ! Ici, on chasse l'esturgeon au collet ! Un nœud coulant pratiqué dans une vieille corde attachée au bout d'une branche. Puis on s'assoit sur une pierre, tête penchée, et on attend que le poisson passe. Ce jour-là, le soleil est fort. Il brille à la surface de l'eau et on ne voit pas les esturgeons. Il n'y aura pas de capture et nous ne mangerons pas. Perché au sommet d'un arbre, un aigle aux aguets veille son nid.

Dans la chaloupe à nouveau, on met le cap sur l'île Victoria. Le trajet me semble interminable ! Quand enfin on aborde sur cette île, j'ai la curieuse impression d'un voyage dans le temps ! Ici, sauf une salle de loisirs plus récente, il n'y a que des habitations de bois ronds qui ont été construites entre 1820 et 1900. Sur cette île, ni rues, ni routes. Seulement d'étroits sentiers sinueux sillonnent le sol ancestral. Sur le seuil de leurs cabanes, les anciens Algonquins, visages basanés et burinés sous des cheveux épars et blancs, observent notre petit groupe d'un œil suspicieux, à travers un incroyable fourmillement de mouches bourdonnantes. Sur cette île, la plupart des autochtones ne parlent que la langue algonquine. Ils se tiennent debout, bras croisés sur la poitrine, ni accueillants ni hostiles, mais méfiants. D'autres, munis de pipes rondes, aspirent de grandes bouffées d'un tabac ou d'une herbe dont on n'a rien voulu me dire, mais qui, ce jour-là, ne tenait pas du calumet de paix. Le visage des anciens, dont les souvenirs sont les plus vifs, restera fermé à la Blanche que je suis. À l'extrémité de l'île, il y a une petite chapelle érigée par des missionnaires catholiques en 1838. À l'intérieur, les murs sont peints en bleu et au plafond s'accroche un fil qui servait autrefois à conduire l'électricité produite par une génératrice. C'était au temps où ce lieu était un comptoir servant à la traite des fourrures. Le comptoir n'existe plus et l'électricité a disparu. Néanmoins, Jimmy, solennel, dit d'une voix chargée d'ironie et d'amertume : « C'est la maison de Dieu, c'est ici que les Blancs ont imposé leurs croyances à mon peuple. » Désormais, seuls de très anciens y viennent encore parfois. Les jeunes, eux, se cherchent. Ils cherchent à retrouver qui ils étaient avant l'homme blanc et sa société hiérarchisée et pyramidale, dans laquelle ils ne se reconnaissent pas. Ils veulent retrouver Anishnabé. Un concept circulaire à l'intérieur duquel tous sont égaux et essentiels les uns aux autres, dans une indissociable harmonie avec la nature.

Soudain, au milieu de ce partage, un Indien se lève pour nous rappeler qu'il faut repartir. Cette fois, la chaloupe emprunte une autre voie navigable et nous sommes en moins d'une demi-heure sur l'autre rive ! Le pick-up est là. Immobile au milieu de la forêt. Ils y embarquent la chaloupe, dans laquelle ils font monter tous ceux qui veulent se rendre au campement d'hiver. La barque se remplit au même rythme que la cabine : nous sommes dix-sept personnes et une chaloupe à voyager dans le pick-up ! Un peu plus loin, un chien aboie. On s'arrête et il grimpe dans la chaloupe. Dans la cabine, la femme de Jimmy prend le volant, tandis qu'il serre contre lui son fils d'un an et demi. L'enfant est éveillé et attentif. L'éducation relève ici de l'expérience : on ne protège pas les enfants. S'ils tombent, ils se relèvent seuls. S'ils se brûlent, ils sauront pour la prochaine fois…

Le chemin forestier est raboteux et on avance cahin-caha entre les trous et les bosses, jusqu'au dispensaire où, la nuit dernière, une femme battue est venue se réfugier, la clavicule cassée… Qu'y a-t-il entre cette violence et la douceur que je perçois chez ces amoureux de la nature, sinon les apports de notre civilisation qui les a dépossédés de leur identité, de leurs repères et de leur fierté ?

Ils sont nomades. De toute éternité. Et épris de liberté. Pour ne pas perdre leurs droits, ils refusent de quitter leurs territoires ancestraux et ils en paient le prix. J'ai vu le travail admirable de la chef, de l'infirmière et de Jimmy. Et j'ai vu tous les autres se débattre pour survivre dans des conditions pénibles, d'où le grand absent est l'espoir. Est-il possible qu'en les contraignant, comme nous l'avons fait, nous leur ayons volé une partie de leur âme?

À trente kilomètres de Kitcisakik, la communauté amérindienne disparaît. Il n'y a plus qu'une route entre les arbres, longue à n'en plus finir, qui traverse tout le parc La Vérendrye, où je suis si souvent passée en ignorant ce que cachait sa forêt de conifères sauvages, d'un vert intense et sombre.

De la grande visite

Un an après mon passage chez les Algonquins, je recevais le prix Méritas. En souvenir de son accueil chaleureux, je fis parvenir une invitation à la chef de cette nation. La cérémonie avait lieu au Ritz-Carlton en présence de nombreux dignitaires. Soudain, il y eut un énorme brouhaha dans le hall. La chef avait loué un autobus et emmené une partie de sa tribu et de leurs enfants avec elle ! Les enfants, qui n'avaient jusqu'ici couru que sur des cailloux et des branchages, découvraient avec joie le plaisir de s'élancer, puis de glisser à toute allure sur le marbre poli. Le maître d'hôtel, embarrassé, vint me demander s'il était possible qu'ils soient mes invités. J'ai répondu par l'affirmative et la tribu entière a fait irruption dans la salle de bal. Les enfants ont continué de courir entre les tables, pendant que leurs aînés, pourtant habitués à s'alimenter de chair d'orignal, ont facilement franchi le pas en se délectant de canapés et de champagne. La chef avait des cheveux très noirs et des traits comme sculptés au couteau. Entre deux allocutions, elle est elle-même montée sur scène. Sa voix douce contrastait avec son visage. Sans hésiter, elle s'est placée devant le micro et elle a dit : « Édith est venue nous visiter pour voir comment nous vivions. Alors nous sommes venus pour voir comment elle vit, elle. »

Ils avaient fait tout ce voyage, douze heures de route aller-retour, pour me rendre la pareille ! J'étais touchée. Émue. C'était vraiment de la grande visite ! Et certainement une visite rarissime et inoubliable pour le Ritz...

Un été fou

Cet été-là, j'avais loué un chalet à Snug Harbour. Dehors, une véranda immense était suspendue au-dessus du vide et offrait une vue exceptionnelle sur les eaux aux humeurs changeantes du lac Memphrémagog. Pierre Bertrand et Francine Raymond, venus me rendre visite pour quelques jours, trouvèrent le lieu très inspirant. Pierre transforma le salon en studio, chacun sortit sa guitare et on se mit tout naturellement à composer.

Dans le chalet régnait une ambiance folle. La spontanéité de la création était exaltante. Les idées fusaient de partout. Lise inscrivait les siennes sur des bouts de papier qu'elle fixait ensuite à son peignoir de tissu-éponge rose bonbon à l'aide d'épingles de bois destinées d'ordinaire à suspendre les vêtements sur une corde à linge. On se relançait. D'idées, de paroles, de titres de chanson. On s'amusait ferme. C'est ainsi qu'on a commencé à écrire, sur une ancienne musique de blues de La Nouvelle-Orléans, *Dis oui, si tu m'aimes...* Un titre qui, dans l'enthousiasme du moment, comportait 54 couplets! Francine ne reculait devant rien pour nous mettre dans l'ambiance. Nous nous sommes vite retrouvées toutes les deux la tête recouverte de fausses dreadlocks constituées du filage rouge et bleu qui servait à brancher nos instruments dans la console de son, et buvant du whisky comme le font parfois les vieilles chanteuses de blues de La Nouvelle-Orléans.

Si on pensait à une mélodie, on s'empressait d'écrire des paroles. Au bout d'un mois, il y avait, à travers toutes ces chansons écrites pour s'amuser, suffisamment de matériel pour faire un disque. On décida donc que Francine le réaliserait et on emménagea tous ensemble à Saint-Calixte, au studio de Guy Saint-Onge. Je souffrais toujours du fait que, en raison des partys, j'étais identifiée à la période des fêtes de Noël. Pour élargir l'horizon, notre thématique devint «À l'année longue». «À longueur d'année» aurait sans doute été plus conforme aux exigences de la langue, mais la formule française manquait de punch et ne swinguait pas suffisamment, surtout que, pour celle-ci, on avait opté pour une musique de reel!...

Quand il s'est agi d'enregistrer *Dis oui, si tu m'aimes*, j'ai chanté entourée des musiciens, au centre du studio. Steve Hill, au dobro, en était à sa première séance d'enregistrement. La basse était jouée à l'aide d'une cuve munie d'un long manche et d'une corde épaisse. Un seul micro, placé au centre du studio, captait à lui seul tous les instruments et la voix simultanément. Nous revenions à la technique d'origine de l'enregistrement sonore. À la fin d'*Islamorada*, Francine souhaitait entendre un rire. Plutôt que de me le dire, elle s'est mise à nager dans le studio à la manière d'un dauphin réalisant des facéties. L'atmosphère était des plus joyeuses. La voix de Pierre se mariait très bien à la mienne. De plus, toute son expérience avec Beau Dommage l'avait rendu maître dans l'art de l'harmonisation. Et nous avons chanté en duo une chanson ramenée de la Louisiane, *Joli-Cœur*. Au sortir du studio, la fête se poursuivait dans la maison d'invités que nous avons partagée pendant tout le mois qu'a duré l'enregistrement.

Impossible de décrire cet été autrement : ce fut un été fou. De joie, de rires, de création, de chaleur et d'amitié.

Une bouteille à la mer

En 1995, pour le coup d'envoi de l'album *À l'année longue*, nous avions mis en ligne, ce qui était presque une innovation à l'époque, un site Web. Ce qui était encore plus rare et plus exceptionnel, et tout à fait inédit, du moins au pays, c'est que nous y avions créé et intégré une radio virtuelle, la RCE, la « Radio cyber Édith ».

On remplacerait la modulation de fréquences par quelque chose de plus immatériel encore : le virtuel. Ainsi, chacun pourrait avoir accès à ma musique. Le projet était exaltant ! J'ai décidé d'y ajouter des capsules d'une quinzaine de minutes chacune, dans lesquelles je présentais mes chansons en émaillant mes propos d'anecdotes, de mises en contexte, ou de brèves leçons d'histoire et d'ethnographie quand il s'agissait de musique traditionnelle.

J'avais enfin trouvé un lieu où je pourrais exister en dehors des ondes conventionnelles, où peu à peu l'identité sonore des stations et les sondages dictaient les choix des directeurs musicaux.

N'étant tout de même pas dépourvue de toute lucidité, j'avais enchâssé ces éléments, qui s'apparentaient à de courtes émissions radiophoniques, dans une bouteille que j'avais moi-même dessinée et qui symbolisait une bouteille jetée à la mer. Il me semblait qu'il ne pourrait y avoir meilleur icône à l'intérieur d'un médium si nouveau qu'aucun de nous ne savait qui il pourrait bien atteindre...

Pourtant, si la radio traditionnelle a peu fait tourner cet album, la radio cyber Édith, elle, a été victime de son succès : après un an d'affluence et un Web d'or, les responsables des serveurs, pour satisfaire à cette demande, ont exigé des frais que nous n'étions pas en mesure d'assumer. Ce fut la fin de la radio cyber Édith. Le numérique ne remplacerait pas pour l'instant les ondes hertziennes. Et je me suis retrouvée dans la situation qui prévalait avant que naisse la radio cyber Édith.

Que faire, alors, pour que ma musique soit à nouveau entendue ? Pour l'heure, il ne me restait plus qu'à espérer qu'un jour, quelque part, quelqu'un retrouverait mon message sonore dans une bouteille reprise à la mer...

Un cadre

Pendant deux ans, j'ai animé une série de télévision intitulée *Boîte à chansons d'aujourd'hui*. L'émission était enregistrée dans les studios de Radio-Canada à Moncton et diffusée sur le réseau à partir de TV Ontario. On y présentait des talents francophones dénichés d'un bout à l'autre du pays, de Vancouver jusqu'à Terre-Neuve.

Il y avait quelques artistes connus, mais beaucoup en étaient à leurs premières armes à la télévision. Souvent, ces invités étaient inquiets, nerveux et mal à l'aise sur ce plateau où ils devaient affronter en même temps d'intimidantes caméras et un public d'habitués dont ils redoutaient les réactions. Je tentais de les rassurer. Mais l'expérience étant par nature intransmissible, le trac les rattrapait dès que l'éclairagiste allumait les lumières et que les musiciens attaquaient le thème de l'émission.

Il y a pourtant eu une exception de taille : un jeune homme si à l'aise, si sûr de lui que je lui ai demandé depuis combien de temps il travaillait à la télévision. Il s'appelait Jean-François Breau et c'était sa première télé ! J'avais peine à le croire. Ma mère, qui assistait à l'enregistrement, s'est elle-même précipitée vers lui pour lui serrer la main, convaincue qu'il ferait une belle carrière et qu'alors il ne serait peut-être plus accessible… Aujourd'hui, je le vois lui-même à la barre de certaines émissions et je me dis qu'il était fait pour ça, comme s'il était né au milieu d'un studio, un micro à la main, sous l'œil complice d'une caméra.

Après ces deux saisons, je n'ai pas renouvelé l'expérience. J'ai réalisé que le cadre rigide de l'émission, s'il me permettait de présenter les invités, ne me laissait pas la latitude nécessaire pour animer réellement. Quand je n'ai qu'à tenir compte de moi-même, j'adore sortir de mon canevas de départ et improviser. Donner de l'âme et de la substance. Partager blagues et émotions. Mais, présenter, tout simplement, j'ai compris que c'était un travail de pro et que cela requérait une discipline à laquelle il m'était difficile de m'astreindre. Ma force était ailleurs. Plus spontanée et plus libre. Et c'est vers elle que je suis retournée.

Impatience et colère

L'impatiente que je suis se fait violence à chaque instant pour s'adapter au rythme de celui ou de celle qui se trouve devant moi. La violente, elle, exerce sa patience pour endiguer ses colères. Avec un certain succès puisque, outre les rages et les frustrations de mon adolescence, quand j'enfonçais mon poing dans les murs en ouvrant des trous béants dans le gyproc, trous que ma mère couvrait de cadres pour que mon père n'y voie que du feu, je me suis rarement laissé emporter par cette impulsion puissante et dévastatrice.

Bien sûr, il m'est arrivé de sortir un spectateur par le collet à la baie James, mais il avait vraiment réussi à m'exaspérer à force de se moquer de mon accent et de répéter chacune de mes phrases… Il m'imitait, me singeait et ne me laissait aucune place pour poursuivre le spectacle. Alors, ma guitare en bandoulière, j'ai sauté en bas de la scène, me suis approchée de son fauteuil, j'ai soulevé ce turbulent spectateur au bout de mon bras, puis je l'ai laissé retomber en l'enjoignant de faire son numéro. Je lui ai cédé la place pendant quelques instants au cours desquels je me suis réfugiée dans ma loge, complètement épuisée par l'effort physique considérable qu'il m'avait fallu déployer pour hisser ce colosse hors de son siège… Je tremblais et j'ai dû accepter l'once de cognac qu'un des organisateurs m'a apporté pour retrouver l'énergie nécessaire à la poursuite du spectacle.

Une autre fois, à l'ouverture du Pays de la Sagouine à Bouctouche, un jeune journaliste provocateur est venu à bout de ma patience en me posant des questions d'une telle mauvaise foi que tout le public présent a commencé à maugréer. Lorsque l'insulte ultime est sortie de sa bouche – « Cultivez-vous votre accent pour faire carrière ? » –, j'ai saisi la caméra et j'en ai retiré la cassette. Les spectateurs houspillaient l'animateur et scandaient dans ma direction des « brûlez-la ! brûlez-la ! », en désignant la cassette que j'avais entre les mains. Je l'ai remise à l'un d'eux, qui y a mis le feu.

L'incident a fait beaucoup de bruit en Acadie, où la direction de Radio-Canada, malgré les témoignages d'Antonine Maillet et de nombreux spectateurs présents, a pris parti en faveur de son outrancier journaliste. J'étais très malheureuse de la tournure des événements, d'autant plus que le caméraman, qui n'avait pas réussi à m'empêcher de saisir la cassette, était mon propre frère, qui a dû en subir les conséquences.

Hormis ces exaspérations légitimes et passagères, je contrôle bien mes émotions. Et la patience est une merveilleuse sourdine placée sur mes humeurs, sinon trop promptes à jaillir.

Madame Butlerfly

Madame Butlerfly, c'était à l'origine le titre de travail d'un projet scénique inspiré par mon séjour au Japon. La parenté avec l'opéra de Puccini se voulait un simple clin d'œil. En fait, il aurait dû se lire *Madame Butler Flies*. Mais en reliant les mots et en modifiant légèrement l'orthographe, le cerveau ayant ses habitudes, chacun lisait *Madame Butterfly*. Ce qui, bien sûr, n'amenait guère à suspecter qu'il s'agissait de moi...

L'idée était née un soir à Paris, au cours d'un dîner qui suivait la dernière de Véronique Sanson au Palais des Sports. Catherine Lara, qui connaissait bien mon travail pour m'avoir vue sur scène à plusieurs reprises, dit à Lise, qui accompagnait Luc Plamondon, que si jamais je voulais faire un album proche de mes racines, mais inscrit dans la modernité, elle était partante pour le réaliser. De l'autre côté de l'océan, ce soir-là, je me suis mise à rêver. Et c'est alors qu'a germé l'idée des légendes intemporelles.

J'ai envoyé à Catherine une cassette d'une vingtaine de titres que j'aimais particulièrement. Je les avais enregistrés *a capella*. C'était un matériel nu, sans accord. Je ne voulais pas l'influencer, mais, au contraire, laisser toute latitude à sa créativité. Elle a choisi les pièces qui l'inspiraient le plus. Puis je suis allée dîner chez elle à Paris. Après le repas, elle a enregistré ma voix, toujours *a capella*, sur un clic. C'est cette prise unique de *Marie Caissie* qu'elle a conservée et avec laquelle elle a travaillé. De retour chez moi, j'ai reçu la chanson arrangée. Catherine en avait capté l'essence avec une grande justesse et l'avait traitée exactement comme je la ressentais moi-même : comme une sorte de plainte prolongée, lancinante, itérativement reprise jusqu'à la rendre envoûtante. Très inspirée, ce que Catherine venait d'ajouter à cette chanson traditionnelle tenait du chef-d'œuvre ! La direction musicale de l'album était trouvée.

Bien que j'aime chanter des œuvres qui depuis le Moyen Âge sont demeurées inchangées, telles la sublime *Complainte de la blanche biche* et *Le Prince Eugène*, j'apprécie également celles datant de la Révolution française, comme *Vive la République*, ce qui ne m'empêche pas d'aimer aussi le folklore qui se décline en une multitude d'adaptations et de variantes, à la manière d'*À la claire fontaine*, dont on connaît pas moins de deux mille versions qui diffèrent énormément les unes des autres tout en s'alimentant à la même source.

Je ne suis pas une puriste en matière de tradition. Je préfère continuer à la faire évoluer plutôt que de la figer dans une gangue, et que ce carcan immuable la fasse s'empoussiérer sur des tablettes et ne la voue à l'oubli. Ce désir de faire vivre les œuvres correspond aussi, à mon avis, à la nature même du folklore. À cet art du peuple qui, pour demeurer vivant de génération en génération, a besoin d'être interprété, modifié, augmenté, additionné du vécu de celui qui le chante pour l'enrichir encore de son expérience unique avant de le transmettre à son tour. C'est cette ambition qui m'habitait : faire entrer quelques œuvres traditionnelles en même temps que moi dans le XXIᵉ siècle. Ce passage dans un autre millénaire, je ne souhaitais pas le faire en solitaire. Il me fallait impérativement y entraîner notre musique.

Catherine Lara, au départ musicienne classique et virtuose du violon, ne s'est jamais confinée à un seul style. Sa quête musicale n'a pas de frontières. Sa recherche incessante s'étend à toutes les sonorités. Elle écrit, compose, arrange, et chante. Perfectionniste, volontaire, disciplinée, exigeante, la « rockeuse de diamants » fréquente Brahms et Plamondon avec le même bonheur. Fidèle à l'essentiel, c'est une femme intense, passionnée, curieuse, déterminée et généreuse, en état permanent de créativité.

Pour réaliser mon album, elle s'est entourée des plus grandes pointures musicales, de Thierry Eliez (*Deep Forest*) à Sylvain Luc, un guitariste prodigieux. Elle a aussi beaucoup travaillé seule la nuit. Pour enregistrer mes voix, à l'exception de *Marie Cassie* dont elle a gardé le démo *a capella*, je suis venue à Paris. Et j'ai trimé dur ! Elle a exigé et obtenu que j'atteigne des registres que je ne croyais même pas posséder, tant dans les aigus que dans les graves. Au prix d'une direction de voix solide et intuitive. Quand je doutais de pouvoir y arriver et que je tentais d'argumenter, elle disait : « Arrête de te prendre le chou et chante ! » Ne connaissant pas l'expression qui s'adressait à mon intellect, et l'interprétant comme un reproche de fainéantise, je me suis à quelques reprises réfugiée sous le piano du studio, apeurée et découragée.

Heureusement, ses jeux de mots me faisaient rire, sa passion pour les chaussures, qui rappelait Imelda Marcos, m'amusait, et sa cuisine me ravissait. Qui plus est, l'album était réussi. Magnifique, même.

Si le temps ne respecte pas ce qu'on fait sans lui, je me disais qu'il devrait avoir bien du respect pour cet album qui a mis quatre ans avant de voir le jour... C'était une œuvre d'art. Le contenu, d'abord. La pochette, ensuite, où un coucher de soleil dissimule mon visage dans les eaux bleues d'un lac, les six panneaux intérieurs qui rappellent des origines amérindiennes, et la forêt dans laquelle je deviens moi-même un arbre... Vouée au fil conducteur de l'album, cette pochette où l'on ne me distingue pas de prime abord, ne dévoile pas plus mon nom, auquel se substitue la thématique : *Madame Butlerfly, légendes intemporelles*. On ne saurait faire plus discret...

Cet opus, au moment de sa parution au Québec, s'est heurté à deux obstacles majeurs : la sortie chez mon distributeur du premier album de Star Académie, pour lequel tous les bacs importants étaient mobilisés, et la guerre en Irak, déclenchée en même temps que le début de ma promotion télévisuelle sur RDI. Quant à la France, un mois après la sortie du disque, le label Tréma a été racheté par Universal. Il s'y est perdu parmi les centaines d'albums impliqués dans ce déménagement sans préavis.

En dépit de ces difficultés de mise en marché, l'album a atteint ses objectifs artistiques. Bien que les résultats aient pu être déconcertants pour ceux qui ne connaissaient de moi que l'aspect festif, cet album m'a permis d'élargir mon univers musical, de l'enrichir de sonorités nouvelles, qui désormais m'appartiennent davantage qu'à cette étrange contraction verbale d'où naquit *Madame Butlerfly*.

Sur scène

Sur scène, le spectacle inspiré de l'album *Madame Butlerfly* a tourné pendant dix ans, de 2003 à 2013. Il avait été monté avec soin. J'y étais entourée de musiciens jeunes et talentueux : Jean-François Beaudet à la guitare et à la direction musicale, Marie-Pierre Fournier (aujourd'hui Marie-Pierre Arthur) à la basse et à la voix, Guillaume Jodoin au piano et à la voix, Patrick Dugas à la batterie et aux percussions, et Félix Leblanc au violon.

Des chansons de mon répertoire, plus festives ou mieux connues, s'ajoutaient à celles que l'on retrouve sur l'album. Bien que celui-ci s'inscrive dans un univers *world*, l'ensemble du tour de chant sur scène était une synthèse, un mariage réussi de genres musicaux différents grâce à des musiciens exceptionnels qui ont mis tout leur talent à respecter les standards de qualité que Catherine Lara avait conférés à l'album. Les liens entre les chansons étaient fondés sur des légendes intemporelles imaginées par Lise et que j'ai peu à peu transformées, leur ajoutant une dimension tantôt historique, tantôt amusante. J'aimais rappeler au public que la chanson *Dans les prisons de Nantes*, dont Catherine Lara aimait croire qu'elle provenait du groupe breton Tri Yann, avait en fait été entendue par ces trois Jean de Nantes sur un disque de Louise Forestier (*Dans la prison de Londres*). Lorsque par la suite j'ai demandé à Louise où elle avait déniché cette version, elle m'a répondu : « Sur l'album *Acadie et Québec*. » J'ai retrouvé ce fameux album et j'y ai découvert que l'informateur, qui avait apporté cette chanson aux archives de l'université, était un chanteur du rang Saint-Georges, le chemin parallèle au chemin des Patriotes de... Paquetville !

L'une des salles qui se prêtait le mieux à ce spectacle était L'Européen, à Paris. Chaque soir, j'avais l'impression de m'avancer directement dans le public et d'être entourée par celui-ci. J'appréciais ce sentiment de chaleur et de proximité. J'aimais même les loges minuscules auxquelles on avait accès par un escalier en tire-bouchon qui débouchait dans un couloir si étroit qu'il me semblait soudain être plongée dans la coursive rétrécie d'un sous-marin.

Après avoir présenté ce spectacle, tel qu'il avait été conçu, de Nantes à Halifax, de Charleroi à New Glasgow, de Montréal à La Rochelle et de Mistassini jusqu'à Paris, et dans le but d'avoir accès à tous les types de salles, je l'ai décliné en trois formules distinctes : la plus réduite, celle où j'étais seule en scène, s'intitulait *Si Paquetville m'était conté*; la deuxième adaptation, *Les légendes intemporelles*, nécessitait la participation de deux musiciens; alors qu'il y en avait obligatoirement cinq pour *Madame Butlerfly*, formule destinée aux plus grandes salles et aux scènes extérieures. C'est ainsi que je me suis rendue à trois reprises à Vancouver avec ce spectacle, et chaque fois dans une formule différente. La dernière fois, c'était aux Jeux olympiques d'hiver en 2010, sur une très grande scène extérieure, par une température frôlant le point de congélation. Les musiciens portaient des tuques et enfilaient des gants durant mes présentations pour éviter de se geler les doigts. Aussitôt rentrée à l'hôtel, je regardais les écrans géants transmettant en direct les exploits des patineurs canadiens. Ceux-ci suscitaient une telle ardeur, un tel enthousiasme de la part des visiteurs qui scrutaient les écrans avec intensité, que je me sentais moi-même soulevée par cette ferveur communicative, au point où la flamme orangée de la torche olympique réussissait à me faire oublier l'hiver qui, l'instant d'avant, m'avait frigorifiée.

Madame Butlerfly, au cours de ces dix ans, n'a connu qu'une seule pause, quand j'espérais que Franco Dragone me transmuterait en Merlin l'enchanteur pour le Graal, un spectacle musical à grand déploiement, dont la musique a été composée par Catherine Lara. Cette comédie musicale devait être présentée en primeur à Montréal, puis se transporter en Europe et en Asie. Les publicités occupaient déjà l'arrière des autobus, la conférence de presse avait eu lieu, de même que les premières rencontres de travail avec le metteur en scène, lorsque le projet a été annulé par le producteur anglais, à la suite du désistement de son partenaire asiatique.

La déception passée, je suis revenue à mon spectacle avec une fougue renouvelée. Étrangement, cette brève incursion dans un univers artistique fantastique m'avait ramenée au plus près de moi-même, là où Merlin dépouillé de ses pouvoirs magiques redevenait, sans déchoir, Madame Butlerfly.

L'amazone

Lorsque mon cousin Bobby, qui est aussi mon médecin, m'a appelée pour me dire que j'avais un cancer du sein, j'ai continué à parler et à blaguer avec lui. Puis, j'ai posé le combiné et j'ai ressenti un bouleversement dans tout mon être. Une sorte de stupeur me paralysait. Des larmes montaient, qui n'exprimaient pas le chagrin, mais l'incroyable rapidité avec laquelle la vie me fuyait. Sous mes pieds, une secousse brutale me déracinait, me chassait de moi-même. Alors, comme lorsque j'étais toute petite et qu'une douleur trop forte s'approchait de moi, j'ai pensé à ma mère qui, dans ces moments-là, pour chasser la peine qui m'étreignait, me disait : «Pense pas à ça, tu vas virer folle. Pense à un sapin de Noël.» Et j'ai regardé dehors. Les arbres, les montagnes, le lac étaient toujours là. Immuables et sereins. Trois corneilles perpétuaient leur tour de garde. Et les oiseaux chantaient. J'ai inspiré profondément. Je suis sortie et je me suis remise à bricoler.

Un mois plus tard, un spécialiste m'a demandé : «Que fait-on ? Qu'avez-vous décidé ?» Que fait-on avec quoi ? lui ai-je demandé. «Avec la tumeur», m'a-t-il répondu. Je suis tombée des nues ! J'avais oublié ! Complètement occulté l'appel de Bobby. Comme si le choc s'était frayé un chemin à travers mon corps. Mon corps, devenu paratonnerre de la peur. Il l'avait conduite quelque part où elle m'était devenue imperceptible.

Lorsqu'il est devenu évident que je perdrais un sein, je m'y suis résolue. Mais les adieux ont été difficiles. Cette part de moi-même, jusqu'alors objet de fierté, se dressait encore dans toute sa fermeté et sa vigueur. Pourtant, il devait être sacrifié. Jusqu'au dernier moment, je l'ai tenu au creux de mes mains, tel un animal blessé qu'on sait ne pas pouvoir sauver. Comment le rassurer ? Comment me rassurer moi-même ? Ce sein que je sentais si vivant et si chaud, dans quelques heures ne serait plus qu'une absence…

Et je suis devenue une guerrière. Pas question de mourir avec lui. Je me suis dit que, quand on la regarde en face, la peur souvent capitule la première. Et je l'ai regardée. Les yeux dans les yeux.

Elle a pâli.

Le lendemain, j'ai chanté à la noce de ma voisine. Et quelques jours plus tard, j'ai donné un spectacle sur une grande scène extérieure, devant des milliers de personnes, au grand étonnement de mes musiciens aux yeux desquels je me transformais soudain en une sorte de Rambo féminin. À l'intérieur de moi, pourtant, ce Rambo d'occasion tremblait encore...

Désormais privée d'un sein, telles ces Amazones de l'Antiquité, je m'apprêtais à guerroyer. Guitare en bandoulière en guise d'arc tendu, le combat se ferait debout. À la fois devant tous et caché de tous. Une sorte de pudeur m'interdisait la confidence. J'espérais que la concentration de mon énergie dans une visualisation positive aurait le pouvoir d'enclencher un déclic salvateur. J'ai refait à rebours le chemin parcouru pour connaître l'origine, psychique peut-être, de ce chavirement physique. Dans ce voyage intérieur, j'ai croisé quelques griffures, quelques écorchures, mais aussi, tapie dans une sorte de trou noir où je l'avais condamnée à l'obscurité, une plaie béante où gisait la dichotomie du clown triste. Une fois comprise, c'est cette blessure et le sentiment de solitude qui en découlait, que j'ai accueillis et que je me suis appliquée à guérir. S'ensuivit une sérénité que je n'avais pas connue auparavant. Comme si le bonheur d'exister devenait plus intense quand on en savait la fragilité.

Chaque jour depuis est un présent pour lequel il me faut rendre grâce.

Le peuple du dedans

Je suis essentiellement et profondément solitaire. La compagnie des autres ne me manque presque jamais. Sans doute parce que je pratique un art de vivre cher à Montaigne : près des animaux et de leur âme, près des arbres, dans un espace bien à moi où je m'intéresse profondément à tout ce qui vit. Mais aussi parce que je suis habitée par un peuple du dedans. J'ai conscience à chaque instant de la présence silencieuse et invisible de mes ancêtres et de leurs traces indélébiles dans mon ADN. Non pas en raison de croyances farfelues, mais plutôt parce que ce peuple du dedans revendique le legs qu'il m'a fait.

J'ai conscience d'être la suite de tous ceux qui m'ont précédée. Et dont quelque chose continue de vivre à travers mes gestes et mes actions.

Si je dois enlever la neige, scier le bois, ce sont les Godin qui s'imposent ; si je ricane ou fais de la musique, ce sont les Paquet ; si je blague, c'est mon père dont l'esprit perdure. Et que dire de tous les ancêtres inconnus qui m'accompagnent sans que je puisse les identifier ? Je pense à eux avec constance et leur rends grâce du don qu'ils me font d'un peu de leur vécu et de leur expérience. Même ma tante Marie a fini par m'apprendre comment retrouver les objets perdus.

Ce peuple du dedans qui m'a précédée, qui a vécu, souffert, aimé, chanté, je le célèbre et le remercie. C'est en grande partie grâce à lui que ma solitude n'est jamais dépeuplée. Je m'afflige parfois à l'idée que, n'ayant aucune descendance, ce peuple du dedans s'éteindra en même temps que moi.

Le bardasseux

Autrefois, à une époque où l'on ne jetait rien, ni vêtements usagés, ni objets cassés, un homme juché sur un haut tabouret tentait toute la journée de redonner vie à notre quotidien rapiécé et démuni. Sa boutique aurait pu tenir dans quelques mètres carrés. Les murs étaient couverts d'étagères, de pots, de colle, de clous, de tissus, de cuir, de cordes, d'épingles, et de tout l'attirail qui lui permettait de reconstruire un objet indispensable, un meuble boiteux ou un jouet écartelé.

Tout le monde le nommait par sa fonction, le «bardasseux», c'est-à-dire une sorte de généraliste sans prétention, qui savait remédier à toute défectuosité physique ou mécanique. Il n'était ni charpentier, ni menuisier, ni pêcheur, ni marin, mais un peu de tout cela, un bouillon de culture du savoir manuel. Il ne parlait que pour exprimer l'essentiel. Je ne savais pas ce qu'il représentait pour moi, mais j'étais fascinée par lui. Par son savoir-faire, sa lenteur, son silence, et la paix qui l'entourait.

Désormais, dans mon atelier où se côtoient les objets les plus divers, je rafistole tout ce qui peut l'être et je défais minutieusement tout ce qui est décidément irrécupérable. Les moteurs, les montres, les frigos, les climatiseurs, tout ce qui me tombe sous la main. Lorsque l'objet est démonté, je place chacune des pièces qui le composaient dans une section appropriée. Et j'offre les clous à celui qui bâtit, le métal à qui en a besoin, le verre à qui le tournera en œuvre d'art.

Longtemps, j'ai cru que cette passion du recyclage était un héritage génétique. Mais, beaucoup plus tard, j'ai compris que ces heures silencieuses dans le respect des choses me conduisaient à une paix intérieure profonde, comme si le bonheur naissait de l'union de l'action et de la contemplation. Dans ces moments voués à la pure bardasserie, je retrouve cette joie intacte de l'enfance qui apaise un moment toute inquiétude et toute douleur.

Le pari de la paix

À Paris, le 10 juin de l'an de grâce 2011, l'église de la Madeleine est en fête. Depuis les portes de bronze de cet ancien temple païen aux cinquante-deux colonnes corinthiennes, un tapis rouge s'étire jusqu'à la place de la Madeleine. Sur chacune des marches se tiennent deux Africaines vêtues de vêtements colorés. Toutes celles de gauche sont habillées de jaune, alors que celles de droite sont drapées de bleu. Pendant qu'invités et dignitaires gravissent les marches, des percussionnistes venus d'Afrique et des musiciens tantôt classiques, tantôt populaires ou tziganes, jouent de la musique sur chacun des paliers. Puis viennent des enfants, tous vêtus de blanc. Il y en a plus de cent. Chacun tient un petit drapeau du pays qu'il représente. C'est une soirée pour l'Afrique et pour la paix. L'ambiance y est à la fois joyeuse et solennelle. Le soleil, qui veille un peu plus tard à Paris en été, ne s'est pas encore couché sur la place de la Concorde. Dans un petit réduit du sous-sol aménagé en loge, j'attends. Derrière l'autel, les orateurs, une cantatrice et le chœur gospel de Paris s'apprêtent à faire leur entrée dans une église bondée.

Après les discours, les airs d'opéra et la musique soul, le reste de la soirée m'était réservé. Ce lieu me semblait conférer un supplément d'âme à mes chansons d'amour. *Un million de fois je t'aime* y retrouvait sa destination d'origine, tandis que les plus vivantes faisaient vibrer l'auditoire prêt à chanter, à taper des mains et même à danser avec moi. Pour le dernier rappel, j'avais choisi l'*Hymne à l'espoir*. Instinctivement, le chœur gospel est revenu et s'est massé derrière moi. Quand la chanson a été terminée, les chanteurs l'ont reprise avec une telle fougue que je l'ai rechantée avec eux. La réaction du public était si enthousiaste que j'éprouvais une joie quasi voluptueuse sous le ravissement de sainte Marie-Madeleine, que deux anges gigantesques accompagnaient dans son ascension vertigineuse vers un ciel hélas imperceptible à nos yeux.

Lorsque la foule s'est retirée, le curé a fait mander son bedeau qui est arrivé muni d'un escabeau. J'avais demandé s'il y avait quelque chose à voir, dans cette église, une relique peut-être, qui avait appartenu à Marie-Madeleine. On m'a fait grimper dans l'escabeau, jusqu'à atteindre un coffret orné d'or, attaché à une paroi du chœur, tout près de l'autel. On a éclairé le coffret et j'ai pu y discerner un os très long, d'un brun cuivré. Le curé se tenait debout près de l'escabeau. Il m'a dit, sur le ton de la confidence : « Voilà, c'est le fémur de Marie-Madeleine ! » Lorsque le malaise ressenti à la vue de cet os s'est dissipé, j'ai rejoint les invités dans la crypte, où le champagne coulait à flots, tandis qu'un étalage impressionnant de bouchées multicolores devaient rassasier l'appétit des invités. Dès qu'ils m'ont aperçue, les Tziganes sont venus vers moi pour me dire à quel point ils avaient apprécié mon tour de chant, et ils m'ont offert illico un concert dans la crypte. Debout tout près de moi, un contrebassiste, un accordéoniste et un violoniste. Plus près encore, une chanteuse aux pieds si petits que je n'arrivais pas à croire qu'ils puissent la supporter, ainsi dressée verticalement. Après que le violoniste m'a dit qu'il allait faire pleurer son violon pour moi, la chanteuse aux pieds menus s'est avancée. Ses yeux se sont braqués dans les miens et elle s'est mise à chanter. Il m'était donc impossible de déserter un seul instant l'émotion qui s'emparait de moi. Leur musique était vibrante, expressive, spontanée, intense. Nostalgique au départ, elle s'est peu à peu empreinte d'une folle gaîté. Et nous avons dansé. Et la joie a rejailli et gagné les invités.

Nous n'étions plus ni noirs, ni blancs, ni jaunes, ni riches, ni pauvres, ni puissants, ni saltimbanques. Nous avions atteint collecti-vement le niveau de conscience dans lequel une vraie fraternité peut exister. Et la paix. Peut-être… Un jour.

En attendant, le souvenir troublant du fémur de Marie-Madeleine, de la musique tzigane et de la chanteuse aux pieds minus-cules est gravé en moi aussi profondément que s'il avait été inscrit au burin dans la pierre grise de cette église néoclassique, dont le fron-ton devait porter, telle une dédicace, les mots « L'Empereur Napoléon aux soldats de la Grande Armée », remplacés au changement de desti-nation du lieu par « Au Dieu tout-puissant et très grand, sous l'invo-cation de sainte Marie-Madeleine ». Comme si la guerre avait pour un temps cédé ici le pas à la paix.

Alors, pourquoi pas le pari de la paix ? me disais-je dans ce lieu de culte solennellement inauguré en 1845, trois cents ans tout juste après que l'Église nous avait consenti, à nous les femmes, le privilège d'avoir enfin une âme… Mais, désormais, le valeureux empereur et la sainte elle-même dorment déjà dans une paix éternelle que ne saurait troubler, pour l'un, l'abandon des armes, et pour l'autre, la vision espérée d'un monde réconcilié.

Vingt ans d'exil

Parmi les étrangetés qu'il m'a été donné de vivre, il y a eu cette période au cours de laquelle, au Nouveau-Brunswick, une petite clique a acquis une certaine influence auprès des milieux culturels, médiatiques et politiques en élaborant des théories protectionnistes. Cela a donné naissance à une dérive intellectuelle selon laquelle toute personne qui ne résidait plus en permanence dans cette province n'était plus autorisée à se dire Acadienne. Inutile de dire que j'en ai vu pleurer plus d'un et plus d'une, que cette exclusion absurde de leur appartenance blessait profondément. Ce n'était pas le fait de la population en général, mais la bande qui avait ourdi ce projet avait suffisamment d'accointances pour influer sur le cours des événements, tout particulièrement dans les domaines de l'information et de la communication.

Ainsi, à l'occasion de ma première série de récitals solo à l'Olympia de Paris, un journaliste acadien a photographié l'affiche de la saison entière, laissant croire que nous étions quinze à nous y produire simultanément, amoindrissant ainsi l'importance de ce qui, au contraire, aurait dû réjouir tous ceux qui aspiraient à faire carrière et tous ceux qui auraient dû tirer fierté de ce que cela soit possible à l'une des leurs, puisque aucun chanteur n'y avait représenté l'Acadie avant moi.

Quand, dans le but d'inciter les Français à venir découvrir la Péninsule acadienne, je me suis adressée au ministre du Tourisme pour qu'il achète un petit encart dans le programme, après deux mois d'attente on m'a répondu d'un ton las : « C'est-y ben important, ces olympiades-là ? »

Il y avait aussi par moments un tel silence sur mes activités artistiques que cela pouvait donner l'impression que j'appartenais déjà au folklore. Si bien que, lorsque j'ai effectué une tournée des écoles en 2007, j'ai entendu des enfants demander à leur mère : « Maman, savais-tu, toi, qu'elle existait en vrai ? »

Même lorsque le président François Mitterrand s'est arrêté à Caraquet et qu'en descendant de l'avion les premiers mots de son discours ont été «Je suis heureux d'être au pays d'Édith Butler», il ne semble pas que cette salutation non équivoque ait éveillé en Acadie l'attention sur ce que j'avais peut-être accompli pour faire connaître ce lieu et cette culture chers à mon cœur.

Je ne cherchais pas la reconnaissance, mais un appui. Celui sans doute que les jeunes trouvent aujourd'hui dans une Acadie qui, non seulement ne les proscrits plus, mais qui leur ouvre au contraire toutes grandes les portes de l'international.

Il y a parfois un devoir de mémoire, afin que plus jamais on ne laisse une petite coterie brimer les artistes, les écrivains, les chanteurs et les comédiens, dont le succès outrepasse les frontières de leur milieu d'origine. L'ostracisme est une forme d'exil. À l'instar de Victor Hugo, je crois que «l'exil n'est pas une chose matérielle, c'est une chose morale», et qu'«il n'y a pas de bel exil». Celui-ci aura duré vingt ans.

Ce soir-là

Des milliers de spectacles. Des milliers de coulisses. Des milliers de loges… Une constance dans l'état d'âme, une similitude entre ces lieux de préparation, d'attente, d'appréhension parfois. Et l'acte d'amour, toujours présent. Toujours renouvelé. Et la célébration qui suit le don par un accueil dont la chaleur fait ressentir l'osmose. La réciprocité de l'amour. Ce n'est pas l'amour qui apaise et endort. Ni l'amour tranquille dont rien ne vient briser la monotonie. Ni l'amour qui rassure. Non, ici, c'est l'amour qui transporte, qui euphorise et qui vous garde longtemps éveillé au milieu de la nuit. Un amour dans l'instant et dans l'intensité. La fête sublime de l'amour. Un rendez-vous toujours nouveau. J'ai connu toutes sortes de publics. Ceux qui écoutent, ceux qui participent, les dissipés, les assoiffés, les curieux, les sceptiques, les joyeux, les bruyants, les doux, les placides, les réservés, les exubérants, ceux qui veulent chanter, ceux qui veulent rêver, ceux qui souhaitent être emmenés en voyage, ceux qui veulent partager, ceux qui sont prêts à aimer dès le commencement, ceux qui résistent, ceux qui succombent, ceux qui admirent, ceux qui aiment… Sur trois continents, pendant cinquante ans, j'ai conté, chanté, dansé pour ce partenaire à la fois invisible et essentiel : le public. Il a ri, écouté, chanté, célébré avec moi, que mon langage lui soit familier ou inconnu.

C'est pourtant un soir, dans une toute petite municipalité du Québec, dans une salle remplie à pleine capacité, que cet indispensable partenaire, par son exceptionnelle qualité d'écoute, par l'intensité et la générosité de son amour, a accompli en moi une sorte de miracle. Il a su pénétrer si profondément en moi qu'il y a rejoint, guéri et cicatrisé une blessure cachée. Celle du désamour et du déshonneur que j'ai ressentis pendant des années, lorsque, à *Piment fort*, une émission de télé québécoise supposément humoristique, on m'avait prise, ainsi que beaucoup d'autres artistes, pour tête de Turc attitrée, de laquelle on pouvait médire, sans que ces propos hargneux et diffamatoires ne soient dénoncés par les autorités. Ces calomnies incessantes et impunies m'avaient heurtée de plein fouet. Sans que jamais rien ne puisse apaiser cette douleur, cette souillure restée secrète.

Que s'est-il donc passé, ce soir-là, pour qu'éclate enfin l'abcès? Déjà, en après-midi, les organisateurs m'avaient reçue en me promenant dans un carrosse tiré par de petits chevaux canadiens qu'ils tentaient de sauver de l'extinction. C'étaient des gens simples et courageux. Braves à tous égards. Le public de ce soir-là était à leur image. J'ai ressenti la force de leur amour qui n'était pas uniquement destiné à l'artiste, mais aussi à l'être humain qu'il englobait dans sa totalité. La magie de cet amour a cicatrisé la plaie restée béante en moi depuis si longtemps. Et j'ai craqué. Fondu en larmes au beau milieu du spectacle. Devant la perte de mes moyens noyés par l'émotion, des cris ont fusé du public: «On t'aime, Édith!» Ce public me tenait dans ses bras, m'enlaçait, m'accueillait avec une infinie tendresse dans ce moment de vérité ou de faiblesse. De ma part, c'était l'aveu, la confidence ultime d'une douleur que jusque-là je n'avais pas su exprimer. Et que j'avais gardée secrète. La fierté du lion m'interdisait de parler de cet outrage à mon intégrité.

Et voilà que, ce soir-là, le public de Stukely-Sud venait de révolutionner mon âme. Et de rallumer la flamme. En moi venaient de renaître joie et espoir. Ce soir-là, j'ai compris que je pouvais être accueillie pour moi-même. Dans l'intime et dans la confidence. Et je me suis remise à écrire. Cette mise à nu de mon cœur en pleine lumière a été une sorte d'acte alchimique. Le catalyseur qui a été le déclencheur de l'album *Le Retour*. Ce tsunami d'amour venait de me laver de l'outrage. Ce soir-là, tous les tabous sont tombés. J'ai pleuré, j'ai ri et j'ai aimé. Ce public m'a sauvée de moi-même et de ma détresse psychologique. C'est sans doute pour cela que je dirai de lui, en paraphrasant Barbara, qu'il fut «ma plus belle histoire d'amour»...

Le printemps

C'était pourtant l'automne, mais l'oncologue venait de m'annoncer que je pouvais cesser de prendre ce médicament bloqueur d'hormones, à l'origine d'affreuses douleurs musculaires dans tout mon corps. Cinq ans que je luttais contre elles quotidiennement. Je disais à mon corps : « Tu veux faire mal ? Eh bien, tu souffriras pour quelque chose ! » Et je sortais bûcher du bois, construire une cabane, ratisser la terre ou planter un arbre. C'était ma façon de les contrôler et d'apaiser la peur. Rien ne vaut l'action. L'ancrage au quotidien.

Je continuais de chanter. Mais je n'écrivais pas de musique. La mélodie intérieure s'était tue. L'effort constant pour contrer et combattre la douleur l'avait vaincue et obligée à se taire. Je craignais qu'elle ne revienne pas, remplacée à jamais par ce mal qui rongeait mon corps et rognait mon âme. Alors, ce jour-là, devant le médecin souriant, une fenêtre s'est ouverte toute grande à l'intérieur de moi, par où le soleil a pénétré à nouveau.

Peu de temps après, les douleurs se sont estompées. Jusqu'à disparaître. Totalement. L'énergie me revenait. Et la musique aussi. Loin des jours gris, le piano redevenait mon ami. J'ai repris ma guitare. Et posé mon regard loin devant. Un arbre, même blessé, puise à ses racines et avise le ciel.

Mon hiver avait été long et rigoureux. Le dégel a provoqué en moi une irrépressible montée de sève. Et j'ai su que mon printemps était arrivé.

Le retour

J'ai toujours beaucoup parlé de l'Acadie et très peu de moi. Préférant le collectif au privé, j'ai privilégié le message plutôt que le messager. Mais au moment d'enregistrer *Le Retour*, cette fois, je revenais de loin. D'une contrée tumultueuse, inhospitalière, qui oblige à faire face et à se mesurer à soi-même. La santé recouvrée et la musique à nouveau présente, j'ai eu envie de les célébrer. De pousser la barrière de mon jardin intime et d'oser la confidence. Dans les paroles et dans la musique. En cela, mon plus récent album est une exception dans mon parcours discographique, une parenthèse peut-être, même si, par des chemins de traverse, on y retrouve l'esprit de mon premier album dans lequel Yves Lapierre avait utilisé de la monnaie au fond de ses poches pour la rythmique de *L'Escaouette*.

Plus à l'aise avec les notes qu'avec les mots, je suis arrivée en studio bardée d'une panoplie d'instruments que j'avais moi-même fabriqués et d'une de mes créations insolites appelée « boîte à bing bang ». Cet instrument curieux, munie d'une corde unique, se joue à l'aide de bâtonnets. Les sonorités me fascinent depuis toujours. Du temps même des chansons *a capella* héritées du dépouillement de mes ancêtres, aux bruyants tintamarres de mon enfance. Il me semble que l'on peut faire de la musique avec tout. Au fil du temps, j'ai joué du piano, de la guitare, du banjo, du saxophone, de l'harmonica, des dulcimers, des tambours, des claviers, des percussions, du violon, du koto, du dobro, et de presque tous les instruments qui se trouvaient sur ma route. J'ai même, dans l'espoir de rendre mes bagages plus faciles à transporter, conçu une valise musicale, sorte de harpe à l'intérieur d'une valise, que le froid a fini par tordre et faire exploser ! Par défi, je me suis même amusée à jouer de certains fruits, et j'ai interprété *Paquetville* sur un de mes cheveux tendu devant un micro. La musique est une perpétuelle découverte. Sous presque toutes ses formes, elle est en totale adéquation avec mes émotions. C'est pourquoi mes goûts en ce domaine sont éclectiques. Ils s'étendent à l'opéra, à la musique classique, au grégorien, aux chants de gorge, aux musiques du monde, à la musique traditionnelle, au blues et au jazz éblouissant qu'on entend à La Nouvelle-Orléans.

Ce matin d'octobre, dans la lumière chaude du studio Tangerine de Guy Tourville, auquel Paul Dupont-Hébert, mon producteur, a confié la coréalisation de l'album, mes instruments s'animent sous les doigts agiles de Jean-François Beaudet, un guitariste surdoué, beau comme un acteur de cinéma. Juste à la fin de ses études musicales, il y a dix ans, il était mon chef d'orchestre. Quel bonheur de le retrouver ! Guy et lui forment une équipe du tonnerre !

J'étais si bien en leur compagnie que je trouvais parfois les journées trop courtes. Autour d'eux, d'autres musiciens sont venus se greffer et offrir le meilleur de leur art.

Les textes, cette fois, étaient plus intimes, plus en adéquation avec ce que je vivais au quotidien. Si j'ai moi-même écrit *N'oublie pas ton violon* et *J'te dis merci*, c'est à mes amis et complices de toujours, Lise Aubut et Luc Plamondon, que je dois d'avoir exprimé des émotions que je tenais secrètes, mais qu'ils ont su débusquer au fond de mon âme.

Luc m'avait, pour mon anniversaire, offert une écharpe rose qu'il avait posée avec douceur sur mes épaules. Sensible et généreux, il avait par la suite écrit d'un seul jet, sur une musique que j'avais composée pour un quatuor à cordes, un texte si bouleversant que, lorsqu'il me l'avait présenté, nous pleurions tous les deux, dans les bras l'un de l'autre. Je croyais ne jamais être capable de chanter cette chanson, tant elle décrit et nomme avec justesse l'essence de ma vie et les épreuves que je venais de traverser :

Est-il permis d'aimer la vie comme je l'aime
D'aimer la vie comm' si j'avais encor' vingt ans
Encore vingt ans à me battre contre le temps
Insolemment
Est-il permis d'avoir encor' tant de folie
Tant de rêves et tant de projets à accomplir
Creuser un lac, bâtir un quai, planter un chêne
Et le voir grandir

...

Est-il possible d'aimer la vie comme je l'aime
Quand tout autour la terre flambe et le monde explose
Et ce cancer qui frappe en pleine apothéose
Aimer la vie quand même
…
Est-il permis d'aimer la vie comme je l'aime
…
Est-il permis d'aimer l'amour comme je vous aime

Comment aurais-je pu ne pas être émue, chamboulée même, par ces paroles si proches de moi et de ma réalité qu'elles auraient pu avoir été extirpées, tout droit, de mon propre cœur ? Et, ces mots, il les avait amoureusement enlacés à ma musique, lorsque la flamme et la ferveur de l'inspiration l'avaient assiégé de leur fulgurance au beau milieu de la nuit. Et le résultat de cette alchimie m'avait coupé le souffle !

Bien que cet album soit très personnel, l'Acadie n'en est pas absente. À mon appel, Marie-Jo Thério et Lisa LeBlanc ont répondu présentes avec beaucoup de générosité. Avec l'étonnante Marie-Jo, j'ai repris *Rue Dufferin*, une chanson du poète acadien Gérald Leblanc et de Roland Gauvin, membre du célèbre groupe acadien 1755. Nous en avons fait une version déjantée et amusante.

Pour Lisa, j'avais choisi *Complainte pour Ste-Catherine*, histoire de rendre hommage aux sœurs McGarrigle pour tout ce qu'elles ont apporté au monde de la musique. Lisa avait à peine dix-sept ans lorsque je l'ai rencontrée. Nous avions chanté ensemble à Moncton, avec Michel Rivard et Danny Boudreau. J'avais été vivement impressionnée par sa manière de jouer de la guitare et par son énergie, même si je n'avais pas compris un seul mot de ce qu'elle chantait. Depuis, elle a parcouru un chemin considérable !

Aujourd'hui, dans ce studio, nous chantons ensemble et cela me ravit. Trois générations de chanteuses acadiennes. L'impression, quelque part, d'avoir ouvert la route et transmis le flambeau.

Le musée

M. David Macdonald Stewart, héritier de la compagnie Macdonald Tobacco, et sa femme Liliane, philanthropes de leur état, m'avaient conviée à déjeuner dans une très belle maison de la rue Sherbrooke, à Montréal, maison sise dans ce qu'on appelle le « Carré d'or ».

M. Stewart, un homme de belle prestance, passionné par l'histoire de la Nouvelle-France, revêtait à son arrivée un capot de chat si usé qu'on aurait pu, sur le dos d'un pauvre, le croire mité. Le chapeau assorti avait la forme d'un képi, fatigué lui aussi. Sitôt la porte franchie, un domestique accourut, l'aida à retirer son manteau pelé pour le porter précieusement en lieu sûr. Puis nous passâmes à table.

À chacun des plats et des boissons qu'on nous servait, M. Stewart prenait des notes dans un petit carnet noir à l'aide d'un crayon à mine. Le but du déjeuner m'était inconnu, jusqu'à ce que M. Stewart m'explique qu'il serait souhaitable qu'il existe un musée qui me soit consacré à Paquetville. Puis, après s'être assuré que je n'y verrais pas d'objection, il m'apprit que la petite maison dans laquelle je suis venue au monde était à vendre. Six mille dollars. Il souhaitait que je l'achète avec mes propres deniers, et ensuite il pourrait, avec l'aide de la municipalité et de l'État, y fonder ce musée. L'idée que ces milliardaires me demandent d'acquérir à mes frais une maison dont je devrais faire le don me sidérait! Me croyait-il riche? Je refusai tout net d'effectuer cet achat dont les subtilités pécuniaires m'échappaient.

Pourtant, l'idée du musée faisait son chemin. Je n'ai jamais su si elle émanait de ces mécènes ou des édiles du village, mais le maire de l'époque, Jean-Marie Pinet, tenta de la faire aboutir en y mettant beaucoup d'efforts. La municipalité acheta la maison et fit faire des études et élaborer des plans. Un beau jour, on posa devant la maison une piquet surmonté d'une pancarte sur laquelle on pouvait lire: Futur site du musée Édith Butler. C'est alors que maman passa par là. Et que son sang ne fit qu'un tour. Que cette cabane vieille et grise me représente, elle ne le prenait pas. La nuit suivante, l'affiche disparut mystérieusement. Peu de temps après, sans doute téléguidée par ma mère, ma sœur Bernice racheta discrètement la maison à la municipalité qui, après avoir payé toutes les études et tous les plans jugés nécessaires, avait épuisé le budget qui lui avait été octroyé pour mener à bien ce projet. Ma mère, qui n'a jamais rien fait à moitié, fit par la suite kidnapper cette bicoque et la fit transporter, dans l'intention bien arrêtée de la camoufler, dans un bocage boisé, au bout des terres qui appartenaient autrefois à mon grand-père.

Si aujourd'hui la maison de mon oncle Alexis n'existe plus, si mon futur musée a échoué au fond des bois et si je vis désormais en Estrie, je sais que je suis et resterai quand même toujours la fille de Paquetville.

Épilogue

Au moment de refermer ces pages, on vient de célébrer mes 50 ans de carrière sur scène. Il me semble que la distance est brève entre le moment où Cécile Maillet m'a incitée à troquer mon discours de rhétorique contre quelques chansons et cet instant où l'on reconnaît et fête la durée de l'acte de chanter. Un demi-siècle! Comment aurais-je pu l'imaginer? Est-ce qu'on referait la route? Est-ce qu'on emprunterait les mêmes chemins? La vie est sage, qui ne nous dévoile pas notre avenir dont les embûches et la rudesse nous en détourneraient parfois... Alors, si la vie a la sagesse de ne pas nous dévoiler notre avenir, pourquoi irions-nous à contre-courant, revisiter ce qui ne saurait être modifié?

Ce que je tiens pour certain, c'est que d'exercer un art est un privilège. Il m'a permis et me permet encore de visiter des lieux qui autrement me seraient restés inconnus, et d'y faire des rencontres inoubliables. Ce métier de chanteuse, je l'ai toujours exercé telle que je suis: avec mon accent, mes racines, ce que j'ai appris, et la conviction que l'Acadie méritait d'être écoutée. J'ai voulu la faire entendre et partager son inaltérable joie de vivre.

Aujourd'hui, si je poursuis toujours mes tournées de spectacles, j'en ai ralenti le rythme effréné. J'habite une forêt de pins remplie des murmures joyeux d'oiseaux colorés. Quand je regarde au loin, je vois un lac dont le nom se traduit par «anneau d'amour». La terre me fait le privilège de m'enraciner et de me nourrir. Ici, je vis dans le silence. Et c'est dans ce silence et cette contemplation que s'insinuent des paroles, se faufilent des musiques, s'échafaudent des bâtiments, se dessinent des instruments, se concoctent des repas et se créent des spectacles.

Pour le reste, j'habite la plénitude de l'instant présent comme si, en lui seul, résidait mon éternité.

Discographie

Prix et distinctions

1975 Officier de l'Ordre du Canada

1979 Chevalier de l'Ordre de la Pléiade

1981 Prix international de la jeune chanson française à Paris

1982 Commandeur honoraire des chevaliers de l'Ordre
de St-Hubert

1983 Grand prix du disque de l'Académie Charles Cros à Paris

1985 Personnalité de la semaine du journal *La Presse*
Félix du meilleur spectacle sur scène de l'année
Doctorat honoris causa en musique de l'Université
de Moncton
Chevalier de l'Ordre des francophones d'Amérique

1986 Félix de la meilleure vente de disques de l'année
Félix de l'artiste s'étant le plus illustré à l'étranger
Nellie Award for best performance in a radio show, à Toronto
Doctorat honoris causa en lettres de l'Université
du Nouveau-Brunswick

1987 Nommée membre du Conseil des arts du Canada

1988 Nommée princesse abénakise sous le nom de Matawila

1989 Doctorat honoris causa en lettres de l'Université Acadia
(Nouvelle-Écosse)

1994 Personnalité de la semaine du journal *La Presse*
Prix Méritas acadien

1996 Web d'Or

1997 Dr. Helen Creighton Lifetime Achievement Award

1999 Chevalier de l'Ordre national du Mérite de la République
française

2003 Prix hommage « Les Éloizes », Moncton

2004 Prix Monfort des arts de la scène

2007 La chanson *Paquetville* entre au panthéon des auteurs-
compositeurs canadiens, à Toronto

2009 Prix du Gouverneur général du Canada pour l'excellence
des arts de la scène
Postes Canada émet un timbre-poste à son effigie

2010 Prix Excellence de la SOCAN pour l'ensemble de son œuvre
d'auteur-compositeur

2011 Entrée au dictionnaire *Le Robert Dixel*

2012   Prix des Grands Diplômés de l'Université Laval de Québec
       Prix hommage Ovation des Grands Diplômés de l'Université
       de Moncton
       Prix Excellence des arts de la scène du Lieutenant-
       gouverneur du Nouveau-Brunswick
2013   Ordre national du Nouveau-Brunswick

Crédits photographiques

Archives d'Édith Butler
P. 1-4
P. 5 n°s 3, 4, 5
P. 6 n°s 2, 4
P. 7 n°s 1, 2, 5
P. 8-10
P. 11 n°s 3, 4
P. 14 n° 4
P. 15 n°s 1, 2
P. 18 n°s 1, 2
P. 19 n° 2
P. 20 n° 5
P. 22 n°s 3, 4
P. 23 n° 2
P. 24 n° 1

Corinne Galant
P. 5 n°s 1, 2

Tout droits réservés
P. 11 n° 5
P. 6 n°s 1, 3
P. 7 n° 3
P. 18 n° 3
P. 19 n°s 1, 3, 4
P. 20 n° 4
P. 22 n° 5

SOCAN
P. 7 n° 6

Christine Meyer
P. 11 n° 1
P. 12 n° 1
P. 13
P. 14 n°s 1, 2, 3, 5
P. 15 n°s 3, 4
P. 16-17
P. 20 n°s 1, 2
P. 21-22
P. 23 n° 4

Alexandre Zelkine
P. 11 n° 2

Laurence Labat
P. 18 n° 4
p. 24 n° 2

France Soir
P. 12 n° 2

Le Parisien
P. 12 n° 3

Rideau Vert / Producteur de la pièce
P. 20 n° 3
Photographe : Pierre Desjardins

© **Société canadienne des postes (2009)**
Reproduit avec permission
P. 22 n° 1

Bibliothèque et Archives Canada
P. 22 n° 2

Jour de France
P. 23 n°s 1, 3

Mondial Culture
P. 24 n° 3

Table des matières

Suivez-nous sur le Web

Consultez nos sites Internet et inscrivez-vous à l'infolettre pour rester informé en tout temps de nos publications et de nos concours en ligne. Et croisez aussi vos auteurs préférés et notre équipe sur nos blogues !

EDITIONS-HOMME.COM
EDITIONS-JOUR.COM
EDITIONS-PETITHOMME.COM
EDITIONS-LAGRIFFE.COM

Achevé d'imprimer au Canada
sur papier Enviro 100 % recyclé